新疆师范大学民族学一级学科博士点、国家民委新疆师范大学中华民族共同体研究基地、

新疆维吾尔自治区重点学科民族学、新疆维吾尔自治区重点文科基地

"新疆农牧区社会转型研究中心"资助出版

新城新生

NEW TOWN NEW LIFE

新疆北部牧区城镇化进程中牧民生活转型研究

罗意 王炜 张文聪 ◎ 著

科学出版社

北京

内 容 简 介

　　"新城新生"这个富有生命力的书名是对城镇化进程中牧民积极适应社会巨变之努力的肯定。他们从牧村或定居点进入城镇，从农牧业转向非农牧业，遇到了语言不通、缺少职业技能、缺少社会资本和行为方式不适应等困难，但他们没有退缩，而是勇敢面对、积极调整，以应对不断变化的生存环境。牧民的生活一头连接着牧区，一头扎进了城镇，尚处于半城镇化阶段，而且仍离不开政府的引导和支持。牧民的城镇化将推动牧区社会生计与生活形态、社会结构与社会关系、行为模式与文化观念的重塑，这同样是一个新生的过程。

　　本书可供牧区社会的民族学、人类学、社会学专业的本科生和研究生，以及从事牧区社会和城镇化研究的学者参阅。

图书在版编目（CIP）数据

　　新城新生：新疆北部牧区城镇化进程中牧民生活转型研究／罗意，王炜，张文聪著.—北京：科学出版社，2022.4
　　ISBN 978-7-03-072076-4

　　Ⅰ.①新… Ⅱ.①罗… ②王… ③张… Ⅲ.①牧区－城市化－发展－研究－新疆 ②牧民－生活状况－研究－新疆 Ⅳ.①F299.274.5 ②D422.7

中国版本图书馆 CIP 数据核字（2022）第 061600 号

责任编辑：崔文燕 / 责任校对：郑金红
责任印制：徐晓晨 / 封面设计：润一文化

科 学 出 版 社 出版
北京东黄城根北街 16 号
邮政编码：100717
http://www.sciencep.com

北京建宏印刷有限公司 印刷
科学出版社发行　各地新华书店经销
*
2022 年 4 月第 一 版　开本：720×1000 1/16
2022 年 4 月第一次印刷　印张：16
字数：280 000
定价：99.00 元
（如有印装质量问题，我社负责调换）

前　言

本书讨论新疆北部牧区城镇化进程中牧民生活转型的进程，意在为认识当代牧区社会发展新动向提供民族志的描述和解释。

随着新疆牧区城镇化加速[①]，牧区社会已进入后定居时代[②]，到城镇生活已经成为牧民生活的"常态"。与游牧民定居相同，城镇化必将成为推动牧区社会变迁的关键性力量，而牧民在这个过程中将经历新的再社会化过程[③]，并在这个过程中发展出一套与城镇社会相适应的生活体系。因此，描述和分析进城牧民在城镇中的生活状态可为理解当代牧区社会变迁提供一条可行的路径。

虽然本书的研究开始于 2017 年，但我们对这个问题的兴趣却源于 2010 年以来在新疆北部牧区社会调查的经历和体验。

2010 年 7—8 月，我第一次到新疆北部牧区的阿勒泰富蕴县，找了一辆皮

[①] 第七次全国人口普查数据显示，新疆常住人口中，居住在城镇的人口为 14 613 622 人，占 56.53%；居住在乡村的人口为 11 238 723 人，占 43.47%。与 2010 年第六次全国人口普查相比，城镇人口增加 5 277 870 人，乡村人口减少 1 241 340 人，城镇人口比重上升 13.73 个百分点。城镇化建设取得了历史性成就，进入了快速城镇化阶段。参见新疆维吾尔自治区统计局、新疆维吾尔自治区第七次全国人口普查领导小组办公室：《新疆维吾尔自治区第七次全国人口普查主要数据》，http://news.cnr.cn/native/gd/20210614/t20210614_525512425.shtml，2021 年 6 月 14 日。

[②] 笔者曾提出新疆北部牧区已进入"后定居时代"。"后定居时代"是指"定居"已经不再是新疆北部牧区的主要议题，牧民走出牧村或定居点，进入城镇务工、就业和生活已经成为牧民生活的"常态"，并将在今后相当长的一段时间内主导牧区社会变迁的进程。同时，"后"又意味着进入城镇的牧民在生活方式上仍未能摆脱游牧和定居阶段的一些特征，比如在生计上仍在一定程度上依赖牧业、在生活上仍嵌入于牧区，但又在城镇中面临着一些新的复杂问题。简言之，他们在进入城镇后面临着"老问题，新挑战"，并必然经历新的再社会化过程。参见：罗意：《游牧民定居与草原生态环境变迁——基于新疆吐尔洪盆地的考察》，《民族研究》2020 年第 5 期。

[③] 崔延虎教授曾在《游牧民定居的再社会化问题》一文中提出，游牧民定居后会经历一个明显的再社会化过程，认为牧民定居是一种"有组织的社会变迁"，表现为定居后社会组织、家庭经营类型和文化结构的急剧变化。再社会化过程是指由于生产条件、生活环境、社会制度的变革，面临对新的生活方式和环境的认识、适应与融合的过程。这包括对生态环境的重新认知、资源利用方式与生产方式的调整、信息获得途径与机会的提供和完善、传统文化价值的发掘与文化转型的引导等。其核心是文化变迁，以及个体和群体在行为、观念和认知层面对变迁的适应。进入城镇后，牧民同样面临着新的再社会化过程。参见崔延虎：《游牧民定居的再社会化问题》，《新疆师范大学学报（哲学社会科学版）》2002 年第 4 期。

卡车，从县城到夏季牧场，再从夏季牧场一路向南，途经铁买克乡、可可托海镇、吐尔洪乡、恰库尔图镇，直抵牧民的冬季牧场。此行对我的知识和视野的冲击极大，改变了我对草原和牧区的印象。第一，草原并不见得是诗歌中"天苍苍野茫茫"的形象，也有可能是连片的荒漠、戈壁；第二，草原与"游牧"并不是必然对应的，因为农耕与城镇也是草原地区人文景观的一部分；第三，牧民离不开牧业，对游牧有感情，但并不排斥农耕和定居，并向往城镇生活。总之，草原多彩而复杂，草原上的人有着多样化的生活方式，而且总是对其他生活方式持开放的态度。

之后三年，我在富蕴县吐尔洪盆地进行田野调查，并在关于该盆地的调查资料基础上完成了博士学位论文，并出版了专著《消逝的草原：一个草原社区的历史、社会与生态》（中国社会科学出版社，2017 年）。吐尔洪盆地是吐尔洪乡政府所在地，是阿尔泰山草原较早的定居点（1952 年开始定居）。盆地的居民主要是哈萨克族，他们虽然已经定居务农，但牧业仍在居民生活中占据重要地位，甚至部分哈萨克族人仍在游牧。乡政府所在地只有一条"街道"，"街道"两侧是两排简陋的平房，散布着汉族、回族、维吾尔族和哈萨克族人的店铺。盆地是牧民春秋草场与夏季草场的连接点，牧民每年 5—6 月和 9—10 月在盆地周边停留，并在商铺中采购物资。之后数年，我在伊犁河谷、准噶尔盆地西部和阿尔泰山草原多次与这类"街道"相遇。我意识到，这些"街道"建立的基础是定居农业，提供的非农就业机会很少，吸纳牧区人口的能力很弱，在没有新的刺激（比如旅游业、工业）的情况下，不可能发展成为真正的城镇。

2010 年，当我第一次到吐尔洪盆地做调查时，在"街道"上竟然找不到一家像样的"宾馆"可以住宿，早、中、晚三餐也只能在一家回族人开的餐馆解决。乡政府的工作人员把我带到一家"宾馆"中，并告诉我这里是该乡唯一供人住宿之所。"宾馆"无招牌，是甘肃籍的老叶将家中土房改造而成的，里面放置了两张简易板床。县城的待遇好了很多，有三五家宾馆可供选择，也可以吃到可口的饭菜。然而，与吐尔洪乡的"街道"相比，县城除了人多了些、楼房高了些，似乎在功能上并无太大差别。县城中的居民主要是政府的公职人员，大楼主要是各部门的办公大楼。当然，县城的商业要发达很多，有购物区、餐饮区和夜市，还有新近引入的娱乐场所。直观上看，县城是扩大了的"街道"，是行政化色彩浓厚、兼具一定商业气息的"小城"。与"街道"一样，"小城"

是行政的中心，牧民即便向往城镇生活，在"小城"中也往往难以找到立足点。

在我调查的几年中，看似一潭死水的"街道"与"小城"发生了一些不那么明显却又十分重要的变化。2010年后，在富蕴县城的周边出现了多个铁粉厂、铜粉厂，将县城包围起来。自然，这得益于富蕴县得天独厚的铁矿与铜矿资源。一些年轻牧民开始到厂里工作，并在工厂与城区之间的城郊村租房居住。牧区学校"撤点并校"，孩子们上完小学后要到县城上中学。年轻家庭多选择在学校周边村中租房，女性照顾孩子，男性到工厂务工或是到矿山工作。企业多了，外来人口也随之而来，宾馆、餐厅和其他服务业应运而生，女人们在"小城"中也有机会获得工作。类似的变化在牧区各个县城都发生了，而其动力源是资源开发，只是有的地方是矿产资源，有的地方是旅游资源。这些变化在牧业与农业没能为不断增长的牧民人口提供有效的改善生活路径时显得特别重要，因为牧民原本就有从牧区、牧业中走出的动力，但却无法找到溢出的孔道。可以说，由外部输入的刺激与牧民社会内部的期待实现了结合，推动牧民逐渐进入城镇。然而，即便牧民已开始向城镇流动，他们要在城镇扎下根来并过上城镇生活也存在一些困难，他们中的大部分人还无力在城镇中购房安居。

在牧区调查过程中，我有时需要深入到这些年轻牧民"聚居"的城郊村或工厂边缘搭建的临时住屋。在这里，我看到了脏乱的环境，看到了公共设施（厕所、上下水等）的缺失，看到了牧民在城镇中生存的不易，更看到了牧民扎根城镇并找到新生的蓬勃生机，看到了牧区社会的城镇化时代并不遥远。要如何去理解这些走出牧区的牧民之抉择，如何呈现和分析他们在城镇中的生活形态，如何去认识这样的变化对牧区社会的重要意义等问题涌现在我的脑海中。20世纪80年代以来，中国人类学、社会学界将目光汇聚到农民工群体，对流动中的农民工群体、这些群体在城镇中的生活状态、引发的乡村社会结构变化等进行了深入探讨。我原本以为，进城牧民在城镇中扎根的过程应比农民工更难，需要的时间更长，牧区社会结构变化更为滞缓。阅读世界其他地区游牧人类学作品更坚定了这一认识，因为进入城镇的牧民面临着比农民工群体更多的不适应，包括语言、技术、行为方式与文化观念与主流社会的融入等。然而，事实却是他们进城安居速度之快超乎预期。

2014年，对牧区社会来说是十分关键的一年。国家开始实施精准扶贫战略，要在2020年全面建成小康社会。在牧区，政府加快了将牧民从牧区和农牧业中转移出来的步伐，有组织地引导牧民进入城镇的易地扶贫搬迁安置点或毗邻城镇的牧民定居点。这套新的计划由 3 个部分组成：一是鼓励土地（包括草场）流转和牲畜托养，引导牧民选择非农就业机会；二是通过政策安排解决牧民住房、教育、医疗等问题，并配套交通、市场、物业等公共服务体系；三是将新城或工业园落到安置点，或直接与安置点同步建设，为牧民提供非农就业机会。2016 年以来，我承担了新疆维吾尔自治区多个县贫困县（包括新疆北部牧区的青河县、吉木乃县、托里县、裕民县与尼勒克县）退出的第三方评估工作。在调查中，我注意到在政府引导下，原本制约牧民扎根城镇的住房、教育、医疗、语言、技术等问题很快得到了解决，牧民城镇化的进度大大加快。然而，牧民在适应和融入城镇社会的过程中，在行为方式、社会结构与文化观念等层面的调整较慢，遇到的困难较多。

为了观察这些新变化，分析哪些方面变化快、适应快，哪些方面变化慢、适应困难，适应快与慢的原因有哪些，我们选择了阿勒泰地区青河县的阿格达拉镇（当地人习惯称之为"青河新城"）和塔城地区托里县的准噶尔社区两个田野点做了持续 3 年（2016—2019 年）的跟踪调查。在这 3 年中，我们还对阿勒泰地区的吉木乃县、塔城地区的裕民县、伊犁州直的尼勒克县、博尔塔拉蒙古自治州温泉县牧民经济与社会发展，特别是新型城镇化进程做了为期 10—20 天的调查。调查发现，青河新城与托里县准噶尔社区是比较典型的，其他几个县推进牧民城镇化的路径和措施与两地相近。因此，本书对进城牧民的职业、经济生活、社会关系、生活方式的描述主要基于这两个社区的田野资料。我尝试以民族志的方式来呈现牧民进城的过程、在城镇中的职业与经济生活、社会关系网络与当前生活上面临的挑战 4 个方面的面貌，以对我们所关注的"城镇化进程中牧民生活转型"问题做一个初步分析，并进一步探讨游牧民城镇化对牧区社会转型的重要意义。

本书共 8 章，具体如下：

第一章对当代游牧社会变迁的人类学研究、中国城镇化道路和牧区城镇化的进展与特性的探讨做了梳理，揭示出学术界对新疆北部牧区城镇化与牧民在城镇化过程中生活转型的关注相对较少。同时，对本书探讨的新疆北部牧区的范畴、民族分布、经济社会发展情况做了分析。

第二章对新中国成立以来新疆北部牧区 70 多年的社会变迁与经济发展做

了分析，提出城镇化只是牧区社会转型中的一个重要阶段，与游牧时期、定居时期牧区的经济、社会与文化有着各种复杂的纠缠，使得游牧民的城镇化与农民的城镇化区别开来。这一章包括三项议题：一是新疆北部牧区游牧民定居的过程，以及定居后农业发展困境的出现；二是新疆北部牧区牧业发展的过程，以及牧业"内卷化"对牧民生计与生活的影响；三是新疆北部牧区城镇的发育过程。通过对这三项议题的探讨，揭示出当代牧区社会在发展和转型中遇到的诸多问题需要通过新型城镇化、工业化与农牧业现代化才能破解。

　　第三章对 21 世纪以来牧民进城的过程与当前城镇化的两种模式做了分析。牧民进城大体有两个阶段。第一个阶段，牧民进城务工、学习和生活，但很难在城镇扎根，难以在经济、社会、文化等层面嵌入牧区社会整体；第二个阶段，在政府的支持和引导下，牧民扎根城镇的制度性、经济性和社会性障碍被清除，他们逐渐在城镇扎根发展。"就地城镇化"与"异地城镇化"是当前新疆北部牧区城镇化的两种主导模式，以青河新城与托里县准噶尔社区为代表。"就地城镇化"通过新城建设为牧民进城务工就业创造了条件，"异地城镇化"则依靠周边相对发达的城镇为牧民创造扎根城镇的条件。

　　第四章和第五章对进城牧民的就业和经济生活进行描述。牧民职业的多元化是一个总体性特征，有的职业与原来的牧业联系紧密一些，有的是在城镇中新出现的职业。简言之，牧民一方面从"传统"中发现新的可能，并将之与城镇的情境相结合，以在新的时空中开辟新生；另一方面，从城镇新的需求中寻找机会，这需要克服各种不利因素（包括语言的、技术的、行为方式的），但却会将自己的家庭和牧区社会引向新的发展方向。这个过程有多个利益主体的参与，包括地方政府、牧民、企业和外来人口等。以此为基础，笔者对牧民在城镇中的收入结构、收入区间、支出结构等做了分析，以呈现牧民在城镇中经济生活的总体形态。

　　第六章对进城牧民的社会关系网做了探讨。牧民的社会关系网处于重构的过程中，一方面仍扎根于牧区社会的关系结构中，另一方面在新的场域中不断拓展，但尚未完全结构化。我们还对牧民如何调用社会关系网中的资源（社会资本）来解决现实生活中的各种问题进行分析，比如获得就业、借款以解决生活困难和提高职业地位等。调查发现，来自牧区的社会关系既可能是正资本，有利于牧民在城镇中扎根发展，也可能是负资本，不利于牧民融入城镇，并且通常将牧民置于两难的境地。社会关系网的变化在一定程度上反映了牧区社会结构的深刻变迁，包括家庭结构、性别关系模式与婚姻关系等。

第七章着重对牧民关于城镇生活的态度和在城镇中面临的挑战进行了分析。通过城镇生活满意度的问卷数据分析，发现牧民总体上对在城镇中就业、家庭经济、基本社会保障和生活方式变化是满意的，表现出较为积极的社会态度。但是，他们在职业和经济生活、行为方式、"后致"社会关系网络等方面面临着一些挑战，社区中出现酗酒增多、家庭矛盾增多等失序现象，表明牧民的城镇化尚处于初级阶段，存在诸多不确定性，也反映出牧区社会结构正在发生深刻的转变。

第八章为结论部分，尝试对当前新疆北部牧区牧民城镇化所处阶段和特征进行总结，认为牧民处于"半城镇化"阶段，牧民的城镇化是"政府引导型"的城镇化。牧民的城镇化表现出"一头扎根牧区社会，一头扎根城镇社会"和"一头连着牧区，一头连着城镇"的特征。牧民城镇化对牧区社会将产生极为深远的影响。

目　　录

图 目 录

表 目 录

第一章　城镇化：牧区社会发展的新时代

城市化是工业化的结果，首先是农村人口进入并融入城市的一个过程。[①]1938年，芝加哥学派的沃思提出在城市化的研究中应更多关注作为一种独特生活方式的城市性。城市性不能简化为城市人口的规模或仅仅通过测量城市人口的数量来理解，它是社会存在的一种形式。[②]韦伯、齐美尔和滕尼斯等早期社会学家认为，现代城市的发展改变了人类感知和认知世界的方式，同时也改变了人和人之间互动的方式。[③]因此，在城市化的研究中既要关注农村人口迁入和融入城镇的过程，也要对他们在城镇中生活方式、社会关系与文化观念的重构进行分析。本章旨在对学术界关于"城镇化"的内涵、当代游牧社会变迁、中国城镇化道路等方面的研究进行评述，对"新疆北部牧区"的范畴进行界定，为本书关于城镇化进程中牧民生活转型的探讨提供学理支撑和必要的背景知识。

第一节　城镇化的内涵

城镇化（或城市化）是一个广为人知却又颇有争议的概念。政府、学术界与大众对城镇化概念的理解不尽一致，甚至不同学科的理解也有很大差异。

大体来说，关于城镇化的概念有两种界定方式：一是从物质要素的转化来定义城镇化。比如人口学认为，城市化是农村人口转化为城市人口的过程，即非农化；地理学认为，城市化是农村地域向城市地域转化和集中的过程，即城镇化；社会学认为，城市化是农村社区的生产、生活方式向城市社区的生产、生活方式转化的过程等。二是从精神要素的转化来定义城市化，认为城市化

---

① ［美］戴维·波普诺：《社会学（第 11 版）》，李强等译，中国人民大学出版社，2007 年，第 619 页。

② ［英］安东尼·吉登斯、［英］菲利普·萨顿：《社会学（第 7 版）》，赵旭东等译，北京大学出版社，2015 年，第 197 页。

③ ［英］安东尼·吉登斯、［英］菲利普·萨顿：《社会学（第 7 版）》，赵旭东等译，北京大学出版社，2015 年，第 204 页。

是一个由乡村社会、乡村文明逐步变为现代城市社会和城市文明的自然历史过程。①城镇化与国家的发展是相互促进的——一个国家在达到中等收入水平之前，必出现过显著的大量人口流入城市的现象，是低收入农村地区接触到现代化并逐渐发展为中高等收入国家所必需的多维结构的基础，是现代化的一个必要组成部分。②

贺雪峰指出，城镇化不完全是农村人口进入城市、农村人口减少的过程，关键是这些进城的农村人口要能够"融入"城市。融入程度是欧洲国家以及美国、日本城镇化效果与亚非拉国家城镇化效果的最大差异所在。欧洲国家以及美国、日本的城镇化"又快又好""有质有量"，亚非拉国家的城镇化则往往无法解决"城市贫民窟"问题。③对中国来说，如何避免亚非拉国家城镇化进程中普遍出现的问题，如何稳步推进城镇化进程，如何避免掉入中等收入陷阱，是新型城镇化建设中必须探讨和注意的问题。

与以往的城镇化相比，新型城镇化"新"在何处？有学者指出，党的十八届三中全会提出以工促农、以城带乡、工农互惠的办法解决"城乡二元结构"，进一步从实施措施上再次印证"就地消纳农村人口"和"就地提升农村人口生活质量"将成为实现城乡一体化的基本解决路径。④"以人为核心的城镇化"究竟包括哪些方面，又该如何实现？宋林飞认为，新型城镇化的方向就是农业人口身份的转变⑤，实质是农民的"市民化"。江喜科指出，"人的城镇化"的另一层面是农村农民的市民"化"。这是指身居农村的农民得到基本均等的公共服务，有适宜的产业，其居住环境得到改善，其生活质量得到提高，虽然他们还是农民身份，但却是市民"化"的农民。⑥城镇化的实质是通过城镇生活方式和城镇文明向农村的传播和扩散，推动农村社区的现代化，改变城乡、工农二元结构，实现"城乡一体化"。

---

① 周加来：《城市化·城镇化·农村城市化·城乡一体化——城市化概念辨析》，《中国农村经济》2001年第5期。

② 帕特里夏·克拉克·安妮兹、罗伯特·M. 巴克利：《城镇化及其发展文献综述》，载迈克尔·斯彭斯等编：《城镇化与增长：城市是发展中国家繁荣和发展的发动机吗？》，陈新译，中国人民大学出版社，2016年，第1页。

③ 贺雪峰：《城市化的中国道路》，东方出版社2014年，第6页。

④ 宋建坤：《从城镇化到城乡一体化》，《经济导刊》2013年第1期。

⑤ 宋林飞：《新型城镇化方向：农业人口身份转变》，《中国社会科学报》2013年11月29日第530期。

⑥ 江喜科：《农民就地市民化是城镇化的又一出路》，《中国发展观察》2013年第12期。

　　从人类学的立场来说，城镇化的关键是进入城镇农民生活方式的转变以及由此带动乡村人口生活方式转变的过程。这将是"一种生活方式"向"另一种生活方式"的转变过程，人们需要适应新的自然与社会文化环境。这个过程就是"再社会化"，有个体与社会两个层面：对个体来说，必须通过城镇情境中的社会互动掌握新技能、学习新的价值观、规范与信仰，使自己融入城镇社会，即成为一个城镇社会中的人；对社会来说，意味着再造出与城镇生活相匹配的经济体系、社会体系与文化体系。[①] 在本书中，我们使用"再社会化"概念来描述牧民的生活转型有两层意味：一方面，对牧民来说，进入城镇、在城镇扎根和发展意味着必然经历新的在城镇中的"社会化"过程，涉及个人的职业、家庭经济、社会关系和行为方式的全方位系统调整，是一个人在城镇中开启新生的过程；另一方面，对牧区社会来说，必然经历新的转型，也必然涉及经济、社会、文化等各个层面，是一个社会"再造"的过程。

　　在田野调查和撰写书稿时，我们一直把游牧民的城镇化置于当代游牧/牧区社会变迁的整体脉络中，强调游牧民的主体性，并尝试在与农民城镇化的比较中去发现牧区城镇化和游牧民城镇化的特性。这三个方面构成了本书的主要思路，具体内容如下。

　　第一，20世纪60年代后，游牧社会进入快速转变时期。在政治上，游牧社会被纳入民族国家体系，以部落为主体的政治形式让位于新的国家政治治理体系，新的政治边界、政治认同逐步建立。在经济上，游牧业逐渐被边缘化，农业、工业和服务业在草原地区扩张，使得牧民社会的经济结构向多元化方向发展。在生活方式上，经历了"游牧—定居"的转变，社会结构和文化观念因移动性的丧失而开始重构，游牧民经历了定居后明显的再社会化过程。城镇化是当代游牧社会变迁的新阶段。这自然与过去几十年游牧社会的深刻变迁相关，同时又必然对牧区的现代化事业和游牧社会的变迁产生深远影响。因此，只有在"游牧—定居—城镇化"的连续统中，才可能对城镇化进程中牧民生活转型进行深入探讨，并形成理论认识。

　　第二，所谓"游牧民的主体性"，是指牧区城镇化的主体应是游牧民，关键是游牧民的城镇化，核心是游牧民在城镇化进程中建构出与城镇生活相适应

---

① ［英］安东尼·吉登斯、［英］菲利普·萨顿著：《社会学（第7版）》，赵旭东等译，北京大学出版社，2015年，第323页。

的生产生活体系、社会关系网络、行为方式与文化观念。简言之，游牧民必须在城镇中完成新的"再社会化"过程，并重构生活整体。因此，研究需要聚焦游牧民，聚焦他们如何进城、在城镇中如何扎根、如何获得新职业、如何重建社会关系网络等，聚焦他们如何认识和体验城镇化、在面临困难时如何选择和调整以及对城镇生活的期待等。也就是说，我们要回到"人的城镇化"这个基本层面，并从职业、社会关系、行为方式与文化观念等多个层次对游牧民在城镇中生活转型过程进行解读和分析。

第三，所谓"特性"，是指牧区城镇化和游牧民的城镇化区别于农区城镇化、农民城镇化的特征。游牧民在城镇化进程中会面临诸多与农民城镇化相同的问题，比如户籍问题、获得新职业的问题、在城镇社会关系网的重构问题等。游牧民在城镇化进程中自然也会出现与农民城镇化不一样的问题，或者他们在城镇中的表现与农民相比有其特性，比如流动的距离、具体职业的抉择、在工作中的表现等。这些特性源于游牧的生产生活形式、社会结构与文化体系，以及它们对进城牧民生活所产生的影响。如果忽略游牧社会文化的影响，就不能很好地理解牧民在城镇中的各种抉择和表现，甚至可能以农民城镇化的思维误导我们对游牧民城镇化的认识，进而影响政府的决策。

第二节　学术史回顾

"城镇化进程中牧民的生活转型"是一项新的议题，目前学界尚未做深入探讨。但是，这并不意味着开展此项研究毫无前人研究成果可参照。事实上，如果想对这项议题做深入探讨，就有必要回到游牧人类学的研究脉络之中，弄清楚牧民的城镇化与游牧和定居的断裂与传续。如果想揭示牧民城镇化的特性，就需要对中国城镇化的道路和模式进行梳理，并将之与农民的城镇化进行对比。

一、当代游牧社会的变迁

游牧是人类历史上存在时间久远、分布广泛的生计生活方式和文化形态。时至今日，在东非、近东、欧亚草原、南亚、北美安第斯山脉和北极圈附近还有以游牧为主要生计与生活方式的族群。游牧民及其社会文化历来是人类学重要的研究对象，大体来讲，游牧人类学经历了3个重要发展阶段。

第一阶段是20世纪60年代之前，游牧社会的研究以功能主义为取向，以对游牧民社会政治结构的描述和分析为旨趣，以回答游牧社会如何构成、如何平稳运行、如何与草原生态环境保持平衡等问题。普理查德的《努尔人——对尼罗河畔一个人群的生活方式和政治制度的描述》是早期人类学游牧社会研究的经典之作。他将努尔人"分枝性社会结构"[1]与其所处生态环境、生计与生活方式联系起来，阐明了生态环境、生计、生活方式与社会结构之间的功能关系。[2]20世纪50—70年代，巴斯[3]、萨尔兹曼[4]等将功能主义的研究范式用于游牧族群与其他族群（主要是定居农业族群）关系的研究中，揭示出生态环境、经济生产模式与社会政治结构在游牧民社会结构和族群关系形成与维系中的功能。拉达·戴森-哈德森和内维尔·戴森-哈德森指出，"到20世纪60年代，人类学对游牧社会的研究都受到功能主义的主宰——强调地方系统的边界和稳定性，这意味着对游牧社会的描述总是试图重构传统的社会组织"[5]。此类研究的主要问题在于忽略了外部经济、社会、政治条件、族群关系和历史过程对游牧社会的影响，导致对游牧社会正在发生的变迁研究不够深入。

第二阶段是20世纪60—90年代，游牧社会的研究转向了定居引发的社会文化变迁和游牧民对变迁的适应两个重要议题，并逐渐形成了"游牧—定居"连续统的研究范式。在游牧社会的研究中，20世纪60年代是一个重要的分水岭。作为人类学传统研究对象的游牧社会发生了深刻变迁，表现为传统游牧体系的衰落、社会文化的巨变，以及更深度地嵌入民族国家体系和世界体系之中。人类学家意识到游牧社会是区域和国家系统的一部分，强调农业社会、国家或殖民机构对游牧民生存空间与社会行为的影响出现了两种趋势。

---

[1] 分枝性社会结构是游牧社会普遍持有的社会结构类型，是一种层层由小而大的社会结群，一种非经常性的"社会结构"，因应对外来敌对力量的大小而临时凝聚为或小或大的群体。通常表现为家族、氏族与各层级部落的聚合与分化。参见王明珂：《游牧者的抉择——面对汉帝国的北亚游牧部族》，广西师范大学出版社，2008年，第54-55页。

[2] ［英］埃文思·普理查德：《努尔人——对尼罗河畔一个人群的生活方式和政治制度的描述》，褚建芳、阎书昌、赵旭东译，华夏出版社，2002年。

[3] Fredrik Barth, Ecological relationship of ethnic groups in Swat, North Pakistan, American Anthropologist, Vol.58, No.6, 1956.

[4] Philip C. Salzman, Adaption and political organization in Iranian Baluchistan, Ethnology, Vol.10, No.4, 1971.

[5] Rada Dyson-Hudson and Neville Dyson-Hudson, Nomadic pastoralism, Annual Review of Anthropology, Vol.9, No.1, 1980.

　　第一种趋势强调游牧社会与外在世界的关系。在哈扎诺夫看来，游牧经济本质上是非自足的，必须与外在世界保持各种关系以获得重要资源。[①]萨尔兹曼在 1973 年就指出，"部落民、农民和城市居民不能作为一个自在的分析单位"[②]。每个群体的适应和经济体系都是与一个社会内其他社区密切关系的结果。对游牧社会的研究必须置于农业社会、城市社会、国家体系和市场经济体系背景进行分析。

　　第二种趋势则关注国内政治进程对游牧社会的影响，尤其强调民族国家政治进程在游牧社会变迁中的作用。[③]这一趋势延续至今，主要围绕国家直接或间接干预游牧社会，以及国家引导游牧社会实现"发展"的努力展开分析。人类学家发现，世界范围内的游牧社会都经历了农业扩张至干旱区持续加剧的影响，城市移民和牧民定居的影响，以及深度参与到市场经济（包括产品大规模售出和劳动力无产阶级化）的影响。这些进程在类型上各不相同，但又彼此联系，对牧民有着各种不同的影响。[④]因此，在玛莎曼迪与萨拉姆看来，二战后游牧业与其说是一种经济适应，还不如说是一种政治适应——解决游牧业存在问题的方式与其说是经济的，还不如说是政治的。[⑤]

　　到 20 世纪 80 年代末 90 年代初，人类学研究中逐渐形成了一种将地方系统、民族国家与世界体系的影响以及游牧社会对影响的反应融于微型社区的研究范式——"游牧—定居"连续统，并在之后 30 年中不断发展和成熟。"游牧—定居"的过程被分解为游牧、半定居、定居和定居后 4 个阶段，探讨不同阶段的断裂与延续。简言之，关注的主题转向了变迁。变迁具有多层次性，每一层面的变化都可能对其他层面产生新的影响，进而对游牧体系与社会文化结构产生影响。"游牧—定居"连续统的研究形成了 3 个基本结论：①游牧向定居的转变并非定居前与定居后两阶段论设想那样简单，而是一个连续的过程，呈现出阶段性和动态性特征。转变给游牧社会既带来了有利的影响，也带来了

① Anatoly M. Khazanov, Nomads and the Outside World (Second Edition), The University of Wisconsin Press, 1994.
② Philip C. Salzman, The study of 'complex society' in the Middle East: A review essay, International Journal of Middle East Studies, Vol.9, No.4, 1978.
③ Elliot Fratkin, Pastoralism: Governance and development issues, Annual Review of Anthropology, Vol.26, 1997.
④ Elliot Fratkin, Pastoralism: Governance and development issues, Annual Review of Anthropology, Vol.26, 1997.
⑤ 转引自 Gideon Kressel, The transformation of nomadic society in the Arab East, American Anthropologist, Vol.105, No.4, 2003.

消极影响，转变本身并不就意味着"发展"；②定居不仅应被视为国家改变游牧社会落后的生产与生活方式所做的努力，也应被视为国家管理和改建游牧社会的重要方式，并有着创建新的国家认同的目的；③转变伴随着生计与生活方式、人口与社会结构、生态环境等方面的变化，而且各种变化之间存在链式反应。

第三阶段是 21 世纪以来，游牧社会的研究日益关注草原生态环境与游牧社会文化碎片化，以及两者相互强化引发的游牧社会变迁与游牧民适应的问题。事实上，这一议题在 20 世纪 90 年代中后期便已被人类学家所关注，埃利奥特·弗拉勤在 1997 年的文章中梳理了游牧社会研究的三个重要问题，分别是共有草场丧失的问题、定居和城市人口向牧区的迁移与市场经济下快速商品化带来的冲击等。① 2009 年，凯瑟琳·A. 加尔文明确提出要给予游牧系统的变化（表现出了碎片化倾向）以新的关注，而游牧系统的变化源自于草原碎片化与气候的多变性，草原碎片化与气候的多变性是土地制度、生计形态（游牧转向定居农业）和社会制度变化综合影响的结果。更值得关注的是，气候的多变性很大程度上由草原的碎片化所引发。②毋庸讳言，草原生态环境与游牧社会文化碎片化将对牧民的生计产生影响。来自蒙古国的个案显示，诸如灾害的环境冲击会公平地打击到每个家庭，但贫困家庭肯定会受到更大影响，甚至会加剧社区内财富分配的不均。③

大体来讲，国内关于新疆北部草原游牧社会的研究脉络与国外相关研究是相近的。在此，以哈萨克族的研究为例，来呈现国内相关研究的脉络。

国内对哈萨克族社会的记录始于清代，如《清实录》、松筠等撰的《新疆识略》、傅恒等撰的《西域图志》、魏源撰的《圣武记》、何秋涛撰的《朔方备乘》等均较详细地记载了哈萨克族 3 个"玉兹"的社会经济状况。④民国时期，有关哈萨克族的文献明显增多。笔者利用"晚清民国期刊全文数据库"，搜集了1879—1949 年新疆哈萨克族的文献 47 篇（政府批文除外）。1930 年前共有 7 篇，20 世纪 30 年代共有 9 篇，20 世纪 40 年代共有 31 篇之多，呈现出逐步增多的态势。从内容来看，1940 年之前更多的是对哈萨克族和哈萨克族习俗的介

---

① Elliot Fratkin, Pastoralism: Governance and development issues, Annual Review of Anthropology, Vol.26, 1997.

② Kathleen A. Galvin, Transitions: Pastoralists living with change, Annual Review of Anthropology, Vol.38, 2009.

③ [蒙] 盖·坦普勒：《蒙古国畜牧经济中风险重要性的变化》，载张倩主编：《游牧社会的转型与现代性（蒙古卷）》，中国社会科学文献出版社，2013 年。

④ 孟楠：《哈萨克三玉兹历史考略》，《新疆大学学报（社会科学版）》2003 年第 1 期。

绍，如 1937 年袁复礼的《新疆之哈萨克族》和永寿的《边疆通讯：新疆哈萨克人之生活风习》。①1940 年后的文献则涵盖了历史、文化、社会、生产生活、政治、人口迁徙和特殊人物。数量与内容的变化显然与这一时期新疆北部草原的持续动荡相关，国人亟须了解这个相对陌生的族群。

民国时期，对哈萨克族社会比较系统和成熟的研究较早见于周东郊在 1940 年和 1947 年发表在《新疆论丛》《边政公论》《西北论坛》上的 4 篇文章。文章比较系统地对阿勒泰地区哈萨克族的历史、生计、社会结构、人口规模与生活状态进行了描述，重点对 20 世纪 20—40 年代该地区的战乱及其对哈萨克族的影响进行了分析。②之后的相关研究大都建立在此基础之上。比如《新疆哈萨克族迁徙史》中的人口资料、部落社会结构、迁徙背景与线路等多以周东郊的论述为蓝本，又吸收了新疆各地州县市的档案材料，比较清晰地勾勒了解放前后哈萨克族的社会结构、人口分布与历史渊源。③

在 20 世纪 50 年代对少数民族社会历史的调查中，以杨廷瑞、王作之、纪大椿为代表的一批学者对新疆哈萨克族社会传统的生产生活方式、氏族部落社会结构、经济关系、风俗习惯与过渡时期的变化进行了比较系统、全面的调查，形成了一批高水平的学术研究报告。这些报告在 1988 年被收入《新疆牧区社会》一书，为研究哈萨克族社会及其变迁奠定了坚实的基础。④20 世纪 80 年代，《哈萨克族简史》和《哈萨克族文化史》相继出版。前者对哈萨克族的族源、形成、发展和回迁过程进行了全面梳理，并对传统的经济生产方式和社会结构进行了初步分析。⑤后者则对哈萨克族形成与发展的自然生态环境与社会文化环境，以及不同历史阶段社会、文化、经济和政治结构进行了更加系统的梳理。⑥

20 世纪 80 年代以来，一些研究者对哈萨克族传统社会的社会、文化、历

---

① 袁复礼：《新疆之哈萨克民族》，《禹贡》1937 年第 1—3 合期；永寿：《边疆通讯：新疆哈萨克人之生活风习》，《边事研究》1937 年第 6 期。
② 周东郊：《新疆阿山区概况》，《新疆论丛》1947 年第 1 期；周东郊：《新疆的哈萨克人（上）》，《边政公论》1947 年第 3 期；周东郊：《新疆的哈萨克人（下）》，《边政公论》1947 年第 4 期；周东郊：《新疆阿山区东部之哈萨克》，《西北论坛》1947 年创刊号。
③ 《新疆哈萨克族迁徙史》编写组：《新疆哈萨克族迁徙史》，新疆大学出版社，1993 年。
④ 中共新疆维吾尔自治区委员会政策研究室等：《新疆牧区社会》，农村读物出版社，1988 年；杨廷瑞：《哈萨克族游牧区"阿乌尔"》，新疆人民出版社，1959 年。
⑤ 《哈萨克族简史》编写组：《哈萨克族简史》，新疆人民出版社，1987 年。
⑥ 苏北海：《哈萨克族文化史》，新疆大学出版社，1989 年。

史与生计等做了专题研究。1982 年，倪华德、苏北海发表《哈萨克族的印记口号研究》一文，收集、整理和探讨了各个部落的印记和口号，并以此分析了部落制度与游牧体系的关系。①罗致平、白翠琴对哈萨克族习惯法做了梳理，对草场与财产纠纷、人命赔偿、婚姻与财产继承等内容进行了解析。②孟楠立足史料，探讨了哈萨克族三玉兹与清王朝的关系，以及在我国的形成、扩展与分布。③贾合甫·米扎尔汗、夏里甫罕·阿布达里对狩猎采集、农业、商业活动也进行了探讨，注意到了游牧生产的非自足性和其他生产活动在牧民生活中的价值。④在另一篇文章中，他们又对哈萨克族的草原物质文化——衣、食、住、行——进行了探讨，认为它们与游牧经济生产方式相适应，共同缔造了哈萨克族的民族文化。⑤杨廷瑞则进一步分析了游牧中人群、牲畜、草原与游动四要素的关系，并认为游牧业的所有问题都源自它们的互动。⑥

　　20 世纪 90 年代以来，一些研究者开始关注哈萨克族的社会变迁，不仅在一些概论性的专著、编著中加入社会变迁的内容，也形成了以村落为中心探讨社会变迁的趋势，主要以"牧民定居"为切入点和研究对象。周亚成揭示出：定居后，游牧生产习俗的变化推动了牧区经济的发展。继续改革游牧生产习俗与推进畜牧业产业化是发展牧区经济、改善牧民生活的必由之路。⑦周亚成、王景奇通过对定居前后文化生活的比较，认为定居前的文化生活以传统内容和方式为主，定居后的文化生活呈现出多元趋势，并表现出传统与现代交融的特质。⑧周亚成、阿依登还注意到定居后的贫富分化与心理变化问题，认为可以通过制度、政策和观念引导促进牧民脱贫致富，通过心理疏导促成牧民对心理变化的调节。⑨此类研究习惯

---

① 倪华德、苏北海：《哈萨克族的印记口号研究》，《民族研究》1982 年第 4 期。
② 罗致平、白翠琴：《哈萨克法初探》，《民族研究》1988 年第 6 期。
③ 孟楠：《哈萨克三玉兹历史考略》，《新疆大学学报（社会科学版）》2003 年第 1 期。
④ 贾合甫·米扎尔汗、夏里甫罕·阿布达里：《新疆哈萨克族传统社会经济和社会生产》，《新疆社会经济》1999 年第 2 期。
⑤ 贾合甫·米扎尔汗、夏里甫罕·阿布达里：《哈萨克族的草原物质文化》，《新疆社会经济》2000 年第 1 期。
⑥ 杨廷瑞：《游牧业的四要素》，《新疆社会经济》1995 年第 2 期。
⑦ 周亚成：《哈萨克族游牧生产习俗的变迁与经济发展》，《民族研究》2000 年第 3 期。
⑧ 周亚成、王景奇：《哈萨克族定居前后文化生活比较研究——以阿什里哈萨克民族乡胡阿根村为例》，《西北民族研究》2005 年第 4 期。
⑨ 周亚成、阿依登：《哈萨克族经济转型中的贫富差距调查：以胡阿根村哈萨克族为例》，《中央民族大学学报（哲学社会科学版）》2005 年第 4 期；周亚成：《哈萨克族牧民定居的文化心理变化与心理疏导》，《西北民族研究》2010 年第 1 期。

从社会文化变迁的表象入手，分析变迁产生的内外因素，旨在呈现社会文化变迁的形式、内涵与过程。比如在王欣的分析中，外因包括政府主导的定居及其引发的生产生活方式的变化、全球化体系下市场的扩张与信息化条件下外界风气与思潮的涌入；内因是牧民主动地适应与延续和发展传统文化所做的努力。内外因素的互动使哈萨克族社会文化呈现出多元与融入主流社会文化的趋势。①

与上述研究不同，一些研究者不再单纯地以"二元论"为框架，而转向对定居牧民"再社会化"过程和定居政策的观念形态进行研究。在崔延虎看来，牧民定居是一种"有组织的社会变迁"，表现为定居后社会组织、家庭经营类型和文化结构急剧变化。定居牧民面临再社会化的过程，这是指由于生产条件、生活环境、社会制度的变革，定居牧民面临对新的生活方式和环境的认识、适应与融合的过程，包括对生态环境的重新认知、资源利用方式与生产方式的调整、信息获得途径与机会的提供和完善、传统文化价值的发掘与文化转型的引导等。其核心是文化变迁，以及个体和群体在行为、观念和认知层面对变迁的适应。②李晓霞通过对 20 世纪 50 年代以来新疆牧区发展政策的研究，指出"使牧民从游牧变为定居，就成为政府力求改变牧区生产落后与牧民生活艰苦的一贯不变的政策"③。实质上是希望通过重新反思牧区发展政策与路径，揭示它们背后的观念形态。

国内新近的研究也将目光投向了草原碎片化、气候变化及其影响的问题，崔延虎明确指出作为草场管理制度根基之文化的碎片化与草原的碎片化、草场退化息息相关。④ 罗意对新中国成立以来吐尔洪盆地牧民遭遇的灾害进行了梳理，发现旱灾已经成为牧民生活的一部分，导致牧民社会脆弱性增强与经济的边缘化。⑤ 聂爱文与孙荣垆对新疆一个牧业连队生计困境做了调查和分析，认为自然环境的变化、政府主导的发展模式、贫困和传统生态文化的缺失共同作

---

① 王欣：《当代新疆牧区社会文化的变迁——以哈萨克族牧区为中心》，《陕西师范大学学报（哲学社会科学版）》2009 年第 4 期。

② 崔延虎：《游牧民定居的再社会化问题》，《新疆师范大学学报（哲学社会科学版）》2002 年第 4 期。

③ 李晓霞：《新疆游牧民定居政策的演变》，《新疆师范大学学报（哲学社会科学版）》2002 年第 4 期。

④ Yenhu Tsui, Swinging between nomadism and sedentarism: A case study of social and environmental change in nomadic society of altay stepples, Xinjiang, nomadic peoples (special issue), Ecological Narratives on Grassland in China: A People-Central View, Vol.16, No.1, 2012.

⑤ 罗意：《旱灾与牧民的应对策略——新疆阿勒泰地区一个定居哈萨克社区的个案》，《西南民族大学学报（人文社科版）》2016 年第 9 期。

用导致了草原生态环境的恶化。[1] 为了寻找破解草原碎片化、气候变化及其对牧民生产生活影响的难题，一些研究者开始对牧民的地方性知识进行发掘，并认为所谓的"难题"实际上是因为在发展过程中忽视了传统游牧知识与草原生态系统的互动关系。[2] 显然，草原的碎片化、气候变化、牧民生计困境或经济边缘化等因素都成为牧民进入城镇寻求发展的重要动力。

综上所述，游牧人类学的核心问题经历了"认识游牧社会—探讨游牧社会的当代遭遇—找出游牧社会转型面临的问题"的转变。值得注意的是，这些研究很少去探讨游牧民/游牧社会与城镇的关系，以及游牧民城镇化的问题。关键之处在于，直到 20 世纪末，游牧民/游牧社会所经历的主要是"游牧—定居"的转变，尚未进入城镇化的阶段。但对游牧民城镇化的研究来说，这些研究依然具有十分重要的价值。第一，"认识游牧社会"仍是首要任务，因为游牧民生计与生活方式、社会结构与文化体系必然对其在城镇中的表现产生影响，也是游牧民城镇化区别于农民城镇化的根源所在；第二，探讨和分析游牧民在定居后的遭遇和面临的各种问题，是认识游牧民城镇化必要性和重要性的前提；第三，定居游牧民再社会化的研究意味着在城镇化进程中游牧民仍将经历明显的生活转型或再社会化过程，而且游牧民再社会化成功与否在一定程度上决定着牧区城镇化的成功与否。

二、由小城镇到新型城镇化：中国城镇化的道路与模式

在中国人类学的研究传统中，"城镇"在相当长时间内没有成为主要研究对象，往往被内化为农村社区研究的一部分，即阐明村民与外在世界的横向联系时才被纳入分析之中。这一倾向自然与早期"认识中国社会"的志趣相关。典型例子就是费孝通先生的《江村经济》与林耀华先生的《金翼》，尽管他们都意识到并揭示出村落、农民社会与城镇的复杂勾连，但其指向却是为了更好地呈现并解释村民的生活。以"市场"为主题的研究（比如施坚雅的《中国农村与市场结构》）突破了村落研究传统，但其核心关切却是"市场"

---

① 聂爱文、孙荣垆：《生计困境与草原环境压力下的牧民——来自新疆一个牧业连队的调查》，《中国农业大学学报（社会科学版）》2017 年第 2 期。
② 陈祥军：《生计变迁下的环境与文化——以乌伦古河富蕴段牧民定居为例》，《开放时代》2009 年第 11 期。

如何连接了村落与城市、农民与国家，建构了区域研究的范式。直到 20 世纪 80 年代，"城镇"与"城镇化"的议题在人类学界仍未能确立其重要性，相关成果仍比较匮乏。

"小城镇"问题进入国内学界的视野始于 20 世纪 80 年代。一些学者开始反思中国人类学研究中的"村落传统"，认识到存在比农村社区高一层次的社会实体的存在。费孝通先生指出"这种社会实体是以一批并不从事农业生产劳动的人口为主体组成的社区。无论从地域、人口、经济、环境等因素看，它们都既具有与农村社区相异的特点，又都与周围的农村保持着不可缺少的联系"[①]。这样的社会实体便是学界所关注的"小城镇"。集体化时期，小城镇一度衰落，但改革开放后很快复苏，这与家庭联产承包责任制解放了农村闲置劳动力和乡镇企业的兴起相关。小城镇的形成和发展的基础是乡镇企业的发展，冲破了只作为农副产品贸易地的性质，逐步变成农民集体或个体兴办工厂、商店、服务业的中心。费孝通以吴江县为例，分析了五种类型的小城镇，即商品流通中心、丝织工业的中心、政治中心、消费中心和交通中心。[②]不管是哪种小城镇，它一方面联结着农村与农民，另一方面联结着城市，是中国社会中"农村—城市"的连接点。因此，城镇虽小，却是个"大问题"，新型小城镇的发展是在中国社会现代化过程中出现的农民走上工业化和城市化道路上的重要里程碑。[③]费孝通先生在 21 世纪初对小城镇如何成为"大问题"曾有总结：

> 我在过去 20 年研究中国的社会经济发展时，曾经花了很多时间关注小城镇的发展建设问题，这是因为中国现代化的起步和发展是一个从"乡土中国"向现代化都市逐步发展的过程。鉴于中国的历史、人口、城镇规模、发展速度等因素和条件，我们不得不走从农村小城镇开始，逐步发展城市化的过程，必须自下而上地发展起多层次的犹如金字塔形的经济中心，以此来最大限度减低高速现代化和都市化对整个社会的冲击和震荡，保证中国改革开放这一人类历史上最大规模的社会变迁平稳进行。[④]

---

① 费孝通：《论小城镇及其他》，天津人民出版社，1986 年，第 18 页。
② 费孝通：《论小城镇及其他》，天津人民出版社，1986 年，第 20 页
③ 费孝通：《论中国小城镇的发展》，《中国农村经济》1996 年第 3 期。
④ 转引自沈关宝：《〈小城镇 大问题〉与当前的城镇化发展》，《社会学研究》2014 年第 1 期。

20世纪80年代以来，围绕中国"城镇化"道路选择问题有过诸多探讨，大体有"大城市"和"小城镇"两派。支持"小城镇"发展的认为小城镇的发展有其优势，原因有三：一是中国城市化进程滞缓，但小城镇数量扩张明显，已有一定发展基础；二是农民进入小城镇比进入大中城市付出的心理成本小；三是小城镇的发展可以把城乡两个市场较好、较快地联结起来，迅速地促进农村第二、第三产业的发展，大量吸纳农村剩余劳动力，缓解农村人多地少的矛盾，促进农业规模效益的提升和农民收入的增长，同时又可以缓解大中城市膨胀的压力。[①]辜胜阻等认为，这是一条在我国农业经济向工业经济、计划经济向市场经济转型的"双重转型"背景下农村城镇化的道路，有助于农村劳动力的就地转移。[②]

学术界对小城镇发展战略的反思也值得关注。王思斌的研究发现，我国建制镇（通常是小城镇发展的重心）的生成方式主要有社区产业转型推动与行政力量推动两种。前者由产业结构的变化而自然生成，后者则更多地来自行政干预，即在产业结构未发生实质性变化、非农业人口不足量的情况，依靠行政方式创建小城镇。在过于薄弱的经济基础上人为地创建小城镇带来的负面影响是十分明显的，它给当地经济社会发展带来的机遇是很少的，往往带来的是农村负担的加重与干群关系的紧张。[③]有研究表明，小城镇发展的基础依赖于乡镇工业，乡镇的工业发达与否直接决定了小城镇建设的成败。[④]小城镇比较符合沿海与城郊地区，而一旦进入广大的内地农村，往往难以奏效。王星认为，在经济落后地区，小城镇理论提供的发展模式是不合适的，通过发展乡镇工业实现小城镇化的道路在经济落后的中西部地区是行不通的。[⑤]大体来讲，对小城镇的批评主要有：小城镇的集约程度低、经济效益差、能源等消耗高、吸纳农村劳动力的能力在下降；小城镇发展战略使中国城市化的进程变得更加缓慢；发展小城镇不能从根本上解决农村改革与发展的问题。[⑥]

小城镇发展战略通常被视为"农村城镇化"的具体策略，与之相对的则是

① 温铁军：《中国的城镇化道路与相关制度问题》，《开放导报》2000年第5期。
② 辜胜阻、易善策、李华：《中国特色城镇化道路研究》，《中国人口·资源与环境》2009年第1期。
③ 王思斌：《我国小城镇发展的制度分析》，《社会学研究》1997年第5期。
④ 王星：《经典小城镇理论的现实困境——重读费孝通先生的〈小城镇四记〉》，《社会科学评论》2006年第2期。
⑤ 王星：《经典小城镇理论的现实困境——重读费孝通先生的〈小城镇四记〉》，《社会科学评论》2006年第2期。
⑥ "小康社会与村镇建设"课题组：《中国的城镇化道路与小城镇建设》，《经济研究参考》2005年第70期。

"人口城市化"的观点。①这一模式又被称为"异地城镇化"，即迁居至本行政区域外，从事非农业生产的人口城镇化，具体包括市域异地城镇化、省域异地城镇化。异地城镇化的形成是由于社会发展水平、地域经济差异等多方面的因素，导致地域平衡被打破，促使一定规模人口从一个地域流向另一个地域。进入城镇的农民往往仅在城市工作或者在农闲时进城工作，并不拥有城镇户口，没有与拥有城市户口的人同工同酬同权，也没有买房，子女上学难，不能享受与城市户口密切相关的公共福利，因此，处于半城镇化状态。②有研究发现，异地城市化被视为落后地区城市化的一种主要方式，但面临着农民工的就业与教育歧视等制度性障碍，这就涉及中国城乡户籍制度固化问题。因此，要实现异地城镇化，关键是要求对农民工实施平等待遇原则，其实质是农民工的"市民化"，即一个变农村人口为城市人口的过程。③异地城镇化在一定程度上可以弥补小城镇发展战略的不足，但是也不能过度，否则可能抽空落后地区的劳动力，使得这些地区农村出现空心化现象，从而无法实现通过城镇化带动乡村发展的目标。

有学者对中国城镇化的阶段进行了解读，认为不同地区所处阶段不同可能是城镇化路径差异的一个原因。辜胜阻等认为，我国城镇化与特定的户籍制度相联系，使城镇化过程中劳动力转移相比于西方发达国家表现出明显的复杂性，农民流动呈现三次浪潮。第一次是"离土不离乡"，第二次是"离土又离乡，进厂又进城"，第三次则是以"长期居住为特征，且有举家迁移的倾向"。④周飞舟等也认为中国的城镇化表现出明显的阶段性，即从工业城镇化、土地城镇化到人口城镇化的三个阶段，政府与企业、中央与地方、国家与农民三对关系主导了3个阶段。改革开放已走过了40多年，中国的城镇化水平已经大大加快，但东西部地区的差异仍是值得关注的问题。东部地区是如何解决流动人口的市民化问题，广大中西部地区则是如何解决农民就地、就近城镇化的问题。⑤大体来讲，东部地区已经进入第三次浪潮，中西部地区可能仍处于第一次和第二

① 辜胜阻、易善策、李华：《中国特色城镇化道路研究》，《中国人口·资源与环境》2009 年第 1 期。
② 黄亚平、陈瞻、谢来荣：《新型城镇化背景下异地城镇化的特征及趋势》，《城市发展研究》2011 年第 8 期。
③ 黄解宇：《异地城市化：解决三农问题的新思路》，《农业现代化研究》2005 年第 4 期。
④ 辜胜阻、易善策、李华：《中国特色城镇化道路研究》，《中国人口·资源与环境》2009 年第 1 期。
⑤ 周飞舟、吴柳财、左雯敏等：《从工业城镇化、土地城镇化到人口城镇化：中国特色城镇化道路的社会学考察》，《社会发展研究》2018 年第 1 期。

次浪潮中。

2010 年，我国人均国民总收入为 4260 美元，首次由"下中等收入"经济体转变为"上中等收入"经济体。2011 年，我国城镇化率达到 51.27%，城镇常住人口首次超过农村人口。[①]这两个"首次"标志着我国开始由乡村中国向城市中国转变，我国经济社会和城镇化进入新发展阶段。党的十八大和中央经济工作会议对我国新型城镇化发展进行了顶层设计和总体部署，明确提出提高城镇化质量的要求，标志着"新型城镇化"时代的到来。[②]党的十八大报告指出，坚持走中国特色新型工业化、信息化、城镇化、农业现代化道路，推动信息化与工业化深度融合、工业化和城镇化良性互动、城镇化和农业现代化相互协调，促进工业化、信息化、城镇化、农业现代化同步发展。

围绕国家对新型城镇化的顶层设计，学界对新型城镇化概念的内涵、目标内容、规划策略等进行了分析。在有关"新型城镇化"的讨论中，社会学更加注重社会实际调查，认为新型城镇化的本质体现是社会关系建构，而不是物质技术形态建构。[③]张鸿雁指出，城镇化不是一个简单的城镇人口比重的变化，它本质上是人类现代化的过程和结果。[④]新型城镇化不应只关注"城镇"，还要意识到其对乡村社会的影响。张文明、腾艳华认为，可引用社会学中"内发展理论"来解读新型城镇化理论，将其解释为"另一种发展"，其核心与本质是给予乡村社会足够的动力和权力，发展其自我控制能力，以实现其自我维持机制，以应对城市化和工业化过程中的种种挑战，最终实现我国城乡的统筹均衡发展。[⑤]因此，新型城镇化将对社会变迁和社会结构产生重要影响，肩负实施"社会改造"工程的使命，将推动中国从传统城乡二元结构向城市社会结构转型。[⑥]

《国家新型城镇化规划（2014—2020 年）》发布以来，各地积极探索各种模式推进城镇化。如前所述，在新型城镇化进程中，东部地区是如何解决流动

---

① 张占斌：《新型城镇化的战略意义和改革难题》，《国家行政学院学报》2013 年第 1 期。
② 张占斌：《新型城镇化的战略意义和改革难题》，《国家行政学院学报》2013 年第 1 期。
③ 周全德：《论新型城镇化的社会学理论建构》，《学术界》2014 年第 9 期。
④ 张鸿雁：《中国新型城镇化理论与实践创新》，《社会学研究》2013 年第 3 期。
⑤ 张文明、腾艳华：《新型城镇化：农村内生发展的理论解读》，《华东师范大学学报（哲学社会科学版）》2013 年第 6 期。
⑥ 张鸿雁：《中国新型城镇化理论与实践创新》，《社会学研究》2013 年第 3 期。

人口的市民化问题。任远围绕"人的城镇化"进行研究，认为要重视迁移流动人口的市民化和社会融合，避免城镇化过程中移民难以融入城市带来的人的排斥和隔离，而户籍改革是推进迁移流动人口市民化的关键性制度变革。[①]周飞舟注意到，中西部地区的劳动力（特别是年轻劳动力）倾向到东部沿海发达地区务工，而不是流向本地的中小城市和小城镇。愿意留在本地就业和就地城镇化的主要来源往往是年龄较大、人力资本水平较低、在东部沿海地区劳动力市场上失去竞争力的劳动力。因此，人口净流出地的产业不能简单复制东部地区产业，而应该根据本地劳动力供给情况，积极发展地方特色产业。积极发展特色地方产业、完善地方公共设施和公共服务、有效吸纳返乡就业创业人口是中西部地区新型城镇化的重要任务。[②]从发展趋势来看，异地城镇化与就地就近城镇化应是中西部地区新型城镇化两条并进的路径，而就地就近城镇化对中西部地区城乡一体化和社会转型的意义可能更为重要。

　　新型城镇化是推动我国现代化战略的一个轮子，另一个轮子是"乡村振兴"，因此探讨新型城镇化问题不能抛开乡村振兴的问题。近年来，贺雪峰多次强调了"乡村"的意义。改革开放 40 多年来，农民在经济收入上对传统农业（种植业、养殖业）的依赖度持续下降，非农收入（务工、经商）对农户收入的贡献越来越大，农村普遍形成了以代际分工为基础的"半工半耕"的生计模式。随着城镇化的推进，农民进城加速，他们不仅在城镇务工，还在城镇购房和居住。换言之，农民城镇化的意愿和能力都在增强。然而，进城农民却不见得愿意"市民化"（变农村户口为城镇户口），因为原本限制其流动的城乡二元体制已经转换为保护农民利益的二元体制，并为在城镇中失败的农户提供了返回乡村的可能。贺雪峰指出，"返乡的权利是农民这个社会中弱势群体最基本的人权。进城失败的农民可以返乡，也可以减少地方政府的压力，降低中国现代化的风险"[③]。乡村人口向城镇的流动为留守农村的中青年农户提供了扩大生产的机遇，形成了"新中农"阶层，并为推进乡村振兴创造了条件。[④]因此，一个农民家庭以代际分工为基础的城镇与乡村两地生活的模式，以及随着年龄变化而在城镇与乡村之间进行选

---

① 任远：《人的城镇化：新型城镇化的本质研究》，《复旦学报（社会科学版）》2014 年第 4 期。
② 周飞舟：《地方产业和就地就近城镇化》，《城市与环境研究》2016 年第 2 期。
③ 贺雪峰：《城市化的中国道路》，东方出版社，2014 年，第 73 页。
④ 贺雪峰：《大国之基：中国乡村振兴诸问题》，东方出版社，2019 年，第 8 页。

择，可能是相当长一段时期内农民的实际选择。

三、牧区城镇化的探索

民族地区（特别是牧区）城镇化问题主要是民族学和人类学关注的议题。以第五次和第六次全国人口普查的数据来看，少数民族人口的城镇化水平相对较低，但城镇化率年均提高 1 个百分点，已经处于城镇化快速发展的阶段。焦开山的研究发现，少数民族人口的城镇化水平及其发展趋势存在显著地区差异和空间关联性。西北地区与西南地区是我国少数民族人口较多、分布较广的区域，从区域城镇化水平来看，2010 年西北地区城镇化率为 31.24%，西南地区为 25.02%。以省份来看，四川、西藏和新疆等地少数民族人口城镇化水平尤其低，未来的城镇化发展既要讲速度，也要讲质量。不仅如此，一个省份内部也可能存在所谓的"空间关联性"，这就意味着在一个省份之内城镇化水平是同样不平衡的。他认为，在中西部地区，打造若干个规模较大的城市群，同时加强不同地区之间的协调机制，可能是少数民族人口新型城镇化发展的一个重要方向。另外，少数民族人口城镇化的发展要根据不同地区的实际情况进行科学合理的规划。[①]

与全国其他地区进行比较，民族地区城镇化进程相对滞缓，面临着许多其他地区不曾面临的现实问题。民族地区面临的问题不尽相同，但共性的问题包括城镇建设的空间与结构布局、城镇建设的生态与文化适应性、城镇建设的人口流动与土地流转、城镇建设的体制阻碍与产业建设等方面。在李忠斌、郑甘甜看来，衡量民族地区新型城镇化发展质量的核心要素至少包括 7 个方面：经济关系（生产关系）、经济质量、人口互动、社会关系、宗教关系、民族关系和社会稳定机制。在推进民族地区新型城镇化的过程中，要将"民族文化的多样性""生态资源的脆弱性""民族关系的复杂性"融入其中，难点在于如何处理好文化多样性与主流价值观的关系、保护性开发与开发性保护的关系、融合的普遍性与民族独特性的关系等。他们还提出了民族地区新型城镇化的几种模式，包括"扩边进城，规模适度""小镇吸附，就近转化"

---

① 焦开山：《中国少数民族人口的城镇化水平及其发展趋势》，《民族研究》2014 年第 4 期。

"一户两居，乡城互动""城乡一体，资源共享""城城过渡，自为一体""文化为魂，村镇互促"。①

民族地区的城镇化成为近年来学界关注的一个热点。2017—2018 年 CSSCI 来源收录期刊中的"民族学与文化学"方向的 14 本期刊中，与"城镇化"相关的论文多达 516 篇，主要探讨了人口流动、城镇化发展历程、经济建设、"三农"问题、文化传承与保护、国内外对比研究、移民安置以及民族地区城镇化策略研究 8 个类别的议题。②就这些分析来看，民族地区的城镇化要充分考虑民族地区的复杂性和独特性，包括少数民族群众在生产方式、社会结构与文化观念等方面的独特性。房冠辛、张鸿雁指出，民族地区新型城镇化的建设在必须遵循新型城镇化一般规律的同时，还要根据民族地区发展的实际创造适合本地区的城市化发展路径，具体包括 3 个要点：一是充分体现新型城镇化的核心价值，创造多样性和地方性结合的民族城市发展模式；二是建构民族地区城市发展的"文化动力因"，形成区域性的"城市文化资本"再生产机制；三是建构新型城镇化的"文化治理模式"，开辟特色发展路径。③

在民族地区新型城镇化研究的文献中，牧区占比很小，主要出自内蒙古、西藏、青海等地，核心议题有城镇化的路径、牧民生产生活方式转型、文化传承与新型社区建设等。相比于农区，牧区城镇化的特殊性是一个重要的关注点。闵文义等较早关注牧区城镇化的问题，认为实施城镇化战略是草原地区解决牧业自然村"解体"和"有增长而无发展"的基本途径。草原地区的城镇化有其特殊性，需要党和政府的统一领导和财政扶持政策，要与产业结构的调整（主要是畜牧业的发展）相结合，要处理好城镇与牧场的关系。④戴正等又注意到牧区城镇化因生态环境、民族关系、少数民族文化等特点，城镇化投入大、困难多。但是，不能简单地从经济效益来评价，而是要关注其

---

① 李忠斌、郑甘甜：《民族地区新型城镇化发展的现实困境与模式选择》，《民族研究》2017 年第 5 期。
② 蒋彬、李超：《民族地区城镇化研究回顾与反思——基于民族学与文化学 CSSCI 期刊（2017—2018 年）载文的可视化分析》，《民族学刊》2019 年第 2 期。
③ 房冠辛、张鸿雁：《新型城镇化的核心价值与民族地区新型城镇化发展路径》，《民族研究》2015 年第 1 期。
④ 闵文义、才让加、戴正：《城镇化：西部民族地区草原牧区可持续发展的必由之路——阿克塞县草原牧区可持续发展模式调研报告》，《西北民族研究》2004 年第 3 期。

对民族牧区长远发展和牧区和谐社会构建所具有的意义。① 厉以宁、傅帅雄认为，牧区城镇化要有"新思路"。一方面，牧区城镇化有自身的特殊性，不一定非要牧民进城，可以通过提高牧区商品化程度和社会服务化程度，让牧区的牧民同样享受到城镇化的好处；另一方面，可以吸引本地和外地农民到城市或城镇务工、定居落户，以此提高城镇化率。② 刘晓春指出，要关注"文化冲突"，即游牧文化的价值体系、农耕文化的价值体系、工业化的价值体系在城镇的激烈碰撞。③

包智明、石腾飞发表了《牧区城镇化与草原生态治理》一文，其经验主要来自内蒙古牧区。他们认为，我国北方草原牧区广泛推行的牧区城镇化政策，延续了中国长期形成的草原生态治理政策的定居化特点。牧区城镇化与草原生态治理的过程需要重新审视牧民的主体性地位，充分认识牧民的流动性特征。在具体实践中，以牧业合作社、草原生态旅游业等新的组织方式和生计方式推动的牧区重建，可以让牧民在牧区与城镇之间往返流动，牧民在享受城镇多元生计与现代生活方式的同时，可以继续在牧区从事牧业生计和保护草原生态环境，实现牧区城镇化与草原生态治理的双赢，从而在产业、人才、文化、生态、组织等方面推动乡村全面振兴。④ 罗意指出，随着牧民向城镇的流动、乡村生态旅游的发展、牧民种植业和畜牧业适度规模化和国家政策的引导，牧区已经由定居迈向后定居时代。在后定居时代，牧民的城镇化和牧区乡村农牧业现代化将成为牧区社会的显著特征，这将深刻地改变牧民与土地、牧民与草场的关系，进而使生态文明建设在牧区落地并取得实效。⑤

已有研究提供了 4 个方面的启示：一是中国的城镇化有多种路径，需扎根地区和地方社会实际，而且在同一个地区可能同时存在异地城镇化和就地城镇化两种选择。二是中国的城镇化路径具有区域差异，东部沿海发达地区与中西部地区有明显差异，城镇化的阶段、面临的机遇和挑战有差异，任务因而也会

① 戴正、闫文义、才让加等：《西部民族牧区现代化、可持续发展的现实选择——牧区城镇化建设》，《西北民族大学学报（哲学社会科学版）》2006 年第 6 期。
② 厉以宁：《牧区城镇化的新思路》，《北京大学学报（哲学社会科学版）》2012 年第 1 期；傅帅雄：《中国牧区城镇化研究——以内蒙古赤峰为例》，经济科学出版社，2014 年，第 125 页。
③ 刘晓春：《牧区城镇化，如何从实际出发》，《中国民族报》2014 年 2 月 28 日。
④ 包智明、石腾飞：《牧区城镇化与草原生态治理》，《中国社会科学》2020 年第 3 期。
⑤ 罗意：《游牧民定居与草原生态环境变迁——基于新疆吐尔洪盆地的考察》，《民族研究》2020 年第 5 期。

不同。三是民族地区（包括牧区）的城镇化有其特殊性。这种特殊性内在于民族地区生态环境、族群、社会文化的多样性，也使民族地区的城镇化具有超越城镇化本身的价值，包括推动少数民族社会转型、促进各民族相互嵌入的社会结构与社区环境的发展、深化各民族交往交流交融和铸牢中华民族共同体意识等。四是在探讨新型城镇化问题时不能抛开乡村振兴，要注意城镇与乡村的连接及其对农民实际生活的影响。

已有研究也有一些明显不足：一是在民族地区特别是牧区的城镇化研究中，仍以特殊性、模式和意义的探讨为主，较少涉及"人的城镇化"问题以及城镇化对牧区社会转型的意义；二是牧区城镇化的主体应是牧民，但研究中却很少有来自他们的声音。中国的城镇化已经由工业城镇化、土地城镇化阶段进入了人口城镇化阶段，研究视角应向以"人"为中心的视角转变，即站在农民、农民工群体自身的角度去理解其行动的逻辑和意义。[①]就牧区来说，研究者应进一步探讨牧民如何参与城镇化，如何在城镇中扎根和发展，如何认识、体验和实践城镇化，如何在经济、行为、心理和身份等方面融入城镇社会等问题。牧区城镇化的重点应该是游牧民的城镇化，游牧民城镇化的关键取决于游牧民在城镇中生活转型的成功与否。进入城镇不是城镇化的结束，而是城镇化的开始。游牧民必须对自身经济、社会和文化进行调整，以适应各种新变化，逐步融入城镇经济、社会和文化体系，发展出新的生活方式。牧区城镇化是近代以来牧区发展和牧区社会转型的一个新阶段，与游牧、定居的关系以及对牧区发展和牧区社会转型的影响同样需要探讨。

第三节　新疆北部牧区

新疆是我国五大牧区（内蒙古、新疆、青海、西藏、甘肃）之一，天然草场辽阔，家畜种类齐全，有发展畜牧业的优越自然条件和社会经济基础。新疆84个县中有 22 个牧业县，15 个半农半牧县，另外 47 个农业县中还拥有全疆1/3 的草场和一半以上的家畜。[②]除塔里木盆地中部沙漠和哈密南侧戈壁外，新

[①] 周飞舟、吴柳财、左雯敏等：《从工业城镇、土地城镇化到人口城镇化：中国特色城镇化道路的社会学考察》，《社会发展研究》2018 年第 1 期。

[②] 徐德源：《新疆农业气候资源及区划》，气象出版社，1989 年，第 237 页。

疆的草场广泛分布在三山（天山、阿尔泰山、昆仑山）与两盆地（准噶尔盆地、塔里木盆地边缘），总面积 12 亿亩[①]，有效利用面积 7.56 亿亩，居全国第二位。新疆属典型的大陆气候区，平原雨量少，山区温差大，积温低，无霜期短，草场植被山区多为"短生"植物，平原多为"旱生"植物。相关研究揭示出新疆草场有 3 个主要特点：一是低山草场多属半荒漠、荒漠类型，以干旱草场类型为主；二是由于气候、海拔高度不同而形成不同草场类型的水平带状分布；三是新疆草场类型不仅有我国北方主要牧区的草场类型特点，也有欧亚大陆中部的草场类型特点，属于相互交生的复杂草场类型。[②]

　　从地理生态空间角度来看，"新疆北部牧区"主要指天山北路的准噶尔盆地西北部与东北部、天山山脉西部的伊犁河谷和阿尔泰山南麓等地的草原，包括阿尔泰山南坡草场、准噶尔西部山地草场、准噶尔盆地草场和天山北坡草场的西段。几大草场沿着准噶尔盆地东北与西北边缘、阿尔泰山南麓和天山北麓西段，构成半圆弧形的草原地带。该区域草场资源的分布按照地貌类型大体有三大区域：一为山区，分布在阿尔泰山、准噶尔盆地西部山地和天山北坡；二是阿尔泰山、天山和准噶尔盆地西部山地的山前平原；三是准噶尔盆地沙漠区。三大区域呈现垂直分布的特征，随着海拔高度的降低依次是高山草原带（2700—3200 米）、亚高山草原带（2400—2700 米）、森林草原带（1800—2700 米）、干旱草原带（伊犁在 500—1300 米）、半荒漠草原带（500—1200 米）和荒漠草原带（500 米以下）。高山草原带、亚高山草原带、森林草原带是夏季牧场，干旱草原带是冬季牧场，其他草原带则是春秋牧场、四季牧场和打草场。

　　新疆北部牧区所在草原是欧亚草原的一部分，历来是游牧族群主要的分布区域。然而，这并不意味着生活在此的族群过着单纯的游牧生活，因为农业在这片区域从未间断。农业发展与天山北路与准噶尔盆地南缘大量绿洲之存在是紧密相关的。拉铁摩尔（又译为"拉提摩尔"，笔者注）认为，该区域"不但可以依赖高山水源灌溉，还可以接受自然降水的资源补给，生存条件优渥。因为水量充沛，绿洲被草场连成一片，形成由草场包围的绿洲形态，绿洲的边际隐蔽在草原中间地带之中"[③]。这些绿洲是"边际模糊的绿洲"，带有很强的过渡

[①] 1 亩≈666.67 平方米。

[②] 新疆维吾尔自治区国土整治农业区划局：《新疆国土资源（第一册）》，新疆人民出版社，1986 年，第 211 页。

[③] ［美］拉铁摩尔：《中国的亚洲内陆边疆》，唐晓峰译，江苏人民出版社，2014 年，第 106 页。

地带性质，他认为"天山北麓地区及南准噶尔区，位于阿尔泰山、天山之间，形成游牧民族与天山南麓民族的过渡地带"①。清平定准噶尔（1755 年）后，在天山北路逐步建成了以伊犁和乌鲁木齐为中心的城镇带。这些城镇主要分布在天山北路到伊犁河谷的绿洲，形成了连片的带状农业区域。民国时期，农业区域逐渐由草原绿洲向草原深处的河谷、盆地发展，在草原深处出现了一些点状的农业区域。中华人民共和国成立以来，新疆北部草原的农业进一步发展，在一些重要的流域形成了片状、带状的农业区域，比如乌伦古河流域、伊犁河流域、额尔齐斯河流域、额敏河流域等。新疆北部草原的游牧业逐渐向阿尔泰山、天山、准噶尔盆地西部山地的山区退却，在河谷、盆地等区域则形成了农牧交错的格局。

从行政区划上看，新疆北部牧区主要包括伊犁州直属县（市）（以下简称"州直"）、塔城地区、阿勒泰地区和博尔塔拉蒙古自治州，共 22 县 7 市。从经济发展水平来看，上述地州在新疆的历年经济排名中相对落后。以 2017 年地区生产总值排名来看，在全疆 15 个地州市中，伊犁州直排名第 5，塔城地区排名第 8，而阿勒泰地区与博尔塔拉蒙古自治州分别排名第 14 和第 11（表 1-1）。从人均地区生产总值的位次来看，塔城地区与博尔塔拉蒙古自治州位于全疆中游，而伊犁州直与阿勒泰地区的排名相对靠后。从产业增加值的位次来看，塔城、阿勒泰、博尔塔拉蒙古自治州第一产业位次高于第二产业和第三产业，伊犁州直第一产业位次略优于第二产业，说明农业在地区生产总值中的占比较大，且仍是乡村人口主要的生计方式。另外，伊犁州直第三产业增加值位次较高（第 2）反映了该地区旅游业和服务业的快速发展。

表 1-1 新疆北部牧区经济发展水平（2017 年）

地区	地区生产总值位次	第一产业增加值位次	第二产业增加值位次	第三产业增加值位次	人均地区生产总值位次
伊犁州直属县（市）	5	6	7	2	12
塔城地区	8	4	10	7	8
阿勒泰地区	14	10	13	13	10
博尔塔拉蒙古自治州	11	8	12	10	7

资料来源：新疆维吾尔自治区统计局：《新疆统计年鉴·2018 年》，中国统计出版社，2018 年。

---

① ［美］拉提摩尔：《亚洲腹地之商路》，载魏长洪、何汉民编：《外国探险家西域游记》，新疆美术摄影出版社，1994 年，第 123 页。

　　地州各县（市）牧业及牧业人口的占比不尽相同，但牧业和牧业人口占比越大的县（市），经济上就越可能落后于同地州的其他县（市）。2017 年，在新疆北部牧区共有 5 个国家级贫困县和 2 个自治区级贫困县，除了察布查尔锡伯自治县外，都是牧业大县。5 个国家级贫困县是阿勒泰地区的青河县与吉木乃县，塔城地区的托里县，伊犁州直的尼勒克县与察布查尔锡伯自治县，2 个自治区级贫困县是塔城地区的裕民县与和布克赛尔蒙古自治县。2017 年新疆北部牧区农林牧渔业产值情况如表 1-2 所示。经计算，四地州的贫困县（察布查尔锡伯自治县除外）与整体水平相比，在农林牧渔业产值中牧业产值的占比整体偏大。尼勒克县牧业产值占比为 69.3%，远高于伊犁州直 52.1% 的水平。托里县、裕民县与和布克赛尔县的牧业产值占比分别为 71.4%、44.2% 和 54.8%，都明显高于塔城地区 31.1% 的水平。青河县与吉木乃县牧业产值的占比分别为 43.3% 和 49.5%，高于阿勒泰地区 41.9% 的水平。博尔塔拉蒙古自治州没有贫困县，但贫困人口较多的温泉县牧业产值占农林牧渔业总产值的 30.7%，也远高于全州 18.0% 的平均水平。

表 1-2　新疆北部牧区农林牧渔业产值情况（2017 年）　　　　单位：万元

地区	农林牧渔业总产值	其中				
		农业产值	林业产值	牧业产值	渔业产值	农林牧渔专业及辅助性活动产值
伊犁州直属县（市）	2 748 087	1 175 446	64 601	1 432 283	25 377	50 380
伊宁市	131 191	70 263	683	54 103	2 423	3 719
奎屯市	45 196	30 249	100	12 721	—	2 126
霍尔果斯市	35 268	23 391	727	9 790	—	1 360
伊宁县	495 330	185 852	3 581	283 904	9 711	12 282
察布查尔锡伯自治县	330 956	206 241	9 133	110 122	2 080	3 380
霍城县	328 880	172 084	1 671	146 371	812	7 942
巩留县	248 126	109 246	2 007	135 502	872	499
新源县	403 240	138 762	42 928	21 4581	707	6 262
昭苏县	220 036	101 951	708	114 619	1	2 757
特克斯县	203 984	63 408	533	138 715	63	1 265
尼勒克县	305 880	73 999	2 530	211 855	8 708	8 788
塔城地区	2 671 907	1 760 238	20 350	832 587	6 323	52 409
塔城市	395 600	235 220	3 185	147 505	985	8 705
乌苏市	762 317	582 895	7 138	155 432	1 680	15 172

续表

地区	农林牧渔业总产值	其中				
		农业产值	林业产值	牧业产值	渔业产值	农林牧渔专业及辅助性活动产值
额敏县	389 488	265 583	3 470	111 735	377	8 323
沙湾县	802 802	551 173	2 832	229 063	3 189	16 545
托里县	131 112	34 696	1 616	93 620	—	1 180
裕民县	87 276	46 064	1 549	38 619	80	964
和布克赛尔蒙古自治县	103 312	44 607	560	56 613	12	1 520
阿勒泰地区	772 998	397 108	19 525	323 616	18 222	14 527
阿勒泰市	160 164	74 023	3 188	76 682	2 610	3 661
布尔津县	75 144	34 844	2 172	35 448	824	1 856
富蕴县	107 561	49 064	1 998	53 519	1 432	1 548
福海县	196 606	122 972	1 805	56 042	12 134	3 653
哈巴河县	120 890	63 008	4 504	51 271	1 013	1 094
青河县	81 826	39 560	5 445	35 409	127	1 285
吉木乃县	30 807	13 637	413	15 245	82	1 430
博尔塔拉蒙古自治州	786 304	582 239	5 683	141 485	4 111	52 786
博乐市	286 998	191 740	500	75 794	2 382	16 582
精河县	382 594	322 382	3 051	29 885	901	26 375
温泉县	116 712	68 117	2 132	35 806	828	9 829

资料来源：新疆维吾尔自治区统计局：《新疆统计年鉴·2018 年》，中国统计出版社，2018 年。

2017 年，在新疆北部牧区仍然生活着蒙古族、哈萨克族、柯尔克孜族等游牧民族。其人口情况如表 1-3 所示。经计算，四地州总人口中，少数民族人口占总人口的 57.4%。其中，游牧人口占比较大的哈萨克族、柯尔克孜族、蒙古族总人口约为 142.4 万，占该地区总人口的 28.0%，占少数民族人口的 48.7%。在牧民人口占比较大的 3 个民族中，哈萨克族的人口最多，其次是蒙古族，最少的是柯尔克孜族。进一步分析 7 个贫困县中的 6 个（察布查尔锡伯自治县除外），牧民人口的占比明显高于该区域的平均水平。尼勒克县 3 个民族人口占该县总人口的 53.0%，远高于伊犁州直 23.3% 的平均值。托里县、裕民县与和布克赛尔蒙古自治县的 3 个民族人口的占比分别为 72.1%、32.1% 和 60.9%，除了裕民县与塔城地区 29.8% 的平均值相当外，另外两县也是明显大于平均值。青河县与吉木乃县 3 个民族人口的占比分别为 78.3% 和 64.1%，明显高于阿勒泰地区 53.7% 的平均值。温泉县 3 个民族人口的占比为 33.6%，明显高于博尔塔拉蒙古自治州 16.4%的平均值。需要指出的是，新疆北部牧区大部分牧民已经定居，相当多的牧民在生计方式上已经转向农业。

表 1-3　新疆北部牧区的人口情况（2017 年）　　单位：人

地区	各地州人口总数		其中		
	总人口	少数民族	哈萨克族	柯尔克孜族	蒙古族
伊犁州直属县（市）	2 936 440	1 893 633	630 337	20 192	33 678
伊宁市	557 760	353 724	27 166	751	2 352
奎屯市	293 606	16 374	5 184	22	1 049
霍尔果斯市	64 468	21 498	7 148	19	94
伊宁县	430 690	370 452	52 896	369	249
察布查尔锡伯自治县	195 194	131 797	40 187	304	158
霍城县	340 978	224 986	30 293	285	691
巩留县	198 301	146 031	61 742	449	2 208
新源县	319 524	212 248	150 379	478	181
昭苏县	182 591	137 485	93 002	5 569	13 596
特克斯县	170 142	137 958	74 818	11 214	4 296
尼勒克县	183 186	141 080	87 522	732	8 804
塔城地区	1 009 035	452 474	264 968	2 137	33 889
塔城市	16 7638	64 643	27 807	1 796	1 711
乌苏市	220 464	85 196	22 628	9	7 784
额敏县	208 171	99 531	74 261	282	6 019
沙湾县	204 622	72 128	37 490	14	493
托里县	96 237	71 981	68 898	18	453
裕民县	58 395	24 386	18 602	4	146
和布克赛尔蒙古自治县	53 508	34 609	15 282	14	17 283
阿勒泰地区	671 616	403 592	354 123	180	6 458
阿勒泰市	233 534	97 972	80 118	141	2 748
布尔津县	72 666	51 213	41 730	5	1 775
富蕴县	97 837	77 003	72 051	18	307
福海县	75 506	35 717	31 546	1	218
哈巴河县	87 772	61 948	53 462	5	456
青河县	65 579	53 793	50 423	4	923
吉木乃县	38 722	25 946	24 793	6	31
博尔塔拉蒙古自治州	475 406	174 801	49 692	105	28 360
博乐市	256 463	93 649	21 182	47	13 183
阿拉山口市	1 960	386	188	—	56
精河县	143 359	48 314	13 767	32	4 997
温泉县	73 624	32 452	14 555	26	10 124
合计	10 184 994	5 849 000	2 598 240	45 228	204 770

资料来源：新疆维吾尔自治区统计局：《新疆统计年鉴·2018 年》，中国统计出版社，2018 年。

　　另外，新疆北部牧区处在天山北坡经济带①的外围，部分地州县（市）距离天山北坡经济带的大中城市较远。这不仅意味着新疆北部牧区经济发展水平不高，还意味着牧民向城镇、非农产业转移的难度很大。在新疆北部牧区，往往以地州政府所在地形成区域性的中心城市（比如伊宁市、塔城市、阿勒泰市、博乐市等），而牧民通常选择向这些城市及其周边地区转移。近年来，口岸城市发展很快（比如霍尔果斯口岸、阿拉山口口岸），也成为牧民转移的重要目的地。

　　总之，新疆北部牧区有着连片的天然草场，在历史上是游牧业重要的分布区域，并延伸到当下。在这片地区，牧业人口的占比较大，主要以哈萨克族和蒙古族人口居多。过去几十年，该区域经济社会发展取得了辉煌成就，比如连片农业区和城镇的形成和发展，但牧业仍在国民经济中占有十分重要的地位。从当前社会经济发展水平来看，整体上比较滞后，落后于全疆发展的整体情况。

---

① 天山北坡经济带位于以乌鲁木齐、石河子和克拉玛依市为轴心的新疆准噶尔盆地南缘天山北坡中段，包括乌鲁木齐市、昌吉市、米泉市、阜康市、呼图壁县、玛纳斯县、石河子市、沙湾县、乌苏市、奎屯市、克拉玛依市等，是新疆经济发展较快和城镇化水平较高的地区。

第二章　新疆北部牧区发展回顾

在对新疆北部牧区城镇化进程与牧民生活转型议题进行探讨前，有必要对新疆牧区过去特别是新中国成立 70 多年来经济社会发展历程进行梳理，分析牧区社会发展的成就、出现的问题、面临的挑战等。回顾历史过程绝不是例行公事，其重要性在于为我们寻找牧区（特别是牧民）城镇化的动力提供了方向，还在于让我们能够从牧区和牧民社会的实际出发，理解牧民在城镇化中生活转型的困难、挑战和必要性。回顾历史过程也并不轻松，它并不是罗列一连串数据，而是扎根新疆牧区社会中，找出过去 70 多年发展变迁的脉络，并从中找到推进牧区城镇化和促进牧民生活转型的路径。本章主要对新疆牧区社会变迁、农牧业发展情况进行梳理，对牧区城镇发育和城镇体系的形成过程进行探讨。

第一节　"游牧—定居"连续统：新疆牧区社会转型

第二次世界大战前，游牧社会往往保持着相对独立性，游牧民以部落为单位生活，延续着游牧的生计与生活方式。之后，在全球民族国家进程中，这些原本相对独立的游牧族群都被纳入民族国家体系，普遍经历了由国家推动的、以"定居"为主要方向的有组织社会文化变迁。新疆北部的游牧族群主要是哈萨克族和蒙古族，自 20 世纪 50 年代开始逐步"定居"，并在 20 世纪 80 年代后进程明显加快。可以说，"游牧"向"定居"的转变是游牧社会共同的际遇，主导了当代游牧社会的转型。本节旨在从宏观的层面勾勒牧区社会制度与生活方式转型的轮廓——一幅牧区社会整体变迁的素描图，再利用吐尔洪盆地的微观个案展现定居后农业的发展与衰落过程。

一、部落到国家：新疆北部牧区的制度变革

清平定准噶尔和大小和卓（1757 年）是中国历史上的大事件，使天山南北重新纳入中央政府的有效治理之中。根据新疆北部、南部和东部的自然生态与人文生态的差异，清政府采取了差异化的治理方式。曾问吾在《中国经营西域史》中指出，"统治之策固不止一端，综其大要，不外设军府、置重兵以镇摄之；兴屯垦、讲牧政、筹经费以辅助之；更以爵位，赐以俸禄，以羁縻其首领"①。在地方行政上，则"随其风俗而各有不同"，分为郡县制、札萨克制与伯克制三种，具体如下：

> 郡县制，山北之迪化、镇西各属②，山南之吐鲁番大兴户屯，广事招徕，内地之汉人及汉回③负载出关，辟草莱，长子孙者不下十万人。乾隆朝，划迪化以东，设镇迪道，隶属于甘肃省。
>
> 札萨克制，可分为四：哈密、吐鲁番、（人民业农，信回教）土尔扈特、和硕特、（人民业游牧，信喇嘛教。）④其札萨克各以王、公、贝勒、贝子、台吉等崇仁，皆是世袭，对于其所辖范围内之土地人民有完全管辖之权。但须收驻在其地办事大臣或领队大臣之监督。
>
> 伯克制，伯克乃回部之旧名，即官吏也……八城⑤又有所属之小城，诸城人民之种族、宗教、语言、风习等与内地不同，不能以郡县为治。故因其旧制，设阿奇木伯克以治之，厘以中朝之品级，最低六品，高至三品……各级伯克，皆非世袭，任免升调，率有定章。⑥

清平定准噶尔部之前，天山北路草原地区的人群主要是卫拉特蒙古人（准噶尔部、土尔扈特部、和硕特部、杜尔根部和乌梁海人）。平准后（1855 年后），

---

① 曾问吾：《中国经营西域史》（内部资料），新疆维吾尔自治区地方志总编室，1986 年，第 295 页。
② "迪化"即现在的乌鲁木齐市，"镇西"即现在哈密市的巴里坤县。
③ 所谓"汉回"，即回族。
④ 所谓"回教"，即"伊斯兰教"。所谓"喇嘛教"，即"藏传佛教"。
⑤ "八城"指喀喇沙尔（现焉耆）、库车、阿克苏、乌什为东四城，喀什噶尔（现喀什）、英吉沙尔（现英吉沙）、叶尔羌（现莎车）、和阗（现和田）为西四城。此段中的"回部"和"八城"的范围大体与现南疆五地州的范围相对应，即巴音郭楞蒙古自治州、阿克苏地区、克孜勒苏柯尔克孜自治州、喀什地区与和田地区。
⑥ 曾问吾：《中国经营西域史》（内部资料），新疆维吾尔自治区地方志总编室，1986 年，301-303。

清政府在草原地区推行札萨克制，以王、公、贝勒、贝子、台吉等爵位赐予部落首领。爵位世袭，部落首领对于其所辖范围内的土地和人民有管辖之权，但受办事大臣或领队大臣的监督。因此，新疆北部牧区事实上形成了双重管理制度，即"国家与部落"和"部落首领与民众"的双重管理体系。在平定准噶尔的同时，在哈萨克斯坦草原的哈萨克汗国被沙俄吞并。平准后，天山北路草原空阔，蒙古族人少且分散。18 世纪中叶后，在伊犁河谷、阿尔泰山和塔尔巴哈台周边游牧的哈萨克人逐渐回归故土，长期在三地游牧。19 世纪 60 年代，中俄先后签订了《中俄北京条约》（1860 年）、《塔界条约》（1864 年）、《科布多界约》（1869 年）等条约，确定了"人随地走"的原则。回归的哈萨克族人口繁殖很快，很快超过蒙古族，成为新疆北部牧区人口最多的游牧族群。对于回归的哈萨克人，清政府仍然沿袭了札萨克制，通过部落首领管理部落内部事务。民国时期，中央政府沿用了这套治理体系。尽管新疆历任治理者都在逐步强化对部落社会的控制，但直到 1949 年新疆和平解放，双重制度并未从根本上发生变化。

20 世纪 50 年代，从战乱中走出来的新疆北部牧区百废待兴，流离的牧民重新回到草原，开启新的生活。新疆和平解放后，在牧区实行了"不斗不分"的过渡时期政策，并未对部落制度进行彻底改革，甚至在一些具体事务上需要部落上层的支持。但是，这并不意味着没有变化，事实上，发生的变化是根本性的。第一，一套自上而下的行政体系迅速建立起来，在县一级以下设立"区政府"，直接负责地方事务，并带领牧民重建生活秩序；第二，生产互助组很快成立起来，组织牧民恢复生产；第三，从互助组和区政府中培养出新精英。1956年，自治区政府在互助组基础上开始建立初级合作社，逐步打破了以部落为单位进行生产生活的壁垒。同年，自治区政府又发出"畜牧业社会主义改造"的口号，认为牧区虽未进行民主改革运动，但基本完成了民主改革任务，就使畜牧经济中产生和增加了社会主义因素，就使我们对畜牧业经济实行社会主义改造具备了条件。因此，对畜牧业进行社会主义改造不仅是必需的，而且是可能的。[①]1958 年，牧区进行了畜牧业社会主义改造，牧区社会中的传统精英向新精英让渡了权力。

---

① 王恩茂：《关于牧业社会主义改造问题——一九五六年五月二十一日在新疆第三届牧区工作会议上的报
　告》，载王恩茂：《王恩茂文集（上册）》，中央文献出版社，1997 年，第 273 页。

畜牧业社会主义改造为公社的建立奠定了基础, 牲畜、草场、生产工具都被集中起来, 被划分到农业队与牧业队中。人群也被组织起来, 打破了部落边界, 同样被划入相应的"大队"。对游牧社会来说, 一种不再以部落为边界的生产生活形式和社会组织形式建立起来。牧民被更有效地纳入国家体系, 感受到了国家的关怀, 并被纳入"公社—大队—小队"体制之下。在集体化时期, 他们以"社员"的身份生产和生活, 以"队"和"公社"为边界区分彼此。甚至关于"家乡"的观念也发生了变化, "阿乌尔"(哈萨克人见面先问"你是哪个阿乌尔的")不再指部落下的一个亲缘关系组成的生产生活单位, 而是转变为公社、大队。

1984 年, 联产承包责任制逐步在新疆北部牧区实施。对农业队来说, 联产承包责任制的关键是"分地", 按照"生不增, 死不减"的原则包干到户。对牧业队来说, 除了"分牲畜", 更关键的是"分草场"。"分草场"不如"分地"那样简单, 因为要考虑牧业生产对冬季牧场、夏季牧场、春秋草场和接羔点的配置。按照"生不增, 死不减"的原则, 牧户获得了草场。一些村保留了一部分集体地、集体草场和集体畜, 以维系村一级的运作。对牧民来说, 这又是一场"巨变"。在集体化时期之前, 牧户是"阿乌尔"中的一部分, 是一个生产单位中的一部分。在集体化时期, 牧户事实上还是一个生产单位的一部分, 比如牧业队中的"牛队""羊队""马队"。生产承包责任制落实后, 牧户是一个独立的生产单位, 并需要在家户层次安排好生产。我们将看到, 这一变化导致家户层次人口与资源关系的紧张, 是后文我们谈到的农业发展困局与牧业内卷化一个重要诱因。

牧户与国家的关系也发生了变化。他们原来通过部落与国家打交道, 或通过公社与国家发生关系, 现在则直接与国家发生联系。联产承包责任制落实后, 草原地区的农户与牧户获得了一定的生产自主, 但因国家对粮食和牲畜市场的管制, 还必须按照国家要求进行种植和养殖。20 世纪 90 年代初, 国家放松了对粮食和牲畜的管制, 农户/牧户在生产上的自主性明显增强。一个结果是, 他们很快进入或被动卷入市场体系。与市场联系的增强深刻改变了牧民社会, 比如经济作物、特色种植的出现, 商品化牲畜饲养等。但是, 市场对牧民社会的影响不应被夸大, 因为大部分牧民的生产是以"需求"为导向的, 是一种为了"使用价值"而进行的生产。这种生产属性与牧区社会传统是相符的, 但却与市场经济所推崇的"为了交换价值而进行生产"格格不入。[①]牧民在市场经济中的表现乏善可陈，其对"自给自足"生产的满足却经常被贴上"缺少内生动力"的标签。在市场经济的浪潮中，牧民往往被边缘化，这是农牧业困局和牧区普遍贫困的一个重要原因。

大体来说，20 世纪 50 年代以来，如何让落后的牧区和牧民赶上全国发展的步伐，如何改善牧民生产生活条件，如何改造牧民社会和文化，一直是国家对牧区的重要关切。这是一种具有神圣使命式的关切，而其具体路径是让游牧民定居，让他们过上安稳的"定居生活"。

二、从游牧到定居：牧民生活的再造

全球的游牧社会在 20 世纪下半叶遭遇了千年未有之变革，政治上被纳入民族国家体系之中，经济上被整合到区域、国家与全球市场之中，生产生活形式则经历了"游牧"向"定居"的转变。不管是主动，还是被动，都在民族国家体系中经历了"定居化"的改造，牧民必须学会在变迁的地方世界中再造生活。

"定居化"的改造源于农耕社会对游牧社会带有偏见的想象，一种野蛮的、不受约束的、迁徙不定的、生活艰苦的、落后的、低效率的形象。在哈扎诺夫看来，这种想象比"高贵的野蛮人"想象更为久远和持久。[②]引导游牧民定居总是带有美好的期待，比如生产生活更便利、生活更富足、共享现代文明成果等，而且被视为政府理应肩负的神圣使命。事实上，牧民并不排斥定居，因为他们期待有更好的教育、医疗和更美好的生活，期待共享现代文明的成果。那

---

① 美国人类学家马歇尔·萨林斯提出应该区分"以使用价值"为目的的生产（为生计进行的生产）与"以交换价值"为目的的生产。前者"目标明确有限"，后者却追求"无限可能"。两者之间存在质和量的差异；首先是质的差异。为生计而进行的生产，对优质产品的数量要求有限，而且这些优质产品还应符合生产者习俗需求的具体用途。这种生产追求的是生活的途径，经济只是原始社会的一项兼职，或者只是社会中一部分人的活动。这种生产模式秉持着反剩余的原则，专为生计经济而设，它的天赋是恰在即将产生剩余的那个节点上戛然停止劳动。为"交换价值"而进行的生产（资本主义式的生产）却始终寻求突破自身：表现为普遍"财富"的不断积累上。它不是在生产特定物品，而是在生产抽象的"财富"。而且，"它的追求是无止境的"。详见［美］马歇尔·萨林斯：《石器时代经济学》，张经纬译，生活·读书·新知三联书店，2009 年，第 97 页、第 100-101 页。

② Anatoly M. Khazanov, Nomads and the Outside World (Second Edition), Translated by Julia Crookenden, The University of Wisconsin Press, 1994, p.1.

种将"定居"视为政府对牧民社会的强制变迁的认识，忽略了牧民社会的期待，抱着一种"尚古主义"的心态，歪曲了政府与牧民的初心。

20世纪50年代，一场争论围绕牧区发展方向展开。政府文件中出现了"以牧为主"和"变牧区为农区"两种意见，但都没有否定"定居"的必要性。换言之，"定居"是与"游动"相对应的概念，其核心是生活方式（居住、教育、医疗等）的变革。争议的焦点是"定居"后发展路径的选择问题。之后20年，这两种观点仍然不时交锋。但是，在集体化时期，如何解决牧区"粮食自给"的问题确实是一个难题。20世纪60—70年代，政府尝试在气候适宜（主要是无霜期达到农作物种植要求）的河谷、盆地开垦耕地，兴修水利，发展农业。在阿尔泰山草原、伊犁河谷、准噶尔盆地西北草原形成了以河流为中心的、带状分布的农业社区，以及以山前盆地为中心的点状分布的农业社区。从这一时期牧区的产业结构来说，农区的占比并不大，而且常因单产较低而被诟病。然而，从功能来看，这些农区甚是宝贵，基本解决了牧区"粮食不能自给"的问题。

定居后，村落很快形成，配置了村委会、学校、医院/卫生室和其他基础设施，成为人们生产生活的中心。一个农业社区拥有数量不等的村落，少则四五个，多则十多个。每个农业社区通常有2—3个中心村落，便是公社政府或各种公共服务设施之所在。农业社区的形成通常是一个渐进的过程，取决于人口与耕地扩展的过程。人类学的研究表明，"游牧"向"定居"转变的过程，伴随着人口转型的过程。由于定居后生产生活条件的改善，特别是医疗卫生条件的改善，人口死亡率在很短的时间内降到正常水平。但因为兴修水利、开垦耕地和农业生产的需要，以及生育观念转变的滞后性，人口出生率却维持在一个较高的水平，在一些地方基本上处于自然生育的状态，带来较高的人口自然增长率，使得人口爆炸。[1]解决增长人口的方式便是分村，即将青壮年抽调到未"开荒"之地，进行新一轮的开荒，进而形成新的村落。

未从事农业生产的人口被划分到了牧业队，其生活方式事实上也发生了变化，即由"游牧"转变为"半游牧"。为便于管理，以及解决牧民子女就学、老人就医等问题，牧业队事实上也要修建"定居点"。这些"定居点"通常位于靠

---

[1] Avinoam Meir, Demographic transition theory: A neglected aspect of the nomadism-sedentarism, Transaction of the Institude of British Geographers, Vol.11, No.2, 1986.

近冬季牧场的河谷地带。这些河谷地带原来也是牧民的冬季牧场，是大畜（牛、骆驼等）过冬之地，也是年老者、年幼者冬季的居所。与农业社区不同，牧业队的住房相当分散，房屋与牲畜的圈舍、河谷打草场连成一体，以便于管理畜群。住房也相对简陋，常年居住的多是老人和孩子，青壮年仍需要季节性转场完成生产。

20世纪80年代中后期后，新疆加快了牧民定居的步伐。1984年9月，新疆维吾尔自治区人民政府召开了牧业工作会议，提出要有计划地、因地因畜制宜地变游牧为定居、半定居，变常年放牧为冷季补饲半舍饲的饲养方式。新的定居主要是为了解决"牧区生产困难，牧民生活艰难"的问题，在生产上主张改变"靠天养畜"的传统。定居的形式有整体定居、半定居和插花定居等形式。整体定居指整个牧业村或牧业村中相当部分的人口，由政府统一安置到兴建的定居点，发展种植业和舍饲养殖业。政府需要在水土条件相对较好的地方进行水土开发，提供补贴帮助牧民兴建住房，配备学校、卫生室等基础设施。半定居多是在牧业队原址修建住房、圈舍，老人和孩子完全定居下来，青壮年继续游牧。牧业队多分布在河谷地带，因此半定居伴随着打草场的建设。插花定居指将有定居意愿的牧民安置到已经成熟的农业社区中，协调解决耕地和帮助修建住房。随着定居的普及，牧民的生活条件得到了极大改善，就学就医更加方便。

20世纪90年代以来，牧民定居后出现的问题引起了政府、学界和社会各界的关注，包括一些定居点基础设施配套不完善、牧民不善种植、生产生活成本上升等问题。客观地讲，这些问题是存在的，预期效益往往被有限的财政弱化，导致部分牧民生活不便和生产生活成本上升。最大的问题出现在种植业上，因为牧民没有种植经验，更没有田间管理的知识和习惯。牧民种的麦子总是杂草丛生，产量总是很低。这导致牧民很难按照预定轨道进行舍饲圈养，也很难发挥种植业与养殖业互补的优势。多数牧民仍然选择回到擅长的游牧业中，将定居点的耕地以较低的价格承包给周边农民或其他地方过来的包地大户。这并不意味着定居没有产生积极的社会效益，至少老人和孩子可以在定居点生活。崔延虎指出了问题的关键，即游牧民面对的不仅是生产方式的转换，更是整个生活再造的问题。他用"再社会化"来描述这一过程，即存在着对新的自然与社会环境、新的生产方式、新的生活方式的认知、体验、内化和实践的过程，以及与这些新变化相匹配的文化观念与社会结构的调整。他写道：

> 新疆牧区近几十年来最显著的社会变迁——游牧民定居，对于广大定居牧民和尚未定居的游牧民来说，都存在着不可避免的再社会化过程。定居意味着城镇化进程不可避免地来到了传统的游牧地区，定居改变着牧区的自然生态环境，也正在改变牧区传统社会环境。游牧民在自己的传统文化面对草原地区定居引发的城镇化趋势时，需要做出痛苦但又是必然的抉择，冲突和适应是再社会化过程中最引人注目的文化现象。[①]

这个过程是渐进而不易被发现的，需要时间这味不可或缺的良药。20 年后，那些在定居点出生、成长和就学的孩子们似乎慢慢适应了定居生活，不愿再像他们的父母一样游牧。由于定居点的耕地有限、普通话掌握得不好、缺少牧业之外的其他技能，这些新成长起来的牧民不得不继续填充到牧业生产中。在谈到自己的处境时，他们一方面认识到牧业之外别无他途，另一方面又对外面的世界充满了期待。2012 年 8 月初，笔者在阿尔泰山深处遇到一名牧民，他说"我也希望晚上在家可以看看电视"，还说"至少，我的孩子不要像我一样生活"。这让笔者第一次意识到，定居原本也是牧民的期待。

三、农业的发展与衰落：吐尔洪盆地的个案

1952 年，阿尔泰山东段南麓的吐尔洪盆地成为新疆北部牧区最早的定居点之一；20 多年后，它成为阿勒泰地区远近闻名的粮仓；又一个 20 年后，它却成为该地区最为贫困的地区之一。在此，我们希望用吐尔洪盆地的个案来展现新疆北部牧区牧民定居后农业的发展与衰落过程。

在吐尔洪盆地一直流传着肯谢恩·黑牙克拜（1788—1881 年）带领众人开渠种粮的传说。相传，黑牙克拜出生于富蕴县且柔奇部落的一个贫苦家庭，自幼参加农业生产劳动。1817 年，他带领数户人家从哈巴河县迁出，四处寻找水草丰美之地，所到之处皆倡导开渠种粮。在吐尔洪盆地，他带领吐尔洪的牧民首先在大喀英布拉克（河流，笔者注）和小喀英布拉克修建了水渠，并以部落名称呼它们——塔什比克渠（后为且柔奇部落所占）和哈拉哈斯渠。根据老人

---

① 崔延虎：《游牧民定居的再社会化问题》，《新疆师范大学学报（哲学社会科学版）》2002 年第 4 期。

们的描述，水渠相当简陋，先是在河道平缓处筑起 2—3 米高的土坝，尔后在河流汇入盆地的冲积扇上开一渠口，通过土渠将水引入耕地之中。从文献资料来看，直至 20 世纪 40 年代，盆地的水渠和农业都很有限。在周东郊的记录中，富蕴县的水渠主要位于柯克托海和喀拉通克，共可灌溉 5750 亩耕地。[①]另外，20 世纪 50 年代初的调查发现，牧区农业生产工具相当简单。比如且柔奇部落仅有 23 张洋犁（改造犁在内）、23 张土犁、106 把铁锹、102 把镰刀、38 把坎土曼，[②]粮食亩产不足 20 千克。

1952 年，盆地开始组建农业互助组以发展生产。互助组成立后，首要工作就是开垦更多的耕地，每一个互助组都制定了农业发展计划，明确每年新开垦耕地的面积。经过几年的努力，到 1957 年，以阔孜克村为中心就开垦出 12 544 亩地。也一改只种塔尔米的习惯，开始种春小麦、糜子、燕麦和大麦等农作物。小麦种植面积最大，产出是投入的 9 倍有余，然而，若按亩产计算，则与新中国成立前并无太大差别，仍是一种粗放农业。

农业的发展必须解决水利设施的问题，吐尔洪盆地原有的几条水渠无法满足扩大耕地的要求，因此，第一要务便是兴修水利。水利包括两个部分，即沿着盆地两侧山脚而修的南北干渠和吐尔洪、二十三公里（阔克塔勒湖）两个水库。水利始于南北干渠，终于二十三公里水库，工期持续了近 20 年。1958—1962 年，吐尔洪乡南北干渠修建完成。1964 年 12 月，吐尔洪水库开工建设。1968 年吐尔洪水库投入使用，坝高 18 米，坝长 780 米，设计库容 556 万立方米，实际库容 360 万立方米，可以灌溉 4.5 万亩耕地。1976 年，当地政府在阔克塔勒湖的出口处修建了一条 150 米宽的土坝，建成了二十三公里水库。

南北干渠的走向框定了盆地耕地开垦的范围，水浇地仍分布于干渠之间，旱地则分布在干渠与山坡之间。1958 年 12 月，公社在集中劳动力兴修水利的同时，开始大规模开荒。第一步工作是要用刀、镰刀、锄头、铁锹等工具清理遍布盆地的树木、灌木和草，主要是灌木；第二步是犁地，将草皮翻到地下。每个男人都获得了一张洋犁或土犁并由一头牛或一匹马牵引；第三步是清理土地中的碎石和平整土地。之后几年，尽管集中多个公社劳动力开荒的盛况不复

① 周东郊：《新疆阿山区概况》，《新疆论丛》1947 年第 1 期。
② 杨廷瑞、杨松贤：《富蕴县且柔奇氏族畜牧业生产发展中的四个问题（1953 年 4 月）》，载中共新疆维吾尔自治区委员会政策研究室等：《新疆牧区社会》，农村读物出版社，1988 年，第 67 页。

现，但在春耕和秋收外的时间公社仍然组织村民开荒。到 1965 年，已经开垦出水浇地 4 万余亩、旱地 2500 余亩。10 年后，盆地的耕地已经发展至 5 万余亩，其中 2/3 为水浇地，主要种植小麦。

生产工具和生产技术也很快得到了改进。1964 年，吐尔洪公社引进了 4 台国产东方红－54 型链式拖拉机和 1 台朝鲜千里马－28 轮式拖拉机，拉开了机械化耕作的序幕。此外，还包括农业生产机器（如脱谷机）和新式农具（五刃犁、五滑犁、架子犁、大滑犁、小滑犁等）的操作。到 20 世纪 70 年代，公社拥有了较为完善的农业生产机械，包括 16 台链式犁地拖拉机、11 台轮式运输拖拉机、6 台收割机和 2 台大型脱谷机。耕作技术也有了明显的改进。农耕技术的改进主要依靠两种途径：一是公社的制度性安排和技术指导。田野中，笔者一直试图弄清楚村民如何掌握了农业生产的节令和规律，但对老人们的访谈结果收获很少，因为没有人能够准确地描述这个过程。他们只是提到生产都是按照公社、大队的指令和技术员的要求进行的。这说明，集中劳作的制度和技术员的指导免去了村民适应的过程，而长期农业生产实践让村民逐渐内化了节令与规律。二是周边回族、汉族村民对哈萨克族村民潜移默化的影响。比如农家肥的使用就首先来自喀拉奥依村的回族、汉族村民，之后在公社的安排下扩展到哈萨克族村落。

水利设施的完善、生产工具和种植技术的改进推动了盆地农业的发展。20世纪 70 年代初以来，吐尔洪乡的粮食产量一直稳居全县之首，不仅实现了自足，还为国家贡献余粮。20 世纪 80 年代以来，因为牧民定居工程的加速推进，乌伦古河流域的耕地面积进一步扩大。受粮农补贴政策的影响，村民选择增加粮食生产的面积，缩小经济作物的种植面积。即便如此，2010 年盆地仍占全县征粮的 27%，成为富蕴县名副其实的"粮仓"，"吐尔洪丰收，富蕴县足"的说法在全县流传开来。

在经历 20 世纪 50—70 年的疯狂扩张后，盆地农业进入了集约化发展的新阶段。包产到户时，依据水源、地形的情况将水浇地分为三等，每个劳动力获得 6—8 亩水浇地，每个家庭获得 15—20 亩的旱地。这一时期农业最大的变化是集约化，表现为化肥与农药的广泛使用、进一步提高水的利用率所做的各种努力、农业劳动强度增强等方面。

1985 年春耕前，吐尔洪乡政府从乌鲁木齐调运了 50 吨化肥，并将化肥一袋一袋地送到村民家中。村民开始在播种和中耕中投入少量的化肥，尝试使用除草剂，这主要是耕地退化所致。村民告诉我们，1987 年刚种地时，土地都是"泡泡的，犁起来连土块也没有，土是黑土"。3 年后，土的颜色逐渐转变为灰色，5 年后逐渐转变为土黄色。犁地也比以前费力，犁起来全是土块。解决之道似乎只有增加农家肥和化肥这条道。1994 年前后，牧民开始自觉使用化肥。1994 年，一户牧民 20 亩地用了 50 千克底肥，2012 年则用了 6 袋化肥和 6 袋底肥（1 袋为 50 千克）。然而，产量的提高并不如化肥使用量增长得快。在使用化肥的同时，村民更积极地收集和施用农家肥。村民将牲畜的粪便收集起来，在夏季和秋季晾干，经过一个冬天的发酵，在犁地前将之撒到土地中，与化肥拌在一起，作为底肥使用。

集约化的另一个表现是提高水的利用率。一直以来，渗水严重制约了水库的蓄水，使之不能达到 12.5 米的设计水位。每年两次的洪峰时常将大坝置于决堤的危险之中，南北干渠因土质结构同样渗水严重。富蕴县在 1992 年拨了 300 万元专门用于水库堤坝的加固和水渠的无渗漏处理，带来了 10 多年的丰收。近年来，乡政府在盆地打了 40—50 米深不等的机井 48 口，鼓励村民改变漫灌的浇水方式，推广滴灌。然而，机井和滴灌的效益并不理想。一方面，3 个村的 4 口机井根本就不出水；另一方面，滴灌的水源来自水库。然而，持续的干旱导致水库蓄水不足，大大降低了滴灌的效益。这是一种"密集型资源开发体制"，即高度依赖资本和技术投入的自然资源利用模式和经济增长方式。[①]

劳动力的增多和劳动强度的增加也是农业集约化的重要表现形式。农业生产日益困难，成年男性增加了农业生产中灌溉、播种、田间管理和收割等农事活动的劳动强度。女性劳动力除了家务劳动外，还承担了更多的生产劳动任务，农忙时也参加播种、田间管理和收割等劳动。在盆地进行调查时，5—9 月是最难进行的，因为很难找到一个空闲的村民进行交谈，大部分访谈只能安排在晚上 11 点之后。村民们感叹"连烧奶茶、喝奶茶的时间都少了"。

事实上，集约化过程表明农业生产条件在进一步恶化。牧民即便采取了各

① 王晓毅、张倩、荀丽丽等：《气候变化与社会适应：基于内蒙古草原牧区的研究》，社会科学文献出版社，2014 年，第 153 页。

种集约化措施，但仍无力改变生产成本增加、边际效益递减的趋势。笔者在 2010 年调查时发现，盆地人均收入仅相当于富蕴县人均收入的 2/3。去掉生产生活支出后，大部分牧户所剩无几，甚至入不敷出。一些牧民无力维持农业再生产，没有能力购买种子、化肥、农药等农资，只有通过银行贷款解决。吐尔洪盆地的个案表明，在新疆北部牧区这类干旱区草原发展农业本身就存在巨大的生态环境和经济风险。即便在一段时期内实现了"大"发展，但长远来看，农业并非这类地区经济发展的优先选项，也没有能力为定居和农业增长人口提供溢出的孔道。

第二节　牧业发展及其"内卷化"

新中国成立 70 多年来，新疆畜牧业取得了长足发展，具体表现为 4 个重要转变：从粗放、低效的单一化生产向规模、高效的产业化经营转变；从以草原畜牧业为主向农区、草原、城郊畜牧业并举转变；从自足型向商品经济型转变；从数量增长向质量效益型增长转变。畜牧业在牧区经济发展和牧民增收中的支柱地位逐步确立，畜牧业综合生产能力稳步提高，畜牧业经济效益大幅提升。改革开放以来，新疆畜牧业进入发展最快、最好的历史时期。1978—2017年，新疆牲畜存栏量由 2476.8 万头（只）增至 4946.5 万头（只），增幅达 99.7%。同期，牲畜出栏量由 460.41 万头（只）增至 4447.37 万头（只），增幅达 865.96%。[①] 2014 年，新疆畜牧业总产值达到 651.2 亿元，较 1978 年增长 143.7 倍。牧民生产生活条件持续改善，到 2014 年末，新疆已经累计实现游牧民定居 21.7 万户，定居率达到了 78.7%。[②]这些都是可观的成绩，对牧业持续健康发展、牧民生活改善和牧区经济社会繁荣稳定发挥了重要作用。

与宏观数据所反映的不同，牧户生计层面的调查研究并未反映出牧业的大发展。一是牧户的牲畜数量和 20 世纪 80 年代中期相当，比 20 世纪 90 年代中期略有减少，牧业收益未有明显提高；二是牧区贫困现象仍然较为突出，牧民

① 新疆维吾尔自治区畜牧兽医局：《新疆畜牧业改革开放 40 年成就专题报告》，《新疆畜牧业》2018 年第 12 期。
② 佚名：《新疆畜牧业 60 年发展成就》，《新疆畜牧业》2015 年第 10 期。

生活仍然困难；三是草原退化严重，严重损伤了牧业生产基础。[①]简言之，出现了"有增长，没发展"、牧业生产面临的生态环境与市场风险增高、牧业生产边际效益持续下降等问题，表现出明显的"内卷化"（involution）倾向。由于牧业在新疆北部牧区牧民生活中的重要性，"内卷化"自然对牧户经济造成相当不利的影响，并成为他们向城镇流动的动力。可以说，不了解过去 70 多年牧业整体层面的发展与"内卷化"过程，就不可能对牧民城镇化的动力、过程、重要性和必然性有深入的理解。在此，笔者尝试运用"内卷化"理论分析和解释为何牧业大发展在牧户层次体现不充分的现象，具体探讨以下问题：在新疆牧区，牧业是否出现了"内卷化"？如果出现了，是如何产生的？"内卷化"有什么社会基础，又引发了哪些社会后果？

一、内卷化：从格尔茨到黄宗智

"内卷化"源于美国人类学家戈登威泽对"内部不断精细化的文化现象"[②]的描述，经格尔茨引入农业经济过程，再由黄宗智以"过密化"（"内卷化"的另一种翻译，笔者注）之名引入中国农村社会经济史的研究，引发学界广泛关注。"内卷化"概念已经被广泛运用到经济学、社会学、人类学、历史学、政治学等多个学科的研究中，不断被再解释和被赋予新的意涵，其概念谱系、内涵、适用性等问题已有多位学者做了评述。在此，笔者主要对社会学、人类学界围绕农业"内卷化"展开的理论探讨进行梳理，为本节后文分析提供理论视角。

格尔茨用"内卷化"概念来描述印度尼西亚"内印度尼西亚"（爪哇）生态系统中名为萨瓦的种植类型（水稻）战胜自我的过程。1961 年，占全国耕地 9%的爪哇岛养活了 6300 万印度尼西亚人口中的 2/3，其耕地主要种植水稻。由于缺乏资本、土地数量有限，加之行政性障碍，爪哇人无法将农业体系外延扩展，使得劳动力不得不被束缚在水稻生产之中。面对人口增长且使人均收入不

① 聂爱文、孙荣垆：《生计困境与草原环境压力下的牧民——来自新疆一个牧业连队的调查》，《中国农业大学学报（社会科学版）》2017 年第 2 期；陈祥军：《生计变迁下的环境与文化——以乌伦古河富蕴段牧民定居为例》，《开放时代》2009 年第 11 期；柴军：《牧民生产决策行为与草地退化问题研究》，中国农业出版社，2009 年，第 185 页。

② 周大鸣、郭永平：《谱系追溯与方法反思——以"内卷化"为考察对象》，《世界民族》2014 年第 2 期。

至于急速下降时，采取了精耕细作的方法，将新增的人口填充到水稻生产之中。格尔茨称这种水稻生产为"劳动力填充型的农业模式"，即劳动力被吸收到有限的水稻生产中，而水稻种植能够非常稳定地维持边际劳动生产率，其结果至少是间接地吸收了西方殖民者进入后所产生的几乎所有多余人口。①"内卷化"强调"内在的精细化"，土地的使用、租佃关系、合作性的劳动力安排都变得更加复杂，而所有这些都要在整个系统中为每个人提供生计，尽管是很少的生计。②有学者对"内卷化"和"农业内卷化"概念做了概括：前者是指一个系统在外部扩张受到约束的条件下，内部精细化的发展过程；后者是指在资本、土地资源被限定的条件下，劳动力持续地被吸收到农业中获取收益并使农业内部变得更精细、更复杂的过程。③

受格尔茨启发，黄宗智用"过密化"概念解释数百年来中国农村经济的变迁，认为小农经济的过密化产生于人口和可得资源间的失衡，人口的增长会造成过剩劳动力数量的增加以及高度生存压力，导致极端过密化的产生，因而过密化是人口压力下维持生计的策略，虽然有总产量的增加，却不能带来劳动生产率的提高。④18世纪，长江三角洲一年一季水稻改为稻麦两熟、从水稻改种劳动更密集的棉花、从事养蚕业等都是内卷化加剧的表现，因为都是以少于水稻的每劳动日平均报酬来换取单位土地产出的增加，农业单位劳动的报酬在降低。内卷甚至可能以超越劳动日报酬递减的比例而增加劳动日数来提高每个耕作者的年产出和收入。⑤在黄宗智看来，这种"内卷"或"过密"型生产并不是真正的"发展"，因为"农业发展的关键在于农业劳动力产出或产值的提高"⑥。

刘世定、邱泽奇认为，黄宗智引入了劳动的边际生产效率问题，将内卷化界定为了人口增长导致的"劳动的边际产量递减或劳动的边际报酬递减"，即"有增长无发展"，这是对格尔茨"内卷化"概念的误读，而且劳动力持续投入

---

① Clifford Geertz, Agricultural Involution: The Process of Ecological Change in Indonesia, Berkeley and Los Angeles: University of California Press, 1963, pp.79-80.

② Clifford Geertz, Agricultural Involution: The Process of Ecological Change in Indonesia, Berkeley and Los Angeles: University of California Press, 1963, p.82.

③ 刘世定、邱泽奇：《"内卷化"概念辨析》，《社会学研究》2004年第5期。

④ 张常勇：《黄宗智"过密化"理论探讨述评》，《中国农史》2004年第1期。

⑤ [美] 黄宗智：《中国的隐性农业革命》，法律出版社，2010年，第37-38页。

⑥ [美] 黄宗智：《中国的隐性农业革命》，法律出版社，2010年，第1页。

的过程并不意味着劳动的边际生产率递减。[①]历史学家赵冈认为，"过密型农业生产"是存在的，但是劳动力边际产量下降不是判定标准。他设定了两条曲线和一条水平直线，分别是边际产量曲线、平均产量曲线和平均维生费。只有当人口增加导致边际产量低于维生费时，新增劳动力的边际产量不足以为生，不得不分享他人的一部分所得，才会形成过密型农业生产，而且要有必要的社会背景与条件。[②]赵冈注意到，过密型农业生产与中国传统社会"重家庭，轻个人"的传统观念、诸子均分的传统继承制相关，形成了家庭所得均分共享的制度。[③]格尔茨指出"印度尼西亚农业内卷化的过程与农民的家庭生活、社会结构、政治组织、宗教信仰等的内卷化相互适应和支持[④]，导致"共享贫困、社会松弛、文化模糊"[⑤]。

70多年来，中国农村发生了翻天覆地的变化，但似乎仍未走出"过密型农业"的困局，主要是长期人口过剩问题造成的，表现为长期人口压力导致低报酬、劳均耕地不增反减、劳动的边际报酬停滞甚至递减等。制度性因素与组织性因素应引起重视，因为包产到户平均分配了耕地的使用权，城乡二元化的户籍制度限制了乡村人口向城镇和非农产业的转移。农户既是一个生产单位，也是一个消费单位。过去，农户为了增加收入选择以种植业为主业，以打短工或在家纺织布（或缫丝）为副业，随着民工潮的到来，他们为了能够同时从事种植业和在城镇打工，形成了"半工半耕"的经济体。这个经济体与过去"男耕女织"的经济体同样牢固，又被国家政权制度化，因此现在的农业是"制度化了的过密型农业"。[⑥]

改革开放以来，"过密型农业"迎来了历史性的破解契机，主要源自大规模非农就业、人口自然增长减慢和农业生产结构转型三大历史性变迁的交汇。交汇不仅使得农业从业人员的降低和农业劳动需求的增加，还使得农业劳均产值持续上升。改革开放以来，农业劳均产值年均 5%多的增长率，总共增长了

① 刘世定、邱泽奇：《"内卷化"概念辨析》，《社会学研究》2004 年第 5 期。
② 赵冈：《过密型农业生产的社会背景》，《中国经济史研究》1997 年第 3 期。
③ 赵冈：《过密型农业生产的社会背景》，《中国经济史研究》1997 年第 3 期。
④ Clifford Geertz, Agricultural Involution: The Process of Ecological Change in Indonesia, Berkeley and Los Angeles: University of California Press, 1963, pp.101-102.
⑤ Clifford Geertz, Agricultural Involution: The Process of Ecological Change in Indonesia, Berkeley and Los Angeles: University of California Press, 1963, p.23.
⑥ 黄宗智：《制度化了的"半工半耕"过密型农业（上）》，《读书杂志》2006 年第 2 期。

不止 5 倍，远远超过一般意义的"农业革命"。[①]这场革命与历史上其他"农业革命"不同，其动力不是来自某种新的投入而提高了某些产物的亩均产出，而主要是食品消费结构转型——从低值的谷物生产转向越来越多的高值肉禽鱼、蛋奶和（高档）蔬菜与水果的生产，是一场"隐性的农业革命"。[②]黄宗智进一步指出，具有适度规模、能够持续发展的小农家庭农场，以及在此基础上形成小专业户和合作组织将是中国农业发展的主要出路。[③]

二、新疆北部牧区牧业"内卷化"的生成

就"内卷化"的内涵来看，人口压力与生产体系的关系及其变化是主要关注点。因此，需要对新疆牧区过去 70 多年人口与牧业生产体系的变化进行探讨。

20 世纪 50 年代前，新疆牧区人口统计数据较少，只能利用一些零散数据对人口情况进行估测。新疆的牧业人口主要是哈萨克族、蒙古族、柯尔克孜族、塔吉克族和一部分维吾尔族，其中哈萨克族的人数最多。不同时期，哈萨克族人口数据相对丰富。因此，本书人口数据的分析主要以哈萨克族为主。1949 年，新疆人口死亡率为 20.82‰。[④]考虑到牧区自然条件恶劣、牧民移动的生产生活方式、疾病和频繁战乱等因素，牧区死亡率应更高一些。哈萨克族人口出生率的具体数字缺失，但一些数据可以帮助推测。1963 年，在哈萨克族人口较为集中的伊犁地区、塔城地区和阿勒泰地区，人口出生率分别为 39.45‰、43.58‰与 45.24‰，应可作参照。[⑤]哈萨克族的人口再生产模式属于"传统型"——高出生率、高死亡率与低人口自然增长率。20 世纪上半叶，新疆战乱不断，使得大量牧区人口东迁甘肃、青海等地。据新疆警务处 1944 年统计，伊犁、塔城、阿勒泰三区（包括伊犁地区管辖的博乐、精河、温泉三县）人口为 725 948 人。1949 年，三区人口为 712 949 人，减少了 12 999 人。[⑥]大体来说，20 世纪 50 年代前，牧区人口没有增长，甚至有所减少。

---

① [美] 黄宗智：《中国的隐性农业革命》，法律出版社，2010 年，第 2 页。
② [美] 黄宗智：《中国的隐性农业革命（1980—2010）——一个历史和比较的视野》，《开放时代》2016 年第 2 期。
③ 黄宗智：《制度化了的"半工半耕"过密型农业（下）》，《读书杂志》2006 年第 3 期。
④ 田雪原：《中国民族人口（第 4 集）》，中国人口出版社，2006 年，第 180 页。
⑤ 周崇经：《中国人口·新疆分册》，中国财政经济出版社，1990 年，第 84 页。
⑥ 田雪原：《中国民族人口（第 4 集）》，中国人口出版社，2006 年，第 114-115 页。

　　随着医疗卫生条件、生产生活条件的改善，游牧社会经历了明显的人口转型。死亡率快速降到正常水平，但因劳动力需求、社会结构、生育观念等因素的影响，出生率仍会在较长时期保持高水平，最终出现人口爆炸。[①]1974年，哈萨克族人口死亡率为10.1‰，1990年降到6.85‰。1963年，人口出生率大约为45‰，1970—1980年为35‰—40‰，1990年后维持在20‰左右，2000年后又下降了2—3个千分点。[②]人口再生产模式由传统型转向过渡型——高出生率、低死亡率与高人口自然增长率。在此背景下，哈萨克族人口由1949年的44.37万人增至2000年的124.5万人，再增至2010年的146.3万人。1964—1982年，哈萨克族人口增长率达到84.60%，1982—1990年为22.39%（图2-1），这意味着哈萨克族人口经历了近30年的高速增长。

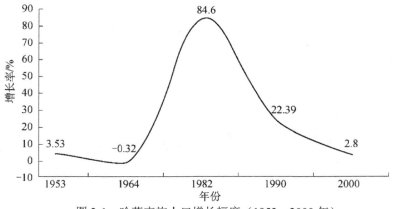

图 2-1　哈萨克族人口增长幅度（1953—2000 年）

资料来源：田雪原：《中国民族人口（第 4 集）》，中国人口出版社，2006 年，第 176 页。

　　第六次人口普查数据（2010 年）显示，2010 年新疆哈萨克族，死亡人口 6343 人，年内总人口 1 418 278 人，人口死亡率测算为 4.47‰，较 2000 年有所下降。[③]数据表明，2010 年全国哈萨克族人口为 146.3 万人，较 2000 年

① Avinoam Meir, Demographic transition theory: A neglected aspects of the nomadism-sedentarism, Transaction of the Institude of British Geographers, Vol.11, No.2, 1996.
② 田雪原：《中国民族人口（第 4 集）》，中国人口出版社，2006 年，第 176 页、第 180 页。
③ 新疆维吾尔自治区人民政府人口普查领导小组办公室：《新疆维吾尔自治区 2010 年人口普查资料（上册）》，中国统计出版社，2012 年，第 435 页。

增加了 21.8 万人，说明哈萨克族人口出生率应仍维持在较高水平。①有资料显示，2010 年后新疆少数民族人口仍保持较高的增长。2020 年新疆少数民族人口 1493.22 万人，与 2010 年相比，净增长 194.63 万人，年均增长率为 1.41%。②以此来看，哈萨克族人口继续增长的态势应尚未出现显著变化。③

从人口年龄结构看（图 2-2），1990 年哈萨克族属于典型的年轻型，0—14 岁人口占 42.95%，65 岁以上人口仅占 2.64%。2000 年，0—14 岁人口占比降至30.84%，65 岁以上人口仅占 2.91%，已转变为成年型。2010 年，0—14 岁人口占比进一步降至 23.77%，65 岁以上人口占比为 3.9%。第六次人口普查数据（2010）显示，新疆哈萨克族 0—14 岁的人口有 342 088 人（占总人口的24.11%），65 岁以上人口有 53 723 人（占总人口的 3.79%）。④这些数据说明，哈萨克族人口仍处于成年型，意味着已经由人口快速增长型转变为稳定增长型。

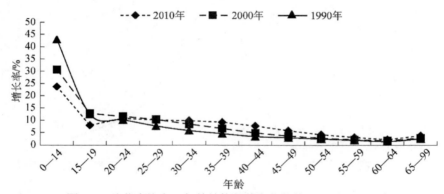

图 2-2 哈萨克族人口年龄结构及其变化趋势（1990—2010 年）

资料来源：田雪原：《中国民族人口（第 4 集）》，中国人口出版社，2006 年，第 154，155 页。

成年型年龄结构还意味着劳动年龄人口占比大，那么，这些新增人口去了哪里？从行业分布来看，1990—2010 年，哈萨克族分布在第一产业的人口从82.57%降到 78.01%，又回升至 78.89%。从职业分布来看，1990—2010 年，哈

① 国务院人口普查办公室 / 国家统计局人口和就业统计司：《中国 2010 年人口普查资料》，中国统计出版社，2012 年，http://www.stats.gov.cn/tjsj/pcsj/rkpc/6rp/left.htm。

② 中华人民共和国国务院新闻办公室：《新疆人口的发展》，《人民日报》2021 年 9 月 27 日。

③ 由于第七次人口普查（2020 年）数据尚未公布，因此，尚不能提供当前哈萨克族人口的基本数字。

④ 新疆维吾尔自治区人民政府人口普查领导小组办公室：《新疆维吾尔自治区 2010 年人口普查资料（上册）》，中国统计出版社，2012 年，第 211-212 页。

萨克族农、林、牧、渔、水利业生产人员的占比从 80.35%降至 77.22%，又回升至 78.10%。从城乡分布来看，2000—2010 年，哈萨克族乡村人口的比例从 84.93%降至 77.94%。以上数据说明，新增人口主要集中在乡村，并填充到农（牧）业中。新疆城乡人口流动的数据有助于对 2010—2020 年哈萨克族城乡人口流动的整体情况作出判断。数据显示，2020 年新疆城镇人口 1461.36 万人，乡村人口 1123.87 万人，分别占总人口的 56.53%、43.47%。与 2010 年相比，城镇人口增加 527.79 万人，乡村人口减少 124.13 万人，城镇人口比例上升 13.73 个百分点。①大体来说，到 2020 年哈萨克族乡村人口的比例有了明显下降，但在总人口中仍占较大比重。

牧区牲畜主要是羊和牛，它们的存栏量与出栏量变化可反映新疆牧业的"发展"。1978—2017 年，羊的存栏量由 1927.3 万只增至 4030.5 万只，牛的存栏量由 222.4 万头增至 433 万头，增幅分别为 109.13%和 94.69%。同期，羊的出栏量由 382.8 万只增至 3605.6 万只，牛的出栏量由 18.8 万头增至 259.27 万头，增幅分别为 841.9%和 1279.1%。②如果考虑人口增长的因素，还是这番"发展"景象吗？我们对阿勒泰牧区 1991—2014 年年底牲畜存栏量与农业人口（包含牧业人口）的年均增长率做了分析。选择年均增长率作为标准，是为了便于分析牲畜数量增长与农业人口增长的关系。如图 2-3 所示，牲畜存栏量与农业人口的年均增长率大体持平，这意味着增长的人口很大程度上抵消了牲畜增长的效益。统计数据在牲畜存栏量上未区分农区与牧区。

20 世纪 90 年代以来，推动传统牧区向农区大转移一直是新疆畜牧业发展的重心，逐步实现了"牧区多，农区少"向"农区多，牧区少"的历史性转变。1992 年，农区牲畜首次占到了新疆牲畜总头数的 51.32%，增长速度显著超过牧区。③10 年后，新疆农区牲畜头数占 53.9%，而牧区仅占 27.03%。④2012 年，农区与牧区牲畜头数的占比仍未逆转。⑤统计数据也未区分农区与牧区的人口。汉族主要集中在农区，而哈萨克族主要集中在牧区。2000—2010 年，新疆汉族

① 中华人民共和国国务院新闻办公室：《新疆人口的发展》，《人民日报》2021 年 9 月 27 日。
② 新疆维吾尔自治区畜牧兽医局：《新疆畜牧业改革开放 40 年成就专题报告》，《新疆畜牧业》2018 年第 12 期。
③ 张伦：《新疆农区畜牧业形势与任务》，《新疆畜牧业》1993 年第 5 期。
④ 苏德贵、刘晓兰：《大力发展农区畜牧业是当前新疆农民增收最现实的选择》，《新疆社会科学》2002 年第 3 期。另外，该文未对剩余 19.09%牲畜的出处做说明，可能来自城郊与专业养殖场。
⑤ 李耿民：《实现农区畜牧业跨越式发展的潜力》，《草食家畜》2012 年第 2 期。

人口自然增长率低于少数民族人口的增长率，汉族人口金字塔（人口的年龄结构）底部收缩现象远比其他民族严重，主要是低生育率所致。[①]简言之，农区牲畜数量增长快而人口增长慢，牧区牲畜数量增长慢而人口增长快，因此，若考虑农区与牧区的差异，牧区牲畜存栏量年均增长率可能低于牧区人口的年均增长率，牧户户均牲畜数量停滞甚至略有减少。2014 年后，国家实施了精准扶贫战略，通过为牧户发放"扶贫畜"带动牧户发展生产。我们在牧区调查发现，牧户户均牲畜数量与牧区牲畜存栏量都得到了显著增加，相关内容详见本书第五章的分析。

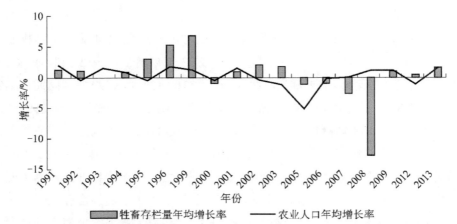

图 2-3　阿勒泰牧区牲畜存栏量与农业人口年均增长率（1991—2013 年）

资料来源：1991—2005 年的数据来源于《新疆统计年鉴》，2006—2014 年的数据来源于历年《阿勒泰地区国民经济与社会发展公报》。其中，缺少 1997、1998、2004 年的统计数据，另外 2010 年的和 2014 年后的统计数据中缺少农业人口的数据，因此，未计算牲畜存栏量与农业人口的年均增长率。2015—2018 年，阿勒泰地区牲畜存栏量年均增长率分别为 5.63%、2.09%、-0.7%和-6.4%。

　　牧业生产基础被破坏和生产成本增加应被重视。21 世纪初，阿勒泰草原90%退化，四季草场超载率高达 21%—135%。[②]草原退化是农耕文明，工业文明闯入，与游牧文明遭遇、碰撞、冲突的结果。20 世纪 50 年代以来，阿尔泰山山前盆地、主要河流谷地开垦为了耕地、打草场，形成了连片农区。山前盆地、河谷区域的城镇建设以及工矿业快速发展占用了更多草场。农区、城镇、

① 李建新、常庆玲：《新疆各主要民族人口现状及其变化特征》，《西北民族研究》2015 年第 3 期。
② ［澳］Colin G. Brown，［澳］Scott A. Waldron，［澳］John W. Longworth：《中国西部草原可持续发展研究：管理牧区人口、草场和牲畜系统》，赵玉田、王欧主译，中国农业出版社，2009 年，第 33 页、第 38 页。

矿区分割了草原，导致草原碎片化。作用到牧户上，便是牧业成本上升以及牧业生产风险加剧。如图 2-4 所示，2005 年后牧业生产成本增长较快，其中又以物质成本（主要是饲草料）较为明显。灾害频率也在增加，且影响愈来愈大。1959—2014 年，阿勒泰牧区发生旱灾 13 次，2000 年后便发生了 6 次。旱灾意味着牧场、打草场产草量的减少，而牧户为了保住牲畜会不计代价地购买饲草。旱灾持续，牧户就唯有采取"以畜养畜"策略——卖掉一些来养活另一些，拥有的牲畜便越来越少。2014 年后，国家实施了精准扶贫战略，支持和引导牧民为牲畜购买保险，同时建设饲草料储备库——为遭遇灾害的牧户提供成本价的饲草，牧户牧业生产的风险显著降低。

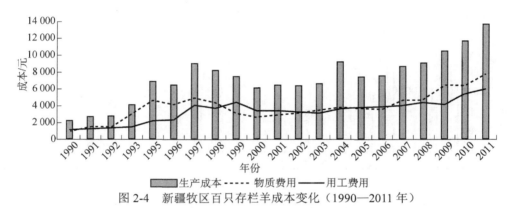

图 2-4　新疆牧区百只存栏羊成本变化（1990—2011 年）

资料来源：　1991—2003 年的数据转引自郑江平：《新疆养产业发展研究》，新疆农业大学博士学位论文，2005 年，第 107 页；2004—2011 年的数据转引自黄永亮：《新疆肉羊成本效益分析》，新疆农业大学硕士学位论文，2014 年，第 19 页。

　　改革开放后，新疆牧区牧业生产效益在相当长一段时间并不理想。如图 2-5 所示，1990—2003 年，新疆牧区百只存栏羊的成本纯收益率波动较大。20 世纪 90 年代中期后至少经历了 10 年递减，其间有短暂回升，但很快回落。如果考虑填充到牧业中去的人口，牧业的边际报酬无疑在递减。2008 年后，成本纯收益率才明显提高，说明牧业的"内卷化"已有所缓解。2014 年后，随着国家精准扶贫战略的实施，牧区牧业生产基础、牧户生产条件都得到了显著改善，加上"企业/合作社+农户""养殖大户+农户"新生产经营模式的发展，牧业生产效益得到了大幅提升。这些内容将在本书第五章中进行分析。

　　一些旨在改进牧业生产条件的措施产生了未预期的后果。打草场建设旨在解决饲草难题，主要分布在山前盆地与河谷地带。牧民发现，他们必须支付打井、水利设施建设和用水的费用，还必须有专人负责浇灌，这增加了牧业生产的经济成本与人力成本。20世纪90年代以来，机械化转场代替了大畜转场，改善了牧民的生产生活条件，避免了牧民转场时与农民和城镇居民的矛盾，但又带来了两个新问题：一是生产成本增加，主要是购买车辆及其维护的支出，或是租用车辆的支出；二是缩减了放牧空间。原本转场过程也是放牧过程，取消这一过程使得牧民必须延长对特定草场的利用时间，导致过牧和草场退化。这些改进措施并未改变四季转场游牧的传统生产形式，而是推动了传统生产体系的精细化。

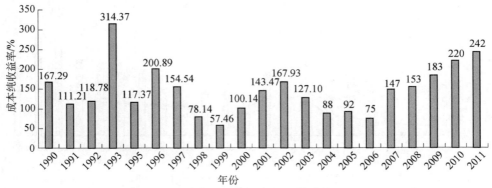

图 2-5　新疆牧区百只存栏羊成本纯收益率变化（1990—2011 年）

资料来源：1991—2003 年的数据转引自郑江平：《新疆羊产业发展研究》，新疆农业大学博士学位论文，2005 年，第 107 页；2004—2011 年的数据转引自黄永亮：《新疆肉羊成本效益分析》，新疆农业大学硕士学位论文，2014 年，第 19 页。

综上，牧区牧业出现了"内卷化"，表现在两个方面：一是不断增长的人口填充到牧业生产中，加之牧业生产基础的严重破坏和牧业生产成本的增加，导致牧业收益在相当长一段时间内停滞；二是牧业生产形式并未出现根本性变化，而是朝着体系内"精细化"方向发展，而且已经对牧民的生产生活形成了强有力的约束。

三、"内卷化"的社会基础与社会后果

牧业"内卷化"的探讨应嵌入到牧区社会文化脉络中，探讨其生成的社会

基础和导致的社会后果。

人口增加不等于人口压力，取决于是否有渠道疏解新增人口。集体化时期，政府主要采取分队和开垦新耕地来安置新增人口，分队的过程便是耕地开垦的过程。吐尔洪盆地牧民最早的聚居点是阔孜克村，1958 年分出一部分人到乌伦古河河谷建立牧场，1960—1962 年留下的牧民分成了 4 个生产队和 1 个公社家属队；1966—1978 年，又从盆地各队中抽调劳动力组建了 3 个队，同时牧场新增人口也被安置到这些新队中。为了改进和完善农业生产设施、为大队和社员提供基本生活品和增加集体收入等，政府从各队抽调青壮年组建基建队、水利队和各种社队企业，吸纳新增人口。公社这种总体性社会结构虽然导致牧业的低效和"共享贫困"，但作为社会中所有重要资源和机会的管理者的国家承担了安置新增人口的职责。①

1984 年，牧区土地、草场和牲畜承包时确定了"生不增，死不减"的原则，之后出生的人口没有承包地或草场，牧户需要在家庭内部平衡人口与资源的关系。哈萨克族传统上实行幼子继承制，但这只是意味着幼子承担为父母养老的职责，分户时多得一份财产。实际上，哈萨克族实行的是诸子均分制，即 1 个孩子成家便分出 1 份田地、牲畜和草场。承包制落实后，牧民起初仍按照诸子均分制，但很快出现了困难。1984 年前出生的子女拿走自己的份额，不断分化大家庭的牲畜。1984 年之后出生的子女由于没有自己的份额，需要从父母及其他家庭成员的份额中抽出一部分。一个家庭新增的牲畜很快便因新增人口而被分掉。对于定居点的牧户来说，分户导致土地过度细化。小家庭在经济上会经历短暂发展，但很快便会因土地太少而陷入停滞。牧业队分户时不分草场，因为草场细分将导致无法正常转场。小家庭都致力于在短期内增加牲畜数量，出现了普遍性的"超载过牧"，导致草场退化。牧户的草场是限定的，牲畜增长的瓶颈很快出现，但人口与牧业生产成本却在增加，使维系与扩大牧业生产都很困难。

哈萨克族社会是典型的部落社会，生产生活的单位是阿乌尔。一个阿乌尔多是同一祖先的后代（通常三代以内），但通常也吸收有姻缘关系的牧户，甚至个别同部落的成员。尽管部落制度已经退出历史舞台，丧失了在政治领域中的功能，但仍是整合社会的重要机制，一定程度上界定了牧民的社会关系网。哈

---

① 孙立平、王汉生、王思斌等：《改革以来中国社会结构的变迁》，《中国社会科学》1994 年第 2 期。

萨克族流传着"没有乞丐"的说法，反映了部落内成员间互助的义务。这种义务既体现在阿乌尔接纳丧失牲畜的成员上，也体现在"托依"（仪式性聚会）中牲畜的赠予上。参加"托依"是义务，而馈赠的礼物总是牲畜。"托依"原来主要是在重要人生礼仪（比如出生、成年、结婚等）才举办的仪式，但现在"扩容"了，诸如建新房、孩子升学或其他值得庆贺的事等。1980 年，哈萨克族育龄妇女总和生育率为 6.85，高出全国平均值 4.22 个点；1990 年降到 4.74，但仍高出全国平均值 2.12 个点。①总和生育率越高，孩子就越多，支付的彩礼和赠予的牲畜也就越多。吐尔洪盆地的牧民说他们遭遇了"托依灾"，因为义务不能拒绝，赠予限制了牲畜的积累。BHH 有 5 个儿子，其中的 4 个儿子已在过去 10 年内结婚，为此她已经支付了 26 头牛，平均每个儿子 6.5 头。6.5 头中有一半是亲戚们根据义务赠予的，在亲戚儿子们结婚时还得还回去。因此，牧户的牲畜总是周期性增长，又周期性减少，与家庭生命周期变化相符。牲畜流动平衡了牧户间的牲畜数量，限制了整个社会牧业的扩大再生产。

牧业"内卷化"也产生社会后果，首先表现为普遍的贫困。2014 年，国家开展贫困人口的精准识别工作，阿勒泰地区与塔城地区贫困人口较多，贫困发生率较高。阿勒泰地区的青河县与吉木乃县被识别为国家级贫困县，塔城地区托里县被识别为国家级贫困县，塔城地区和布克赛尔蒙古自治县与裕民县被识别为自治区级贫困县。我们在 2016 年和 2017 年在青河县与吉木乃县贫困县退出的第三方评估工作中，各抽取了 357 户和 330 户贫困户进行问卷调查。从年龄上看，30—50 岁贫困人口占抽样总数的 55% 以上，受访者平均年龄为 40 岁。贫困家庭主要是父母与未婚子女组成的核心家庭，3—4 人的家庭约占抽样总数的 65%。当地人称这些家庭为"小户"，不仅指户主相对年轻和家庭规模较小，关键是从大家庭分出来时没有获得或获得很少生产资料。在吉木乃县评估时，我们抽取了 220 户非贫困户，以判断是否存在漏评——符合贫困人口纳入条件（比如收入）但未纳入的人口。如图 2-6 所示，2017 年，仍有 13.8% 的贫困户家庭与 10.1% 的非贫困户家庭人均年收入仍低于 4000 元，个别家庭甚至低于当年国家贫困标准 3130 元。贫困会产生链式效应，贫困户可能对与之有义务关系的非贫困户家庭经济产生影响。数据还显示，贫困户与非贫困户在经济上区

---

① 侯菊凤：《新疆少数民族妇女婚姻家庭生育情况研究》，《新疆大学学报哲学（社会科学版）》1996 年第 3 期。

分并不明显。

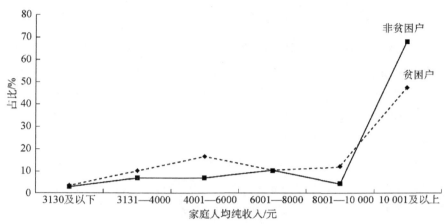

图 2-6 吉木乃县贫困户与非贫困户家庭年人均纯收入（2017 年）

牧业"内卷化"的另一项社会后果是"隐性失业"，有大量"未工作"或"半就业"人口。"未工作"指既没有参与农业劳动，也没有在其他非农产业就业，包括在校学习、丧失工作能力、离退休、料理家务和其他等几种情况。2000—2010 年，哈萨克族 15 岁以上"未工作人口"总数从 34 425 人增至 63 442人，增幅达 84.29%。"未工作人口"中，料理家务的比重最高，2000—2010 年仅由 47.02%微降至 43.12%。①随着牧业生产条件的改善，户均畜群规模较小，牧业生产基本由男性承担，女性多在家中照顾孩子和老人。在冬季舍饲喂养的家庭，甚至男性也从放牧中解放了出来。"半就业"指只从事农（牧）业的劳动力，未兼营其他工作（如季节性务工、个体经营等）。人口普查并未统计"半就业"人口，但应为数不少，主要受普通话水平低、缺少技能、行为不适应和社会排斥等因素的影响。

综上，内卷化的生成既有产权制度、继承制度等制度性因素的作用，又受到家庭生命周期、家庭析分等组织性因素的影响，更离不开总体性社会向分化性社会转变②的作用。同时，普遍贫困与隐性失业等社会后果要求加快去"内卷化"。显然，牧业本身无力带领新疆北部牧区的牧民走出"内卷化"困境。

---

① 转引自马戎：《我国部分少数民族就业人口的职业结构变迁与跨地域流动——2010 年人口普查数据的初步分析》，《中南民族大学学报（人文社会科学报）》2013 年第 6 期。

② 孙立平、王汉生、王思斌等：《改革以来中国社会结构的变迁》，《中国社会科学》1994 年第 2 期。

第三节　城镇体系的发育和形成

直到 18 世纪中叶，新疆北部牧区的城镇仍然极少。明崇祯十二年（1639
年），沙俄出使准噶尔的阿勃拉莫夫报道了和布克赛尔河谷城镇和农业发展的情
况。他提到，巴图尔珲台吉告诉他，在和布克赛尔建造着一座石城，旨在从事
耕耘并在小城里居住。顺治十二年（1655 年），俄使巴伊科夫在额尔齐斯河上
游巴图尔珲台吉第五子僧格驻牧地听说"小城是土建的，镇上有两座砖砌佛寺，
住着喇嘛和布哈拉农民"①。显然，"小城"并非真正意义上的城镇。

新疆北部牧区的城镇建设始清平定准噶尔（1755 年）之后，有计划地实施
了伊犁九城城镇带和乌鲁木齐市城镇带的建设。这些城镇沿着天山北路向西行
进，有规律地分布于准噶尔盆地的绿洲中，初步构建了天山北路的城镇体系。
这些城镇因驻军和屯垦而建，但与牧区社会保持着一定的经济联系——比如牧
区的皮货经由这些城镇向外销售，牧区所需粮食等物资也经由这些城镇而获得，
使得牧区社会逐渐被更有效地纳入区域和国家体系之中。新疆和平解放后，牧
区城镇因行政管理、经济和社会发展的需要逐渐形成，草原地区的城镇体系逐
渐完善。

本节对新疆北部草原地区城镇的发育、城镇体系形成和发展的过程做概略
式的描述，同时对城镇与牧区社会、与牧民生活的关系做简略探讨，重点就新
中国成立以来新疆北部牧区城镇体系的形成及其不足进行分析。我们会看到，
这些城镇吸纳牧区富余劳动力的能力较弱。

一、清代天山北路的城镇体系

清统一新疆②后，根据边防形势的需要，采取了"以北制南"的战略部署，

---

① 乌云毕力格：《17 世纪卫拉特各部游牧地研究》，《西域研究》2010 年第 1 期。
② 乾隆二十四年（1759 年）夏，统一新疆的最后一战伊西洱库尔淖尔之役胜利告终。至此，清朝完成了平定
　天山南北、统一新疆的大业，改变了自明中期以后中原王朝在西北划嘉峪关而治的局促局面。清朝统一新
　疆，是继汉、唐、元诸朝统一新疆之后的又一次大统一，是我国历史发展的必然结果。清代以来，随着中
　央政府对新疆的治理不断加强与完善，新疆各民族社会不仅再度与内地社会运行在同一政治轨道之上，其
　与内地的联系也更加紧密，新疆进入了一个新的历史发展阶段。参见王希隆、杨代成：《清朝统一新疆及
　其历史意义》，《中国边疆史地研究》2019 年第 1 期。

将战略防御重点放在北疆，认为"西北塞防乃国家根本"，北部的重点是俄罗斯帝国，以及哈萨克、布鲁克等游牧民族，同时可对天山南路形成强力有效的制约。①清政府吸收了历史上游牧民族多从北方南下占领天山南路的历史经验，天山北路的地势高于南路，易守难攻。这一战略的实施与军府制度的实施和天山北路大规模的屯垦是相关的，推动了新疆北部以伊犁和乌鲁木齐为中心的城镇带的建设。伊犁九城与塔尔巴哈台城池的建设始于1764年，到1777年初步建成，形成了以惠远城为核心，以其他八座城堡为依托，以索伦、达斡尔、察哈尔、锡伯等官兵游牧驻地为外围的依次配置的边防城镇体系。乌鲁木齐为中心的城镇带建设始于1764年，到1783年初步建成，形成了以迪化的巩宁城和巴里坤等大城市为中心、许多中小型的城堡环卫周围的城镇体系。

天山北路兴建的这些城镇都带有很强的行政与军事色彩，主体建筑主要是仓库、衙署和兵房。随着驻军及随迁家属的增加，城镇空间不断扩展。以迪化（今乌鲁木齐市）为例，1755年建设了简陋的军营和工事；1758年为一座拥有办事大臣衙署和军营的专门城池所取代；1763年重修，面积扩大了两倍，容纳了乌鲁木齐的全部驻军；1765年向北扩展，两年后军事部门迁移到了新建部分；1772年，满营官兵又迁移到迪化西北几里外的一个周长八里的新城——老满城；1825年，又在新迪化城东边建起了新满城（今乌鲁木齐建国路地区）。因此，这些城镇可谓是典型的"军镇"。1758年，乌鲁木齐办事大臣伍弥泰在《题乌鲁木齐驿壁》中描绘了一幅孤城、残雪、牧马、啼乌、薄暮、秦兵等边塞景观："撮目孤城上，苍茫见四郊。斜阳高树顶，残雪乱山坳。牧马嘶归枥，啼乌倦返巢。秦兵真耐冷，薄暮尚鸣骹。"②乾隆时期，这些城镇的人口主要是官员和军事人员。

"移民实边"是巩固边疆的一种重要策略，包括军事移民、政策移民和自发移民多种形式。清政府规定在伊犁将军和乌鲁木齐都统辖区实行眷兵制。根据《伊犁略志》的记载，乾隆二十九年（1764年）至乾隆三十年（1765年），惠远城有官162员，兵4640名，家口2.2万余丁口。惠宁城估计在1万名家口左右，锡伯营家口19000余丁，索伦营1400余人。乾隆六十年（1795年）乌

---

① 黄达远：《隔离下的融合：清代新疆城市发展与社会变迁（1759—1911）》，四川大学博士学位论文，2006年。
② 转引自黄达远：《隔离下的融合：清代新疆城市发展与社会变迁（1759—1911）》，四川大学博士学位论文，2006年。

鲁木齐满营壮丁 1114 名，幼丁 2989 名，男女老幼共眷口 15 981 名。[①]这些数字只是众多城镇的一个缩影，其他城镇的军事移民也不在少数，成为这些城镇人口的重要组成部分。鼓励民户到新疆各地屯垦是巩固边疆的重要措施。为经营西北，乾隆皇帝以"武定功成，农政宜举"为思路确定了"屯垦为先"的策略，正所谓"而辟新地实边防，尤宜以移民为继"。[②]曾问吾指出，"山北之迪化（现乌鲁木齐市）、镇西（现巴里坤县）各属，山南之吐鲁番大兴户屯，广事招徕，内地之汉人及汉回负载出关，辟草莱，长子孙者不下数十万人"[③]。乾隆三十年（1765 年），巴里坤、乌鲁木齐两地户屯数达到 17 121 户 72 058 人。[④]乾隆三十六年（1771 年），商民数量为 3300 多户 1.5 万余人。此外，还有数量不等遣屯、兵屯、旗屯等屯民。[⑤]乾隆后期，由于出关民户太多，政府取消了籽种、耕牛、生产工具等资助政策，但仍有大量民户出关。据统计，嘉庆年间，乌鲁木齐和伊犁总人口已经发展到 30 万余人。[⑥]同治战乱，导致天山北路城镇凋敝、民众逃散。战事平息后，政府仍大兴屯田，招募关内农户屯垦。

这些眷属、政策移民与自发移民通常居住在城郊，或是在水源充沛的河谷地带形成村落，深刻改变了天山北麓的人文生态。光绪十二年（1886 年），方希孟途经奇台，到孚远县（今吉木萨尔县）时记录如下"五十里至大泉，村树连绵，居民多沿天山北麓。雪消土润，麦垄青青"，次日又说"四十里过双汉河，长林丰草，弥望无涯，土地肥饶，农业最盛，皆赖天山雪水，引之灌溉"等。[⑦]

屯垦深刻地改变了天山北路东段地区的人口与民族结构。仅以乾隆年间（1736—1795 年）天山北路的甘肃籍移民来看，他们大多出自肃州、安西、高台、敦煌、张掖、甘州、武威等河西走廊地区，以汉族移民为主。[⑧]有资料显示，嘉庆十一年（1806 年）奇台已有 31 075 人，同治年间人口锐减，但到光绪元年（1875 年）又增至 32 288 人。[⑨]移民中还包括回族人、满族人以及

① 董霞、马婷：《乌鲁木齐满族社会的变迁》，《黑龙江史志》，2010 年第 3 期。
② 曾问吾：《中国经营西域史》（内部资料），新疆维吾尔自治区地方志总编室，1986 年，第 306 页。
③ 曾问吾：《中国经营西域史》（内部资料），新疆维吾尔自治区地方志总编室，1986 年，第 301 页。
④ 阚耀平：《清代天山北路人口迁移与区域开发研究》，复旦大学博士学位论文，2003 年。
⑤ 阚耀平：《清代天山北路人口迁移与区域开发研究》，复旦大学博士学位论文，2003 年。
⑥ 黄达远：《隔离下的融合：清代新疆城市发展与社会变迁（1759—1911）》，四川大学博士学位论文，2006 年。
⑦ （清）方希孟：《西征续录》，中国国际广播电视出版社，2016 年，第 117-118 页。
⑧ 阚耀平：《清代天山北路人口迁移与区域开发研究》，复旦大学博士学位论文，2003 年。
⑨ 孙志斌：《奇台古今人口拾零》，载《奇台文史·合编本（1）》（内部资料），2015 年，第 251 页。

经商的维吾尔族人。①据曾问吾的统计，宣统元年（1909 年），孚远县城乡户籍人口 1782 户 7741 人，奇台县 6326 户 13 310 人，两县另有本省寄居者 291 户 1395 人、外省寄居者 2317 户 10 361 人，还有外侨 34 户 161 人。②表 2-1 统计了天山北路各城市的人口，城厢③人口的占比较大，反映了城镇发展带来的人口聚集的效果。这些人口并没有包括草原地区的游牧民，其职业主要是官员、士兵和农民（表 2-2）。

表 2-1　1909 年新疆北部府一级城市人口（部分地区）

行政区划	人口数/人				城厢人口占总人口比例/%
	城厢	乡村	市镇	合计	
迪化县	23 097	15 897	97	39 091	59.1
昌吉县	2 542	7 258	—	9 800	25.9
绥来县	3 438	4 751	523	8 712	39.5
阜康县	767	3 594	273	4 634	16.6
孚远县	1 043	6 698	494	8 235	12.7
奇台县	6 996	6 314	1280	14 590	48.0
库尔喀喇乌苏直隶厅	1 192	2 613	—	38.5	31.3
绥定县	4 649	4 649	2108	11 406	40.8
宁远县	5 023	17 914	—	22 937	21.9
精河直隶厅	946	662	677	2 285	41.4
塔城直隶厅	4 580	912	162	5 654	81.0

资料来源：刘玉皑：《边疆与枢纽：近代新疆城市发展研究（1884—1949）》，中山大学出版社，2016 年，第 89-90 页。

表 2-2　1909 年新疆北部各地人口职业结构

地名	官	士	农	工	商	兵	书吏	差役	杂业	无业	乞丐
迪化县	35	388	13 925	2 500	4 925	132	45	170	987	567	215
昌吉县	5	92	2 771	—	—	131	9	83	95	2 198	52
呼图壁县丞	7	3	252	152	155	64	2	18	286	124	52
绥来县	3	96	4 750	228	97	53	7	84	224	690	213
阜康县	—	18	1 576	320	440	38	8	77	290	191	22
孚远县	—	78	433	356	423	24	12	43	—	—	25

① 周海山：《奇台县几个主要民族人口来源及变迁》，载《奇台文史·合编本（1）》（内部资料），2015 年，第 245-246 页。
② 曾问吾：《中国经营西域史》（内部资料），新疆维吾尔自治区地方志总编室，1986 年，第 394-395 页.
③ 城厢：《明史·食货志一》："在城曰坊，近城曰厢"，其中城厢泛指城门内外一带区域。

续表

地名	官	士	农	工	商	兵	书吏	差役	杂业	无业	乞丐
奇台县	142	172	5 035	495	329	132	10	89	—	652	266
库尔喀喇乌苏直隶厅	6	5	1 800	68	111	10	—	13	38	72	32
绥定县	12	253	1 486	1 078	1 232	57	12	93	1 010	1 442	78
宁远县	38	8	3 996	497	165	10	7	158	439	574	429
精河直隶厅	—	—	513	212	417	197	—	—	21	112	9
塔城直隶厅	12	11	1 101	220	906	2 524	27	38	104	64	111

资料来源：刘玉皑：《边疆与枢纽：近代新疆城市发展研究（1884—1949）》，中山大学出版社，2016年，第204-205页。

城镇的出现带动了商业的发展。道光八年（1828年），方士淦自伊犁惠远城（现伊犁霍城县）东归内地，对吉木萨尔、奇台与木垒等城做了描述。在他的笔下，吉木萨尔"万家烟火，市肆无物不有"，古城"口内人商贾聚集"，木垒河"居民铺户极多"，更以"银奇台"描述这一带之繁盛。[1]光绪二十八年（1902年），方希孟应伊犁将军长庚召，二次入疆。到木垒河时，他写道"兵燹后三十余年，市上仅一百五六十家，迄未复一"。古城的情况稍好，他用"渐臻繁盛"来形容，"市长三四里许，栋屋鳞比，圜阓喧阗"。[2]如表2-2所示，天山北路各城市的商业都逐渐发展起来，迪化县和绥定县（现霍城县）商人最多，天山北路东段的奇台、吉木萨尔（孚远县）等也是商人聚集的城镇。总之，一些较大的城镇逐渐发生"军镇—屯城—城市"的转变。

光绪三十三年（1907年），芬兰探险家马达汗途经古城，绘制了古城方位图。该图显示，城中分布着满城、营盘和衙门，城外则是多处平地，很好地描绘了古城"军镇"的特色。在对这幅图的注解中，马达汗写道："古城，位于一片开阔的平原上，没有树木，房屋周围也没有。西边城郊靠近城墙的泗关村有些树荫。难免有一座堡垒废墟……东城门外面有一座小营盘。城内西南角是满城的所在地。城墙与壕沟正在陷塌。城市中心有一座钟楼，城门外

---

[1] （清）方士淦：《东归日记》，载（清）方希孟：《西征续录》，中国国际广播出版社，2016年，第24页。

[2] （清）方希孟：《西征续录》，中国国际广播出版社，2016年，第115页、第117页。

和城角有一些小塔。"①古城周边是汉族、维吾尔族、回族的村落，他们从事农业生产。马达汗指出古城地区真正意义上的村子几乎没有，但有大小不一的农业聚落（表2-3）。古城城区有3004户人家，居民约1.5万人；汉族人、回族人和维吾尔族人混居；有店铺642家，其中6家是大批发商，25家小批发商，商务活动繁忙。②

表 2-3　古城周边的农业聚落（1907年）

方位	名称	户数	民族	备注
东面	四十里铺	5	维吾尔族	
	西地	50	汉族	
	东地	46	汉族	
	高台子	26	汉族	
	奇台	48	汉族、回族	有集市
	东镇子	16	维吾尔族	
	墓地河	105	汉族、少量回族和维吾尔族	
	黑山头	70	不详	25家商店的集市和1个联寨的营盘
	黑皮沟	20	回族	
	上堡与小堡	37	汉族	
	南北岔	75	汉族	
南面	白杨河	73	满族	
	马厂	30	满族	
	八家户	8	满族	被汉族租用
	龙王庙	不详	满族	被汉族租用
	盘天沟	102	50户汉族、42户回族、10户维吾尔族	
西面	西关	200	汉族、回族、维吾尔族	31家商店
	小屯	30	汉族	3家客栈
	柳树河	84	汉族	
	小三屯	94	不详	
	墉呼地	30	不详	
	达坂河	102	汉族	
	踏田寨	66	汉族	

① [芬兰] 马达汉：《马达汉西域考察日记：穿越亚洲——从里海到北京的旅行（1906—1908）》，王家骥译，中国民族摄影艺术出版社，2004年，第281页。
② [芬兰] 马达汉：《马达汉西域考察日记：穿越亚洲——从里海到北京的旅行（1906—1908）》，王家骥译，中国民族摄影艺术出版社，2004年，第280页。

续表

方位	名称	户数	民族	备注
北面	沙山子	25	汉族	
	北道桥	105	汉族	
	上头屯	97	汉族	

资料来源：[芬兰]马达汉：《马达汉西域考察日记：穿越亚洲——从里海到北京的旅行（1906—1908）》，王家骥译，中国民族摄影艺术出版社，2004年，第280页。

　　正如表 2-1—表 2-3 所显示的，这些城镇的人口主体来源于其他省市，人口的职业也自然与内陆城市没有太多区别。不仅如此，随着向"城市"的转变，内陆城市中的文化生活也延伸到边疆。丰富的民间信仰向来被视为新疆北部汉人移民社区的显性特征，民间信仰之繁盛又以"庙宇"种类的繁杂和数量之多为标志。1906—1908 年，马达汉在新疆考察时对清代新疆坛庙神祇有过记录。芬兰马达汉研究者哈里·哈伦整理后发现，马达汉记录的神祇包括佛像、道教人物 18 类，约 430 多个。[1]以巴里坤为例，清代汉、满两城共有庙宇 57 座，三乡有庙 33 座，共有 90 座之多，有圣贤型神祇、乡土型神祇、杂类型神祇和技艺型神祇，囊括了上古宗教、儒教、道教和民间偶像崇拜宗教等各种类型。[2]

　　综上，新疆北部草原地区城镇的建设大体始于清朝平定准噶尔后，到清末逐渐形成了沿着天山北路、准噶尔盆地"东南—西北"绿洲分布的格局，经历了"军镇—屯城—城市"的转变过程。从人口来源和功能来看，这些城镇与新疆北部牧区的关系甚弱，城镇中少有牧民。但是，若据此认为城镇完全与牧民无关也是错误的，因为牧民会季节性地到城镇进行交易，并与城镇周边农耕民进行交换。1916 年，谢晓钟途经奇台，描述了牧民前来购粮的情况："一入秋冬，前后营蒙民群赴奇台购粮，驼队不绝于途，以故此间店民，春夏皆往罕沟种地，秋收后，始归来开店。"[3]牧民不懂汉语，交易不便，在奇台便出现了"通事店子"。谢晓钟指出，"通事店者，为通蒙语之汉、回、满人所组织，专供科布多、乌里雅苏台一带各旗蒙民，南来购买百货粮食而设"[4]。牧民到奇台还

---

① 许建英：《坛庙与神祇：清代新疆汉族移民的社会文化构建》，《云南师范大学学报（哲学社会科学版）》2014年第 3 期。
② 许学诚：《神化镇西——掀起新疆汉文化神秘盖头》，光明日报出版社，2003 年，第 3 页。
③ 谢晓钟：《新疆游记》，中国国际广播出版社，2016 年，第 285 页。
④ 谢晓钟：《新疆游记》，中国国际广播出版社，2016 年，第 284 页。

大量购买各种生活必需品和手工制品，包括酒、酱油、清油、毛纺织品、糖和坎土曼、镰刀等。

二、草原深处的城镇：民国时期的拓展

民国时期，新疆北部草原地区城镇体系并未改变清代奠定的伊犁九城与乌鲁木齐为中心的城镇带格局，但是表现出进一步向牧区深入的趋势，城镇与牧民的关系也更为直接。

《中国人口·新疆分册》对 1909 年、1928 年和 1944 年新疆北部草原地区各城市的人口进行了统计。我们发现，在 1909 年尚无人口统计的若干个县，于 1928 年和 1944 年出现了统计数据。1928 年，新出现人口数据的县有沙湾、哈巴河、吉木乃、福海、承化、霍尔果斯、博乐、布尔津河等县。1944 年，新出现人口数据的县有巩留、巩哈（现尼勒克县）、特克斯、昭苏、温泉、裕民等县。在 1928 年和 1944 年的人口统计数据中，各县城厢人口皆占县域人口的10%，说明这些数据并不可靠，而是估测。从城镇发展来讲，出现人口统计数据是很有意义的，说明此时已经设县级或准县级机构（比如县佐、设治局）。以福海县为例，1903 年设布伦托海办屯局，1914 年设布伦托海民政分局，1922 年布伦托海县佐升格为县。1928 年，福海县县域人口为 21 036 人，城厢人口为2104 人。再以青河县为例，1920 年由原布尔根河设治局改为县佐，1941 年升格为县。1944 年，青河县域人口为 5146 人，城厢人口为 515 人。[①]

新设的县人口规模都不大，城厢人口较少，由官员、士兵、商人和极少的汉人农户等组成。以福海县为例，20 世纪 50 年代以前有"县城不及一山村"的说法，城区仅有一条不足 500 米长的东西大道，道旁有几家私营手工作坊和小卖部，居民住房全是低矮土屋。新中国成立初期，县政府办公用房很长时间都是借用几间民房。1951 年人口统计，县城有居民 50 户 238 人，城区面积不足 1 平方千米。[②]

除了县治所在地逐渐形成了一些"小城"，在草原深处出现了一些中心城市。以阿尔泰山草原为例，它位于阿尔泰山西南麓、克兰河谷上游的"承化县"

---

① 周崇经：《中国人口·新疆分册》，中国财政经济出版社，1990 年，第 59-63 页。
② 福海县史志编纂委员会：《福海县志》，新疆人民出版社，2003 年，第 60 页。

（今阿勒泰市）建于清末，在民国时期有明显发展。1916 年 12 月 24 日，谢晓钟途径承化，描述了县城景象，承化县有"东、中、西三正街，当中骈列，南北二横街则汉缠（维吾尔）杂居，东街正在兴筑。汉商工六十余家，以永吉庆、天一庆为大；缠商二十余家，以萨的尔阿浑为富，其店洋楼高筑，华丽冠全市；俄商十余家，刻多歇业，合之附郭居民，不下二三百家"[①]。到塔城，谢晓钟又写道："自东而西，横亘汉满二城之北，即《中俄条约》所许俄商贸易圈也。洋楼历历在目，市街正街。"[②]这些中心城市在商业上的繁荣自是各"小城"所不能比拟的。

从人口和民族构成来看，新出现的城镇事实上与清代新疆北部草原地区的城镇并无明显差异。它们的重要性在于已经插入草原深处，改变了"草原地区无城镇"的历史。人们通常强调城镇在行政上的重要性以及商业的繁盛，很少注意到城镇与牧民的关系。事实上，牧民会定期到这些城镇购买生活用品，草原地区的物产（牲畜、皮毛等）也多通过这些城镇中的商人向外销售。简言之，这些城镇不仅发挥着国家对草原地区的治理功能，还是连接草原地区与外面世界的桥梁。

三、城镇体系的形成：中华人民共和国成立以来的发展

新中国成立以来，新疆北部草原地区城镇发展进入了新时期：一方面，草原深处的城镇变得越来越像一个"城市"，城镇空间和人口规模不断扩大，功能逐渐完善；另一方面，城镇继续向牧区深处发展，以乡镇政府所在地为中心形成了小规模的人口聚集地和集市。随着城镇体系由县城向乡镇扩展，牧民与国家和外在世界的关系更加直接和亲密。

新疆和平解放后，政府开始在牧区组建基层政权。1952 年后，牧区普遍开始建立互助组，培养了一批忠于党和政府的新精英。在随后农业/牧业初级生产合作社建设中，这些新精英成功替代了原部落精英，并主导地方事务。1958 年，畜牧业社会主义改造后，这一情形变得更加清晰，一套自县级而下的行政体系建立起来。1964 年，公社正式在牧区登台，通常分为以农业生产为主的公社和

[①] 谢晓钟：《新疆游记》，中国国际广播出版社，2016 年，第 311 页。
[②] 谢晓钟：《新疆游记》，中国国际广播出版社，2016 年，第 322 页。

以牧业生产为主的牧场。

此时期，牧民的生产生活发生了重要变化。游牧仍是主要的生产生活方式，但在牧场所在地逐步建设了一些"定居点"。在这些"定居点"除了有牧场的办事机构外，还往往建设了学校、医院/卫生室和其他公共建筑。以农业为主的公社已经开始大规模修建定居房屋，兴建学校、医院、清真寺、供销社和社队企业。公社通常与生产队、公社家属队、水利队、基建队和社队企业建在一起，形成小规模的人群集结。公社和牧场多分布在山前盆地和主要河流的河谷，水土资源条件较好，适合农业发展和人群聚集。山前盆地与河谷还往往是游牧民转场的中间衔接点。牧民出冬季牧场后先向河谷地区转场，短暂修整后向春季牧场转移，在进入夏季牧场之前又在山前盆地短暂修整。牧民出夏季牧场后，先在山前盆地修整，尔后在河谷地区修整，再向冬季牧场转移。因此，20世纪80年代后，乡镇驻地多在这些地方，能够兼顾农区与牧区。

县城的变化是明显的，不仅城区面积不断扩大、人口逐渐增加，城市的基础设施（道路、电力、水利等）和功能也不断完善。以阿勒泰地区福海县为例，20世纪70年代已经修建了人民东路和团结南路两条土路。20世纪70—80年代，县城中开始出现了大量砖木结构的建筑，主要是政府、单位和企业的办公场所。这也反映出一个问题，即牧区的城镇都是"行政化"的，即行政功能强而其他功能弱。到20世纪90年代，这一状态仍没有明显变化。大体来说，福海县与阿勒泰市城区的建筑主要有4类：一是政府大楼和各单位的办公场所；二是各类国营企业（很少有私营企业）的建筑；三是政府、单位和企业的家属院；四是医院、学校等公共服务设施。县城人口中有哈萨克族、蒙古族等游牧族群的居民，主要是干部及其家属。

20世纪90年代以来，草原地区还出现了一些资源型城镇。阿勒泰地区富蕴县的可可托海原（在哈萨克语中意为"绿色的丛林"）是哈萨克族牧民的牧场，位于阿尔泰山前、额尔齐斯河河畔。20世纪30年代，该地区已经发现稀有金属矿。可可托海有世界著名的"三号"矿脉，被公认为稀有金属"天然陈列馆"，有钽、铌、铍等86种矿产品，还生产海蓝、碧玺、石榴石、芙蓉石、水晶等多种宝石。1951年，此地发现稀有金属矿产，由中苏合营成立新疆有色金属公司阿山矿管处，1956年苏方撤离后，该处转为国营企业，并继续经营。小镇人口最多时达 3 万人，主要是矿物专家、企业职工和家属，成为远近闻名的资源小镇。然而，该镇与周边牧区之间、城镇中的职工和家属与周边牧民之间基本没有交集。小镇虽然在草原深处，但在经济、社会、文化等方面又脱离于牧区社会，出现了费孝通先生所说的"人文生态失调"①问题。

21 世纪第一个十年，草原地区城镇的"行政化"倾向逐渐弱化。新疆北部草原地区蕴藏着丰富的矿产资源，拥有区别于内陆的草原景观和多彩的人文景观，成为促进草原地区经济社会发展的重要资本。这一时期，新疆提出了"一黑一白"战略，能源和矿产资源开发进入高潮。以阿勒泰地区为例，2005 年前后产业结构有了明显变化，表现为第一产业占比快速下降，第二产业与第三产业的占比相继增大。如图 2-7 所示，2004 年是一个拐点，第二产业占比历史性地超过第一产业。第二产业崛起得益于得天独厚的矿业资源，该地区已发现矿种数占全国的 51.2%，其中 3 种储量居全国首位，21 种居全疆前列，是全国重要的稀有金属和有色金属带。2005 年后，矿业经历了 10 年辉煌，矿业增加值一路高歌猛进，带动工业增加值的快速增长。2011—2014 年，矿业增加值占工业增加值 83% 以上，最高达到 90.38%。矿业增加值高峰出现在 2012 年，达到 58.2 亿元。20 世纪 90 年代，富蕴县探矿取得重大突破，发现矿产 4 大类 92 种，探明储量的矿产 41 种、矿床 154 个，尤以铁矿和铜矿最为丰富。国内大型矿产企业很快进驻，在阿尔泰山深处开采矿石，在县城周边建设冶炼厂。2002 年矿业产值达到 3.2 亿元，占该县工业总产值的 80% 以上。

由于农业发展困境、牧业"内卷化"及其导致的牧区普遍贫困，大量年轻剩余劳动力长期无法转移。矿业发展后，这些劳动力找到了出口，进入矿产企业务工。在县城中，他们要么住在企业提供的宿舍，要么居住在城郊村的出租房。县城的商业和服务业也开始兴盛，进城的女性牧民多在餐厅、宾

---

① 根据费孝通的观察，诸如包钢这类边区的大企业一开始就没有充分意识到自己有带动地方发展工业的任务。不仅如此，在设计时采取"先生产、后生活"的方针，对企业中职工的生活也没有全面考虑。企业和所在地方的社会关系也并未得到应有的重视，以至于职工生活设施一直跟不上企业的运行，处于被动地位。尤其是一上来就走上了企业自办社会的路子，使这些企业和当地社会处于隔离的状态，只剩搞"大而全"，形成了一个封闭性的社区。这就严重限制了这些企业向外的辐射力，限制了它们带动地方工业发展的作用。费孝通称这种现象为"人文生态失调"，对我们理解边区地区经济社会发展很有启发。参见费孝通：《包头篇（1985 年 6 月 15 日）》，载费孝通：《行行重行行·1983—1996（合编本·上）》，生活·读书·新知三联书店，2021 年，第 196 页。

馆或商场打工。牧民进城务工的一大特色是"举家迁移"，男性在矿山或矿产企业务工，女性在县城从事服务业，子女到县城的学校就学。这为城郊村提供了新的发展机会，城郊村民开始扩建住房，并很快与老城区连为一体。到 21 世纪初，草原地区矿产资源丰富的县市逐渐构建了"城区-城郊-矿山企业"的空间分布格局。

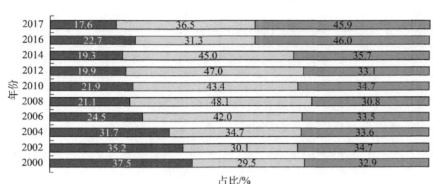

图 2-7　阿勒泰地区产业结构变化（2000—2017 年）

资料来源：阿勒泰地区第一产业、第二产业、第三产业在地区生产总值中的占比来源于 2001—2018 年的《新疆统计年鉴》

注：由于四舍五入，占比总计可能不是 100%，但都写为 100%。余同。

草原地区不仅拥有丰富的矿产资源，还拥有独特的自然风光和人文景观，这为其旅游业的快速崛起奠定了基础。2015 年后，受国际矿石价格与政策性关闭矿山的影响，矿业急速跌落，工业产值随之而降。2014 年后，第三产业在地区生产总值中的占比逐渐增至 45% 以上。这一方面是因为第二产业跌落，另一方面是因为旅游业的崛起。2015—2017 年，入境旅游收入与国内旅游收入大幅上涨，国内旅游收入增长了 2.9 倍，入境旅游收入与国内旅游收入大幅上涨，带动第三产业取得历史性突破（表 2-4）。新疆北部草原逐渐出现了一批全国知名的"特色旅游小镇"，比如富蕴县的可可托海镇、布尔津县的禾木乡、新源县的那拉提等。旅游业带动了小镇第三产业（农家乐、牧家乐、民宿等）和第一产业（农牧产品的销售等）的发展，也促进了县城第三产业（宾馆、旅游接待和餐饮等）的发展。草原地区城镇"一条街道，两排房子"和"行政化"的形象大为改观，为牧民提供了大量非农（牧）业就业的机会，促进了牧民人口由乡村向城镇的流动。

表 2-4　阿勒泰地区工业与旅游业收益变化（2010—2017 年）

年份	工业增加值/亿元		旅游业收入	
	工业增加值	矿业增加值	入境旅游收入/万美元	国内旅游收入/万元
2010	43.96	38.79	733	168 135
2011	57.61	52.07	1 257	363 388
2012	65.52	58.20	2 018	532 549
2013	62.44	51.88	3 600	590 000
2014	59.92	49.80	3 616	384 400
2015	45.50	33.90	4 609	611 095
2016	38.99	27.20	5 147	760 625
2017	41.80	22.93	6 363	1 100 000

　　资料来源：工业增加值与矿业增加值数据来源于 2010—2017 年《阿勒泰地区国民经济和社会发展公报》；旅游业收入数据来自新疆维吾尔自治区统计局：《新疆统计年鉴（2011—2018 年）》，中国统计出版社。

　　近年来，草原地区的新城开发或建设进入高潮，大体有三种类型：一是边境县的新城建设往往以"边贸"为主，霍尔果斯、阿拉山口、吉木乃县与裕民县颇为典型；二是新城建设往往与水土资源开发、牧民定居点和易地扶贫搬迁点同址规划，在吸收牧民到新城定居生活的同时，建设农牧产品的加工园。青河县阿格达拉镇，沙湾县哈拉干德定居点，是此类新城的典型；三是在城市边缘建设"新城"，利用城市产业转移的机遇引导牧民进城生活，托里县的准噶尔社区是此类新城的典型。与老城相比，新城的行政倾向更弱，主要目的是促进第二产业与第三产业的发展，以此带动牧民从乡村向城镇流动，并帮助他们在城镇中就业和生活。

第三章　进入城镇：牧民向城镇的流动

2019 年 3 月，我在吐尔洪盆地调查时的房东 YKB 打来电话，告诉我他已举家迁至富蕴县城，并请我到该县时去家里做客。我们聊到了 2013 年我离开盆地后的变化，他说"最大的变化是年轻人进城了"。2019 年 9 月，富蕴县组织部希望在盆地建一个"村史馆"。他们知道我 2010—2013 年在盆地做调查，相关专著也已出版，就请我去一趟盆地。当车穿过盘绕的群山时，盆地便呈现在我眼前。盆地还是那么熟悉，道路、村落、农田、乡镇街道都没有多大变化，但又是那么陌生，街上和村里少了年轻人的身影，不再喧嚣。乡里陪同的干部是老朋友 SJL，2010 年，我到富蕴县委办公室提交调查申请时，正是他给吐尔洪乡打的电话。在谈到"村史馆"时，他说主要目的是要对过去的历史做一个梳理，为年轻人认识过去几十年的沧桑巨变留下点儿东西。近年来，因为承担新疆维吾尔自治区贫困县退出第三方评估的工作，我有机会在伊犁直属、塔城地区、阿勒泰地区、博尔塔拉蒙古自治州、巴音郭楞蒙古自治州、克孜勒苏柯尔克孜自治州等地进行调查。我发现，牧民向城镇流动已经成为当代牧区最突出的社会现象，并经历了自发进入与政府引导两个阶段。总之，牧区的城镇化时代已经来临，并为新疆北部牧区走出农牧业发展困局创造了条件。

第一节　拉开序幕：自发入城的牧民

1994 年，剑桥大学的卡若琳·汉弗瑞和大为·史尼斯在《游牧的终结？内亚的社会、国家与环境》一书中指出，"游牧民同样渴望着城镇化的现代生活"[①]。10 年后，新疆北部草原地区的牧民开始出现了向城镇流动的浪潮，他们进入城镇务工，并在乡村和城镇之间来回流动。牧民进城的原因各异，但

[①] 转引自荀丽丽：《"失序"的自然：一个草原社区的生态、权力与道德》，社会科学文献出版社，2012 年，第 6 页。

大体有 3 个方面的因素。第一，农牧业的低效使得牧民无法从农牧业中获得发展机遇；第二，21 世纪以来牧区城镇经济社会的变化，尤其是大量非农（牧）业就业机会的出现；第三，为了让孩子接受更好的教育。本节对 21 世纪初牧民向城镇的自发流动过程进行描述，材料主要来自阿勒泰地区富蕴县吐尔洪盆地与塔城地区托里县乌雪特乡的田野调查。

一、牧民向城镇的流动：吐尔洪盆地的案例

2010—2013 年，我一直在富蕴县吐尔洪盆地做田野调查。2012 年 11 月，盆地已经被大雪覆盖。某日傍晚，吃完晚饭在村中散步，偶遇一位素未谋面的小伙子。交谈中得知，他高中毕业后就在县城的铁粉厂工作，很少回家，此次回来是为了举办婚礼，婚礼后仍与妻子回到县城。在谈到进城务工的原因时，他说"不出去打工的话，连媳妇都谈不上"。这次交谈让我印象深刻，因为吐尔洪盆地在 20 世纪 70—80 年代曾被称为"粮仓"，是年轻的女性愿意嫁入的地方。20 多年过去了，农牧业的低效让盆地失去了吸引力，年轻的男性必须走出去，才能为自己和家庭创造更美好的生活。我们在吐尔洪盆地做调查时是以家户为中心的，受访者多是男性户主。因此，我们在此聚焦男性牧民对向城镇流动过程的描述。

在盆地调查期间，我一直住在阔孜克村村委会主任 YKB 家。YKB 比我年长 10 岁，所以我常称他为"大哥"。在我到盆地前，YKB 担任村委会主任不到一年，之前和妻子在县城务工多年。返乡一方面是为了照顾小女儿和让大儿子就近上学，另一方面村里动员他接替老主任。之所以选择他，就是看中他的常年务工经历中有别于其他村民的能力和经验。YKB 的父亲是村里的老会计，有两个儿子，YKB 是老二。哥哥一家承担了家中放牧的任务，父亲负责家中几亩田的耕作。YKB 初中毕业后，帮着家里干活儿 3 年，随后便和村里几位年轻人一起到富蕴县和北屯镇（后改为北屯市，兵团城镇，距离富蕴县 80 千米）做建筑小工，常年在外。显然，外出务工一方面是因为家中并不需要劳动力，另一方面是因为年轻人希望到外面闯世界。与他同行的，还有村中三四位同龄人。在富蕴县建筑工地务工时，YKB 结识了在餐厅中当服务员的妻子。妻子家住铁买克乡，距离吐尔洪盆地不过 40 千米。妻子家中亦有三兄妹，初中毕业后便

到县城回民餐馆打工。20 世纪 90 年代中期，到县城务工的女性牧民较少。他们很快成婚，按照幼子继承制的习俗，与父母同住。小两口从父母那里得到了 3 亩地、3 头牛和 2 只绵羊。地和牲畜分别交给父亲和兄长经营，YKB 带着妻子仍到周边城镇务工。

很快，YKB 在同村务工者中崭露头角，开始包揽一些小活，其经济条件逐渐好转。他们在县城二中附近租住民房，直到第一个孩子出生。孩子出生后，两口子回到村里，从父亲和兄弟那里拿回了地和牲畜。妻子主要在家中照顾孩子，照管耕地和牲畜。YKB 继续外出，农忙时返乡帮助妻子。这看起来与内地农民工的生活并无区别，但打工的城镇多在周边 100 千米以内。事实上，由于不懂普通话，他们很难走远。原本，这个小家庭与父母同住一个院子。2011 年，国家鼓励牧民修建富民安居房，为每户提供 3 万—5 万元的补贴。他们遂在村中择址修建了新房并于 2012 年竣工。在我调查的几年中，YKB 回到村中担任村干部，经营农牧业。YKB 的经历在出生于 20 世纪 70—80 年代牧民中是非常典型的：先是向城镇中流动，随后因为家庭和其他原因又回到村中。这些回到村中的"年轻人"并未将精力全部投入农牧业生产，而是选择以乡镇为中心进行短期、短距离、季节性的务工，逐渐形成了"半工半农（牧）"的生计模式。

SM 与 YKB 同龄，初中毕业后的轨迹也大体相似。与 SM 不同，他的弟弟已别无选择，因为从大家庭中分得的 5 亩水浇地甚至不足以让妻儿吃饱，所以婚后不久，弟弟就带着妻子到了喀拉通克铜矿，在那里租了一间 20 平方米的土房，在一家炼铁厂工作。2013 年 4 月，我在铜矿见到了这对小夫妻。两人的月收入合在一起有 3000—3500 元，他们希望在未来 5—10 年在铜矿或县城买一套住房。调查中，我注意到一个有趣的现象：包产到户后的 10 年中，父母仍然将耕地和牲畜在诸子中均分，并按照传统为与自己同住的儿子多留一份财产。这种继承制度的弊端很快就显现出来，表现为"每个小家庭都能够吃饱肚子，但谁都过不好"。一些父母开始改变传统的继承制度，不再将财产（特别是耕地）均分，而是将耕地集中到一个或两个儿子手中。父母鼓励和支持其他儿子到外面打工、跑车（在矿产企业的运输队中谋生）和安家，但会尽力为他们提供资金支持。在肉孜节和古尔邦节等重要节日，出去的儿子仍有权力获得大家庭养的牲畜及畜产品。

ESBK 原是牧业二队的牧民，育有 5 男 4 女。2012 年，他最小的儿子刚高中毕业，在富蕴县八一钢铁厂打工。他并不打算给小儿子分地，而是希望他离开盆地，并期待为小儿子在县城买上一套房子。2000 年后，只留 1—2 个孩子在村落内、维持一定的耕地规模、继续发展农牧业几乎是所有父母的选择。ESBK 也做出了同样的选择。大儿子与乡里的一个会计结婚，住在乡里，平时在县城打工。二儿子、三儿子都在喀拉通克铜矿的铁厂上班，都已结婚，在当地租房居住。两个儿子都希望在未来 3—5 年在铜矿边上新的定居点买一套房子。四儿子初中毕业后就到县水泥厂工作，准备结婚，并在县城买房。最小的儿子留在了身边，继承了家里 33 亩水浇地、10 亩旱地和少量牲畜。通过哥哥的关系，小儿子也在乡里一间摩托车修理铺做学徒，希望以后能在乡里开一间自己的铺子。

我们看到，随着矿业的崛起，牧民看到了新的务工机会。县里适时地提出"矿业兴县"的口号，并给予企业用地、用水、招工等各方面优惠。务工机会主要包括两类：一类是企业管理和行政工作；另一类是矿山开发、运输和车间的技术工作。前者多半招收毕业的大中专学生，后者多招收农牧区的青年劳动力（以男性为主）。这主要是因为前者对知识和专业技能的要求较高，而后者的要求较低。初高中毕业生不再回乡，而是直接住进企业提供的职工宿舍。当然，他们在正式上岗前需要通过相应的培训和考试。企业的增多也带动了富蕴县的商业和餐饮业，初高中毕业的女孩多选择在县城或企业周边的商场、超市、餐馆打工。

2013 年 2 月，我到县城和喀拉通克铜矿周边的棚户区进行外出务工青年牧民的调查，最终对阔孜克村的 20 人（约占该村外出务工青年的 1/3）做了访谈。他们告诉我都不准备回去，原因有三：第一，在家中无耕地，也不指望能够获得耕地；第二，与农牧业收入相比，打工的收入比较稳定、可观，月均 2000—2500 元，他们若有驾照，愿意在矿山和厂区拉矿石（非常辛苦和危险的工作），月收入可达 4000—5000 元，这让他们看到了在这些地方生存下来并实现发展的可能，而且事实上有人已经成功实现了这一目标；第三，他们几乎从未真正从事过农牧业劳动，而且已经习惯了矿山、车间的工作和城镇生活。与父辈和哥哥不同。他们在业余时间喜欢上网、聊天和看电影，而乡村的生活环境显然不能提供这些服务。

年轻人婚后会搬出集体宿舍，在企业周边租房生活。除了喀拉通克铜镍矿，铁粉厂、皮革加工厂、面粉加工厂，以及为职工提供生活服务的各类规模大小不一的企业、商铺和餐馆纷纷出现。在铜镍厂职工小区的外围形成了一大片棚户区，生活着500多户来自四面八方的打工家庭。棚户区的房子都是就地取土夯实而起，将职工小区和厂房围在中间，只是在向西和向东的方向留了两个出口。棚户区内道路蜿蜒曲折，尚未硬化。棚户区没有饮水、排水和排污系统，人们用手推车从职工小区购买饮用水，在棚户区的外围搭建了一圈简易厕所。棚户区最早出现于20世纪90年代初，新的打工者总是在外围添加一圈房子，逐渐形成了错落有致的5—6圈的空间格局。新婚夫妻通常在棚户区生活5—10年，之后才有资金在县城或就近购房。为解决日常吃肉、喝奶的问题，小家庭在棚户区外围的戈壁滩用土墙或铁丝网围出一圈草场，在里面养两三头牛、三五只羊。有的夫妻在有孩子后仍在工厂上班，而将孩子送回村里由爷爷奶奶照料。有的家庭，妻子干脆辞掉工厂的工作，在棚户区里开个小店或捡废品挣钱，孩子就近在铜矿小学读书。

尽管生活困难，但这些年轻人仍然愿意在外打拼，期待有朝一日从棚户区搬进楼房或拥有自己的院落。对有一定积蓄的小夫妻来说，实现梦想的日子很快到来了。富蕴县已在铜矿以东的戈壁滩开垦约6万亩耕地，引入额尔齐斯河的水源，建立一个能容纳1000余户的新定居点。同时，以铜矿和定居点为中心建立喀拉通克镇。很多年轻夫妻在新定居点花5万—6万元就可购买一套房。另外，2010年以来，富蕴县鼓励农牧区家庭到县城购房，每个户口补助3.5万元。2013年调查时，阔孜克村已经有4户享受了这一补助。2019年8月，我曾途经这个位于富蕴县机场附近、距离县城约20千米的定居点。就规模来说，这应该是富蕴县最大的定居点，牧民的院落布局整齐有序，周边公共基础设施配套齐备。定居的牧民大部分是年轻人，他们主要在县城、铜矿及周边乡镇的企业、建筑工地、老板的大田中务工，其生计和生活方式与吐尔洪盆地的牧民大不一样。

我们也应该关注国家和地方政府在转移劳动力方面做出的努力。在做调查的几年中，吐尔洪乡政府有针对性地在农闲季节聘请县职业技术学校的老师、个体手工业者和厨师到各个村开展电焊、机械维修、十字绣、厨师的培训；在冬季，免费为村民提供驾驶技术的培训。2012年2月3日，我们跟随富蕴县一个电焊师傅走进达尔肯村。在村主任家的院子中，师傅摆好电焊工具，村民三三两两陆续进了院子。师傅简单地介绍技术的关键环节和安全操作规范后，就让村民直接操作，焊接各自带来的锄头、爬犁和生产生活用具。2010 年援疆以来，每个村每年都可以挑选 2—3 名初高中毕业生，由县政府免费送到齐齐哈尔和哈尔滨的职业技术学校接受为期半年到一年的培训。根据县政府与企业签订的用工协议，这些学生考试通过后就可直接到工厂工作。

我原本认为 YKB 会像他的父亲一样长期担任村干部，在村中生活。然而，事实并不如我所想。2015 年，他辞去了村委会主任一职。他和妻子重新进入城镇，在县城租了一套房子。YKB 继续从事建筑行业，承揽小工程，妻子在家，孩子在县城中学上学。一年后，他们动用所有积蓄，购买了一套廉租房。2017 年，我曾中途路过富蕴县，在廉租房这个小区中我见到了在盆地访谈过的多位朋友。他们以县城为中心，在各个乡镇的工地上穿梭，做着 20 世纪 90 年代初次入城时的工作。有的进入了县城工业园的车间，有的开了小店铺，还有的在夜市租下摊位搞经营。总之，他们进入了城镇，并在城镇中开启了新生活。

二、牧民向城镇的流动：托里县的个案

2018—2019 年，我们在克拉玛依市西郊托里县的准噶尔社区对托里县易地扶贫搬迁点的进城牧民进行调查。我们除了对家户的经济情况、社会关系和教育医疗等方面进行细致调查外，还重点对女性牧民在城镇中的适应情况做了调查。调查发现，该社区大部分女性牧民在初中毕业后有进城务工生活的经历。这为探讨女性牧民向城镇的流动过程提供了可能，与吐尔洪盆地的案例形成了互补。

BHDBK 是被调查的 82 位有城镇务工生活经历的女性牧民中的一位。她说："我 22 岁那年，第一次到克拉玛依市的独山子区找工作。这里离老家（托里县乌雪特乡）很近，方便回家、照顾老人和参加老家亲戚朋友的聚会。"在谈到进城务工的原因时，她说一方面是家里劳动力多，另一方面是想看看外面的世界。与吐尔洪盆地牧民一样，被调查的女性牧民倾向就近务工。被调查的 82 位女性牧民中，46 位选择克拉玛依市、32 位选择托里县、1 位选择塔城市、1 位选择邻近的额敏县，只有 2 位选择到乌鲁木齐。另外，一些受访者提到"最好在务工地有亲戚"，因为在务工和生活中有困难时可以有"依靠"。后文可知，

相当多受访者在城镇中最初的居住地往往是亲戚家，第一份工作也往往是由亲戚介绍的。概而言之，在一个陌生的环境中，亲戚不仅可以为务工者提供力所能及的帮助——降低务工成本，还可以为她们提供重要的精神和情感支持。

由于普通话水平低、受教育程度不高、缺乏专业技能等，女性牧民往往只能在城镇中获得低报酬的工作。82位受访者中，61位提供了她们早期在城镇中的工作岗位。其中有保洁员21位、服务员19位、售货员8位、收银员3位，厨师、洗碗工、个体户各有2位，仓库管理员、育幼员、理发师和教师各1位。从职业分布来看，绝大部分岗位没有就业资格、技术能力的限制。从事教师的受访者毕业于中等师范学校，具备从业资格。因此，受访者对进城初期工作的印象多是"找工作太难了"和"工作太辛苦了"。比如DN在克拉玛依市的第一份工作是洗碗工，每个月工资1200元。在回忆这段经历时，她说："特别辛苦，一直在洗碗，下班了以后，大家都走了，我还在洗碗。"

进城初期，女性牧民面临着找工作难、生活成本高、语言不通等现实难题。以找工作来说，61位提供工作岗位的受访者中，通过亲戚、朋友、同学介绍获得工作的仅有19人（占31.1%），42人是自己找工作（占68.9%）。RLH在克拉玛依市没有亲戚朋友，她的第一份工作是做保洁员，月工资2000元。她说："自己普通话不好，有很多工作人家不要。我从山里面来，很多东西不知道。"在找到工作前，牧民通常借住在亲戚朋友家或朋友的宿舍。之后，她们会在务工地周边租房。大部分受访者提到，租房的费用较高，占月收入的1/2左右。再扣除交通、餐饮、购物等费用，很少能存下钱来。因此，她们比较偏爱"包吃包住"的工作，从事的工作以保洁员和服务员为主。多位受访者提到，不懂普通话给自己在城镇中的生活造成了困扰。2018年7月31日，我们对NEBS进行访谈时，她讲述了找工作中遇到的困难：

> 我之前工作的地方，汉族人特别多，但是我听不懂，后来就换了一个哈萨克族比较多的一个食堂。再后来，我在塔城一个餐厅干活儿，努力学习普通话。有些地方招工不仅要求会普通话，还要会写汉字，因为客人点菜时要写菜名。我现在也开始学着写汉字，但是只会一点点。

NEBS的个案说明，女性牧民在城镇生活时间越长，就越能认识到普通话的重要性，而且她们会通过自学来提高适应城镇生活的能力。这自然有助于其收入的增加，并改善她们在城镇中的生活状态。一年后，我们再次对 NEBS 做了访谈，她谈到了近期的变化：

> 我重新找了一份工作，在一家餐馆里当服务员，工资涨到一个月 1300 元。餐馆的工作很忙，每天吃饭的人很多，我每天要端菜、洗碗、打扫卫生。在餐馆干的时间久了，经常看他们炒菜，我也学会炒一些菜了。

女性牧民还常在城镇生活与牧区生活之间进行比较，比如她们常说"楼房夏天有空调，冬天有暖气""交通很便利，购物很方便"。她们的日常生活也发生了变化，她们习惯穿 T 恤、裙子，使用化妆品，偶尔与朋友一起出游和去 KTV 唱歌跳舞。总之，这些女性牧民在积极地融入城镇生活，并努力在城镇中找到立足点。

三、牧民向城镇流动的原因分析

2018—2019 年，我们对准噶尔社区牧民群体城镇生活的适应进行了调查，完成了调查问卷 153 份。其中，牧民早期进城务工的动力是一个重要的关注点。

从推力的角度看，尽管个体之间存在一定的差异，但表现出较强的同质性。如表 3-1 所示，以第一重要性来看，排在前三位的原因分别是"农业或牧业收入低，赚钱机会少""没有或缺少耕地、草场、牲畜等生产资料""孩子上学不方便和牧区教育水平低"，3 项累计占比达到了 91.8%。从前两项选择的累计占比来看，选择这三项因素的占比也很大。大体来看，牧民选择向城镇流动最重要的原因便是我们在上一章分析的农业发展困境与牧业的"内卷化"，即牧民很难通过农牧业增收致富。至于"缺少生产资料"，与 1984 年新疆牧区"生不增，死不减"的耕地和草场包产到户的政策相关，即有相当多的牧民应是"小户"——大家庭中分出的小家庭。WLZGI 受访时说："我们家什么都没有，地和草场都没有，在老家不好赚钱，所以我们就出来打工。"

表 3-1　牧民向城镇流动的原因（推力）　　　　　　　　　单位：%

流动原因	第一重要	第二重要	累计占比
没有或缺少耕地、草场、牲畜等生产资料	21.5	2.8	26.2
农业或牧业收入低，赚钱机会少	49.6	36.1	85.7

续表

流动原因	第一重要	第二重要	累计占比
孩子上学不方便和牧区教育水平低	20.7	31.9	60.3
看病不方便	1.5	5.6	9.0
生活不方便（出行、购物等）	3.7	16.7	28.1
牧区落后，不想在牧区待	0.7	6.9	15.3
不想过和父母一样的生活	2.2	0	4.1

另外，选择"孩子上学不方便和牧区教育水平低""生活不方便（出行、购物等）""看病不方便"的占比较大，说明牧民有对更"美好生活"的向往，并期待通过流动改善生活状态。数据也表明，"牧区落后"的观念已经被相当多的牧民内化，他们认为走出牧区是摆脱落后的出路。

如表 3-2 所示，城镇对牧民的拉力，按照第一重要排序，前三位的分别是"收入高、赚钱机会多""选择余地大""孩子可以接受更好的教育"。若按照第一重要与第二重要的累计占比看，前三位的仍是这三项因素。因此，城镇对牧民的拉力与来自牧区的推力是对应的。另外，"政府鼓励，有相关好的政策"的占比较大，反映出政府引导在牧民积极向城镇流动中的重要作用，也说明如果缺少政策支持，牧民就很难在城镇中立足。以我们在牧区的调查来看，政府的鼓励和政策主要有国家通用语言文字培训、职业技能培训、在城镇购房的补贴政策等。

表 3-2　牧民向城镇流动的原因（拉力）　　　　单位：%

迁移原因	第一重要	第二重要	第三重要	累计占比
选择余地大（务工、经商、运输或其他）	25.5	3.5	0	29.0
收入高，赚钱机会多	36.9	39.5	4.2	80.6
孩子可以接受更好的教育	18.1	27.9	25.0	71.0
看病方便，医疗水平高	3.4	4.7	8.3	16.4
生活更方便（出行、购物等）	2.7	10.5	16.7	29.9
城镇先进，就想在城镇生活	2.7	5.8	8.3	16.8
想过和父母不一样的生活	0.7	0	4.2	4.9
政府鼓励，有相关好的政策	10.0	8.1	33.3	51.4

在受访的 153 名牧民中，除未成年人之外，首次进入城镇的年龄最多的是21—30 岁（占 40.8%），其次是 11—20 岁（占 27%），再次是 31—40 岁（占 20.4%）。其中，11—20 岁进入城镇的有两种情况：一是随父母入城，二是初高中毕业后

自发地进入城镇。从调查情况来看，随父母入城的可能性更大。也就是说，排除了 11—20 岁这一组牧民后，牧民初次入城的年龄集中在 21—40 岁。哈萨克族婚龄（特别是农牧区的）相对较早，这意味着相当一部分牧民在首次进入城镇时已经结婚，且以夫妻及其孩子组成的核心家庭为单位。

从迁入地的选择来看，牧民倾向于在县域内和毗邻的、经济条件较好的城市。在 153 位受访牧民中，75 人选择了"周边经济条件比较好的城市"。对托里县的牧民来说，主要是克拉玛依市，占抽样人数的 49.0%。66 人选择了"家庭所在的县城"，占抽样人数的 43.1%。另外，有 6 人选择了"家庭所在的地级市"和新疆维吾尔自治区的首府"乌鲁木齐"，各占抽样人数的 3.9%。这些数据与我们这些年在牧区观察到的情况是一致的，即倾向于选择可当日往返的城镇。当然，城镇中务工机会的多寡是重要的影响因素。在阿勒泰地区，牧民如果选择去县域外的城镇，多倾向于选择北屯市（兵团城市），因为那里有很多务工机会。在塔城地区，牧民若选择县域外的城镇，多选择克拉玛依而非塔城市，同样是因为克拉玛依的务工机会更多。

调查发现，牧民一旦选择了一个城镇，便很少再移动。受访的 153 人中，有 151 人回答了"生活过的城镇数量（3 个月以上）"这个问题。其中，77 人（占 51.0%）选择了 1 个，51 人（占 33.8%）选择了 2 个，在 3 个及 3 个以上城镇中生活过的仅有 19 人（占 12.6%），4 人选择了"没有"。从在城镇中持续生活的时间来看，151 人中，115 人（占 76.2%）选择了"持续生活在两年及以上"，10 人（占 6.6%）选择"持续生活了一年以上"，9 人（占 6.0%）选择了"持续生活半年以上"。这些数据说明，牧民一旦进入城镇，便很少再回到牧区。此项调查数据中，13 人（占 8.6%）选择了"持续生活不到 3 个月"，4 人（占 2.6%）选择了"持续生活在 3 个月左右"。这些数据说明，11.2% 的牧民选择季节性地进入城镇务工，但其大部分时间仍生活在牧区。

初次进入城镇，牧民会选择和"谁"在一起？在回答的 151 人中，64 人（占 42.4%）未明确和"谁"一起。以我们多年牧区调查的经验来看，他们可能是由政府有组织安排的劳务输出。在接受普通话、技能的培训后，地方政府通常会组织他们到邻近县市的企业务工。通常情况下，县乡两级政府需要安排专人随队协调。在托里县调查时，我们了解到克拉玛依市对口支援该县（疆内协助），油田用工会优先招用托里县的牧民。33 人（占 21.9%）选择"与妻子一起"，

28 人（占 18.5%）选择"自己一个人"。这些信息与前面牧民初次入城之年龄的数据相吻合。另外，16 人（占 10.6%）选择了"与父母一起"，说明有相当多的牧民在初次向城镇流动时带上了孩子，这与他们进城动力中对"孩子教育条件"的关注是相符的。

综合吐尔洪盆地和托里县的调查情况，我们大体上可以对 21 世纪前十年牧民向城镇的流动进行小结。第一，因为农牧业的低效，加上相当多的牧民缺少草场、耕地、牲畜等生产资料，牧区社会中涌动着一股向城镇流动的浪潮，预示了牧区社会新的社会转型；第二，对孩子接受更好的教育、过上更便利的生活和更好的医疗服务等的期待是推动牧民向城镇流动重要原因，牧民社会内部有着城镇化的内在动力；第三，年龄稍长的牧民多选择季节性地向城镇流动并获得务工机会，但更年轻的牧民（比如两后生）一旦进入城镇便很少再回到牧区；第四，牧民倾向于选择就近的城镇务工，可随时返乡，表现出就地就近和"离土不离乡"的特征；第五，牧民要依靠自己的力量走出牧区和在城镇扎根是非常困难的，要推动牧民的城镇化，必须有政府的鼓励、引导和支持，也就是说，要想提高牧区的城镇化水平、提高牧民城镇化率，就必须有政府的强力"介入"。我们马上会看到，政府主导的"城镇化"时代在 21 世纪的第二个十年出现了。

第二节　就地与异地：牧区城镇化的两条路径

2012 年 12 月，在结束了在吐尔洪盆地的阶段性调查后，我们驱车经福海县、克拉玛依市到沙湾县短暂停留。接待我们的沙湾县领导谈到了兴建的哈拉干德牧民定居点，该定居点距离县城 25 千米，毗邻独山子区和奎屯市，容纳了博尔通古牧场的 150 户牧民、东湾镇 50 户牧民、博尔通古乡 155 户牧民。哈拉干德也是沙湾县工矿产品加工区，依托丰富的煤炭、石灰石、页岩资源和独山子石化千万吨炼油基地丰富的原料资源优势，重点发展煤化工、石油化工和装备制造业。选择哈拉干德作为定居点，旨在引导定居牧民进入企业务工，并逐渐与园区的城镇建设融为一体，最终让牧民融入城镇。无独有偶，近年来我们在富蕴县、裕民县、托里县等新疆北部牧区多次看到类似的模式。2014 年以来，牧区各县抓住精准扶贫的机遇，采取易地扶贫搬迁的模式，将贫困牧民安置到新的搬迁点。这些搬迁点的选址和牧民搬迁后的生计选择与哈拉干德定居点的模式相似，以引导牧民转移到第二产业、第三产业和进入城镇生活为目的，大大加快了牧民城镇化进程。

当前，新疆牧区新型城镇化推进的路径有两条：一是就地城镇化，即牧民主要流向本地现有城镇（主要是县城）或新城，就地就近获得就业，并扎根城镇；二是异地城镇化，即牧民流向周边经济发达城市，牧民在相对发达的城市中获得就业。在此，以我们调查的两个田野点为个案来呈现这两条路径。这两个田野点，一个是青河县的阿格达拉镇——青河新城，另一个是托里县的准噶尔社区。青河县与托里县都曾是国家级贫困县，哈萨克族人口较多。过去几十年，两县经济社会建设取得了长足的发展，但绝大部分人口仍集中在第一产业，传统畜牧业在农户经济中占有支配性地位。2014 年以来，两县都选择将农牧区过剩人口转移到城镇的易地扶贫搬迁点，引导牧民在城镇扎根生活，在实现贫困县摘帽的同时，提高牧民人口的城镇化水平。

一、再造一个"青河"：阿格达拉镇

青河县是我国西北边陲的一个小县，隶属于新疆阿勒泰地区，位于阿尔泰山东段南麓，因"青格里河"得名，1916 年，在此设布尔根河县佐，后改为布尔根河设治局；1932 年设置青格里河设治局；1941 年升至青河县。"青河"之名沿用至今。直至中华人民共和国成立，该县人口主要是游牧民，几乎没有农业，更无城镇。2013 年，该县辖青河镇、塔克什肯镇、阿热勒乡、阿热勒托别镇、萨尔托海乡、查干郭勒乡、阿尕什敖包乡。青河县也是一个多民族聚居的地区，有哈萨克族、汉族、蒙古族、回族、维吾尔族等 16 个民族。2017 年，青河县人口 6.56 万人，其中哈萨克族占 76.9%，汉族占约 18.0%，其他少数民族占 5.1%。[①]2014 年，全县 22 个行政村中，有建档立卡贫困人口 10 988 人，贫困发生率为 25.23%。贫困人口主要集中在牧业村，以哈萨克族为主。

---

① 新疆维吾尔自治区统计局：《新疆统计年鉴·2018》，中国统计出版社，2018 年。

　　笔者在上一章中已经指出，新疆北部牧区农牧业生产基础因为各种原因已经被严重破坏，这是牧区贫困十分重要的原因之一。在青河县，农牧业发展空间非常有限，"一方水土养不起一方人"的问题十分突出。这个问题在社会结构上也体现得很充分，即贫困户中"小户"的比例很大。"小户"不仅有家庭规模小、结构简单的核心家庭之义，还有缺少生产资料、生产生活相对困难的含义。1984年，新疆牧区落实了集体牲畜折价归户和草场承包的生产责任制，确定了"生不增，死不减"的原则，使得1984年后出生的牧民无法获得草场。因此，青河县贫困人口呈现出年轻化特征。

　　解决"一方水土养不起一方人"的药方是易地扶贫搬迁。通过对生存和发展环境恶劣地区的农村贫困人口实施易地搬迁安置，彻底摆脱恶劣的生存环境和艰苦的生产生活条件，帮助他们增加就业机会，实现稳定脱贫。[1]2016年8月22—23日，习近平总书记在青海省考察时指出，"一定要把易地移民搬迁工程建设好，保质保量让村民们搬入新居。大家生活安顿下来后，各项脱贫措施要跟上，把生产搞上去"[2]。关键是要做到"挪穷窝"与"换穷业"同步，安置区选址要尽量靠近中心村、小城镇、产业园区、旅游景区以利于搬迁群众就近就业。青河县满足这些条件的地方不多。青河老城位于阿尔泰山南麓山前大小青格里河交汇的三角洲，交通闭塞，面积小，城区人口近1.6万人，十分拥挤。各乡镇的街道建在山间盆地或河谷狭长地带，空间有限，除了政府办公区和零星店铺外，与普通牧村或定居点无异。当地干部多次提到，"迁出老城，觅新区，建新城，再造一个美丽青河"是几代人的梦想。

　　青河县将易地扶贫搬迁安置区与新城建设结合起来，选定了距离老城45公里处乌伦古河上游北岸的阿魏戈壁。乌伦古河由发源于阿尔泰山的大青格里河、小青格里河、查干郭勒河与布尔干河四河汇集而成，自东而西流经青河、富蕴和福海三县，最终注入乌伦古湖，年径流量10.7亿立方米。阿魏戈壁面积381平方千米，土层厚，气候温热，位于省道228线中间，距离乌伦古河较近，有进行大规模水土开发的潜力。新城建设是一个渐进的过程，2008年阿魏戈壁更名为"阿魏灌区"，2010—2012年完成了引水、干渠和排水工程，2013—2016年

① 中华人民共和国国家发展和改革委员会：《中国的易地扶贫搬迁政策》，http://www.ndrc.gov.cn/gzdt/201803，2018年3月。

② 《习近平在青海考察》，http://www.xinhuanet.com/politics/2016-08/23/c_1119441920.htm，2016年8月23日。

建成了中心镇区且开垦 30 万亩耕地。2016 年，灌区修建了 37 栋安置楼房（分为创业社区、和平新区、新牧社区），引进了 6 家农牧产品加工企业，成立了 11 个养殖专业合作社，修建了幼儿园、小学、医院、商贸城和创业基地；2016 年 9 月，1046 户 4228 名牧民入住，占全县易地扶贫搬迁牧民的 70%。2018 年 6 月 7 日，新疆维吾尔自治区人民政府同意在阿魏灌区设立新镇，命名为"阿格达拉"。2018 年 7 月，新城新开工建设 8 栋住宅楼，吸引牧民到此安居。根据建设规划，新城居民将达到近 2 万人，超过老城。

为帮助搬迁牧民在新城中扎根和发展，青河县采取了"牧民上楼"和"资本下乡"[①]的策略。一是同步配套了学校、医院、商业中心等公共基础设施，解决搬迁群众就医、就学等后顾之忧。二是夯实牧民产业发展基础与引导摆脱农牧业束缚相结合，为每个贫困村配备 200 亩耕地作为集体资产，夯实和发展村集体经济。按人均 10 亩的标准为贫困户补足耕地，按户均 1 万元发放生产母畜。不鼓励贫困户分散经营，牲畜托养到 11 个养殖专业合作社，耕地集中流转给农牧企业和外来包地大户发展现代农业。三是创造就近就业条件。农牧企业、合作社和现代农业提供了充足的就业机会，商贸城和创业基地提供了创业机会。四是搬迁牧民以乡为单位进行安置，构建了一个"半熟人社会"，以利于牧民融入新城。为帮助进城牧民安居生活，青河县出台了一系列补贴政策，包括补贴天然气初装费、搬迁费、取暖费、物业费等。

如图 3-1 所示，青河新城除了有易地扶贫搬迁的牧民，还有一部分定居牧民和库区生态移民，他们都与"新城"建设相关，并在青河新城形成了两片集中居住的区域。

青河新城在开发建设时占用了青河县 220 余户牧民的春秋草场，为此青河县为这部分牧民在新城一侧提供了房屋、饲草料地等。按照"三靠近原则"——靠近道路、靠近村镇、靠近市场，每户牧民获得了 80 平方米定居住房一套、80 平方米牲畜棚圈 1 座，配套了围墙、大门、供水供电，每户的院落占地 2 亩。

---

① 周飞舟与王绍琛在《农民上楼与资本下乡：城镇化的社会学研究》（《中国社会科学》2015 年第 1 期）一文中将农民集中居住区——新型社区——形象地描述为"农民上楼"，将土地流转后规模化经营高投入、高附加值的现代农业的现象描述为"资本下乡"。在此，笔者借用了这两个概念，又因牧民身份，改为"牧民上楼"。

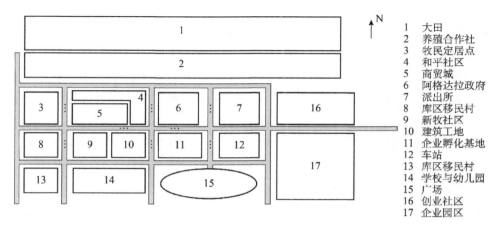

图 3-1 青河新城布局

　　新城建设和 30 万亩耕地需要兴修水利工程。2014 年 4 月，青河县在大青格里河上游喀英德布拉克村附近开始修建一座以灌溉为主、兼顾防洪和供水的中型水库。喀英德布拉克水库工程属于新疆维吾尔自治区重点水利项目，工程于 2014 年 4 月开工建设，总投资 4.05 亿元，水库总库容 5234 万立方米，兴利库容 4722 万立方米，最大坝高 59.6 米，坝顶长度 608 米，为砂砾石沥青混凝土心墙坝，控制下游灌溉面积 39.9 万亩。2016 年，水库工程通过自治区蓄水安全鉴定验收，达到蓄水条件，蓄水总量达 2500 万立方米，投入使用。[①]青河县将 50 余户受水利工程影响的牧民安置到"新城"，与 220 余户的牧民定居点毗邻。

　　青河新城在规划布局上是一种圈层结构，由外到内分别是耕地和沙棘地、农牧加工企业和现代化养殖小区、3 个易地扶贫搬迁安置社区和 1 个牧民定居新村、镇区核心功能区。青河新城大体呈东西长、南北宽的长方形。镇政府所在地、居民区、医院、学校、幼儿园、商贸城、创业孵化基地、派出所、客运站和休闲娱乐区等核心区域全部集中在 1 条东西走向的公路"和谐路"与 3 条南北走向的公路"和平路""文化路""新牧路"交汇处。"和谐路"是自东向西进入镇区的唯一公路——从省道 228 线延长进入镇区内，这条路被当地人称为"主路"。镇政府位于整个镇区的中心位置，也就是"主路"与和平路、文化路

---

① 青河县电子政务管理办公室：《自治区重点水利项目——青河县喀英德布拉克水库工程已投入使用，发挥效益明显》，http://www.xjalt.gov.cn/003/003005/20181025，2018 年 10 月 25 日。

交汇处的北侧区域，南侧区域也就是镇政府的对面是阿格达拉镇创业基地。镇政府的东西两侧分别为阿格达拉派出所和商贸城，创业基地的东西两侧分别为车站和医院。青河新城的学校、幼儿园和休闲广场则位于医院、创业基地和车站的南边。这些公共基础设施构成了阿格达拉镇的核心功能区，为牧民提供便利的生活条件。

牧民生活的区域主要分布在青河新城核心功能区的周围，有 3 个社区和 1 个行政村，由东向西分别是"创业社区""和平社区""新牧社区""阿格达拉村"。"创业社区"在和谐路以北、阿格达拉镇派出所东侧，位于整个镇区的东部；"和平社区"位于商贸城的北侧；"新牧社区"位于医院的西侧，商贸城的正对面，"和平社区"和"新牧社区"位于镇区中部偏西的位置。这三个社区属于易地扶贫搬迁安置社区，共修建了 37 栋富民安居房，社区的牧民全部都是易地扶贫搬迁牧民。在镇区的最西边是"阿格达拉村"，即牧民定居点。

在牧民生活区域的外围是青河新城的工业园区和现代化畜牧养殖小区。工业园区位于镇区东部入口处，园区内有傻小子食品公司、福生农牧业公司、坤元太和、魁仙、梦园生态科技有限公司、烘干厂、农鑫祥农业设备商贸有限公司、隆豪生物科技发展有限公司、新疆田和生物科技有限公司、瑞源奶业、瑞青缘食品科技有限公司、鑫怡农生物科技有限公司等现代农牧生产企业及其生产车间。这些现代农牧业生产企业在生产过程中产品原材料全部源自"新城"在 30 万亩土地上种植的小麦、青饲玉米、苜蓿、甜瓜、马铃薯、葵花和沙棘，其所需的劳动力大部分是"新城"的牧民。其实，这也是阿格达拉镇工业园区的魅力所在，不仅为"新城"的发展提供了农牧产品深加工的平台，在一定程度上加速了"新城"的发展，还为"新城"易地扶贫搬迁牧民和定居牧民提供了向产业工人转变的机会。

养殖小区位于镇区的北部。被一片沙棘地与镇区分开，这是按照"人畜分离、宜居宜业"的要求建设的，配套了草料存放加工厂、青贮窖、饲草料库、药浴池等设施，在圈舍的顶棚上还安装了光伏发电板。青河新城扶贫养殖小区面向全镇852户建档立卡贫困户开放，采取"以社区为单位分配养殖小区、牲畜集中养殖、群众自行管理"的模式运营，坚持规模化、标准化、产业化的发展方向。

青河新城规划开垦的 30 万亩耕地在现代化畜牧养殖小区以北，也就是在阿格达拉镇的最外围，目前农作物种植面积达 12 万亩，被当地人称为大田。这部分土地先分配给易地扶贫搬迁牧民和牧民定居移民，再由政府统一流转给农牧企业和包地大户。牧民不仅能获得土地流转的收益，还能在春秋两季在大田里务工。除了"新城"北部的大田，在镇区周围还有 10 万亩的沙棘种植地，牧民可以在这里获得采摘沙棘的工作。

综上，在青河新城生活着三类牧民：易地扶贫搬迁牧民、定居牧民和库区生态移民的牧民。与易地扶贫搬迁牧民不同，定居牧民和生态移民的牧民有两方面的特殊性。一是他们只是丧失了部分草场，仍然拥有夏季草场和冬季草场，拥有牲畜，仍然可以选择以牧业为主的生计模式；二是他们并未上楼，而是在新城的边缘形成了以院落为单位的居住空间，并充分考虑了牧业发展所需的各种配套设施。但是，从生活上看，这两部分牧民也是"新城"的一部分，因为他们不仅享受了新城的各种公共服务设施（医院、学校和其他），事实上也和易地扶贫搬迁牧民一样到企业中务工或是在新城搞"经营"。因此，本书后面的章节并未将定居牧民与库区生态移民区别论述，而是作为新城牧民的一部分。

二、托里县准噶尔社区：克拉玛依市西郊的一块"飞地"

据《西域水道记》记载，"托里"是蒙古语，意为"镜子"，因境内泉水清亮如镜而得名。"托里"原是额敏县的一部分。中华人民共和国成立前夕，由额敏县析出部分地区成立"托里中心区"，隶属塔城专区；1952 年，设立了托里县。[①]托里县位于准噶尔盆地西北缘断山区，东至塔城市，西连裕民县，南与乌苏县相望，西南与哈萨克斯坦共和国接壤，北与额敏县交界。托里县辖 3 镇4 乡，即托里镇、铁厂沟镇、庙尔沟镇、库甫乡、多拉特乡、乌雪特乡、阿克别里斗乡。2017 年全县共有 96 237 人，其中哈萨克族占 71.6%，汉族占 25.2%，其他少数民族占 3.2%。[②]托里县也是国家级贫困县，有 22 个贫困村，有 5165 户18 905 名建档立卡贫困户，2014 年的贫困发生率高达 30.1%。

与青河县一样，托里县城区空间不大，南北向的喀普其克路与东西向的文化路将县城分割为了 4 个大的片区。县城主要是政府各部门、各事业机关所在

① 牛汝辰：《中国地名掌故词典》，中国社会出版社，2016 年，第 456 页。
② 新疆维吾尔自治区统计局：《新疆统计年鉴·2018》，中国统计出版社，2018 年。

地，居民小区多是单位家属院。县城以北 30 千米处便是闻名世界的塔城老风口，城区扩展空间相当有限。与青河县相比，托里县有一特殊优势，即与新疆北部工业化、城市化水平较高的克拉玛依市毗邻，且在克拉玛依市西郊有一片已经发展 10 多年的"开发区"——准噶尔社区。因此，托里县无需如青河县一样另辟新址建新城，只需在克拉玛依市西郊建设易地扶贫搬迁安置点和牧民定居点，借助克拉玛依市提供的就业和创业机会帮助牧民在城镇中扎根和发展。

准噶尔社区距离托里县城 107 千米，而距克拉玛依市却仅有 5 千米——一块介于托里县与克拉玛依市之间的"飞地"。该社区位于国道 3014（奎阿高速）和省道 201 的交界处，处于交通枢纽地带，位于克拉玛依市北偏西，占地面积 10 平方千米。由于毗邻克拉玛依市，交通便利且地势平坦开阔，租金便宜，准噶尔"社区"曾一度作为克拉玛依市的"仓库"，吸引了大量石材企业和矿石加工企业。还有一些克拉玛依市的企业在此建设仓库。2002 年，托里县政府成立了非公有制经济管理办公室，直属托里县管辖。近年来，由于环保不达标，大部分工厂被拆迁，搬到了更远的山区。我们调查时，还是能看到许多废弃的工厂、石材、仓库。这些企业曾经提供了较多务工机会，吸引了周边乡镇牧民到此务工。因距离克拉玛依市较近，托里县乌雪特乡、庙尔沟镇、铁厂沟镇本就有很多牧民在克拉玛依市务工，并在准噶尔社区周边租房居住。考虑到乌雪特乡的务工者较多，2005 年前，该乡在准噶尔"社区"设立了流动人口管理站。2009 年 9 月，准噶尔社区成立，由准噶尔社区管理委员会（由原非公有制经济管理办公室发展而来，简称"管委会"）管理。管委会的工作人员同时兼任铁厂沟镇准噶尔社区人员，由铁厂沟镇管理，实质上准噶尔社区与管委会是两个牌子，用的是一套班子。所有工作人员的编制、考核和工资全部由非公有制经济管理办公室管理。

准噶尔社区建立在山脚下，整个布局是一个不规则的倒梯形，北部底长较长，南部底长较短（图 3-2）。奎阿高速自然成为托里县（包括准噶尔社区）和克拉玛依的分界，整个社区北部环山。此地四季刮风，天气干燥，植被绿化面积较小，公路的两旁分布着零星的树木。准噶尔社区易地扶贫搬迁工程是托里县围绕搬迁农牧民"搬得出、稳得住、能致富"的目标，依托准噶尔社区及周边大型黄金、花岗岩板材加工企业，商贸、物流、仓储等产业链和克拉玛依市每年数万人劳务市场需求等特点，快速实现农牧民向城市居民转型和脱贫致富。

托里县高度重视准噶尔社区基础设施配套建设，2014 年以来投资近 3 亿元解决了供水、道路、供热、学校、卫生院、技能培训中心等群众最关心的基础设施和公共服务体系，为牧民进城后的生活提供了基础保障。

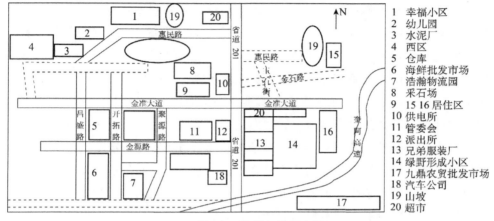

图 3-2　准噶尔社区布局

社区内有两条大道，南北向的省道 201 与东西向的金准大道将整个社区分成了 4 个空间。第一个空间主要是图 3-2 的西北部，包括幸福小区、幼儿园、水泥厂、西区（幸福小区二期）和一个超市，以及靠近省道 201 的采石场、一个居民区和供电所；第二个空间是图 3-2 的西南部，包括了仓库、海鲜批发市场、浩瀚物流园与金晟物流园，以及社区管委会（以下简称管委会）、派出所和汽车公司；第三个空间是图 3-2 的东北部，除了山坡外，主要是一片老的居民区；第四部分是图 3-2 的东南部，有兄弟服装厂、绿叶新城小区、一片老居民区、一个超市、富豪酒店与九鼎农贸批发市场。

准噶尔社区的牧民主要有易地扶贫搬迁的牧民和定居牧民。易地扶贫搬迁与牧民定居所需的住房工程于 2016 年 6 月 25 日开工，当年 12 月 15 日竣工，建筑总面积为 20 891.97 平方米，新建了 35 栋 5 层砖混结构的楼房，可以安置1050 户牧民。其中，易地扶贫搬迁贫困户 364 户，牧民定居和富民安居 686 户。已入住的易地搬迁户中，乌雪特乡 198 户、库甫乡 122 户、阿合别里斗乡 15 户、多拉特乡 15 户、铁厂沟镇 14 户。到 2020 年，累计完成 990 户 5000 余人入住。准噶尔社区 1—9 栋楼最早完工，2017 年 11 月第一批居民开始入住。每户房屋面积 70 平方米，皆为两室一厅一厨一卫。

　　2018 年 5 月 21 日，塔城地区和克拉玛依市政府主要领导召开两地融合发展交流座谈会，就准噶尔社区总体规划修改、搬迁居民子女到克拉玛依市就学、污水排放连接克拉玛依市管网、通城际公交方便搬迁居民出行等问题达成共识。2018 年 8 月，我们做调查时了解到，准噶尔社区总体规划编制已经完成，新建辖区至克拉玛依市 9.28 千米排污管网已开工建设。新建占地面积 11 700 平方米，建筑面积 6140 平方米，四层框架结构劳动技能培训中心及附属配套设施，已完成前期工作。准噶尔社区易地扶贫搬迁居民子女中小学生共有 197 名，已全部进入克拉玛依市 10 余所中小学就读。孩子们每天乘坐居民通行车上下学，前期由社区委派干部跟车接送，后期由孩子家长接送。由于社区只有一所幼儿园，没有中小学校，托里县委和县政府拟投资 4000 万元新建准噶尔标准化小学，已完成项目规划设计、选址等前期工作。因此，准噶尔社区从外部看虽然还有些"荒凉"和杂乱，但已经成为嵌入克拉玛依市西郊的一颗"明珠"。

　　社区周边的企业主要有兄弟服装厂、天盾水泥厂、富豪酒店以及 4 个分散的零售商店。社区的西南方，奎阿高速旁有一个较大的物流园区，由金晟物流园和浩瀚物流园组成。物流园主要是储藏海鲜、批发与零售海鲜，主要面向克拉玛依的市场，也向全国各地发货。管委会与准噶尔社区周边企业协商，为牧民提供就业机会，提供就业机会较多的是兄弟服装厂、水泥厂、搅拌站、九鼎批发市场等。田野调查时，我们对兄弟服装厂和九鼎农贸批发市场做了多次实地考察。

　　兄弟服装厂于 2016 年 10 月成立，有两个工厂，一个在克拉玛依市，一个在准噶尔社区。厂址选在准噶尔社区，主要是因为这里面积较大，租金便宜，而且还能享受当地的优惠政策。服装厂主要经营服装鞋帽、服装面料及辅料、皮具箱包、针纺织品、床上用品、纺织原料、工艺品的制造及销售等。生产的衣服，主要有校服、工作服、军大衣等类型。在克拉玛依有一个门市，主要的业务是接线上和线下的订单，平时也零售一些衣服。兄弟服装厂组织免费培训裁剪、缝纫等技术，前 3 个月给实习工资。考核通过后，每个月保底工资为 2300 元，计件分提成。兄弟服装厂的条件和招工标准，吸引了大部分没有技术和务工经验的女性牧民。女性牧民认为兄弟服装厂好，有人教缝纫的技术，离家近，工资高。社区干部将有意愿的女性牧民，安排到兄弟服装厂就业。

九鼎农贸批发市场于2016年12月7日开始运营，是克拉玛依招商引资的重点项目，位于东西外环路交汇处。市场占地156亩，建筑面积为5.9万平方米，建有水果、蔬菜交易大厅及副食品交易棚等批发场所。市场呈不规则的矩形，矩形两条长边是一排排的商铺，大约占长边的2/3。商铺的种类很多，有干果、馒头店、超市、调料店、肉店、粮油店等。矩形的中间被划分为3个区域，用铝合金搭建的大型蓝色长方形的大棚，两个与矩形平行的区域分别是水果批发市场、蔬菜批发市场，还有一个倾斜的长方形区域，主要是冷冻产品。蓝色大棚里面，沿着矩形的边，分布着一家家商铺。九鼎农产品批发市场为牧民提供了大量装卸工、搬运工、过磅员等工作机会，招收的男性牧民较多。

三、城镇中的牧民群体

进入城镇的究竟是哪一部分牧民？根据我们在新疆牧区长期调查的经验，可以根据年龄段，结合牧民的生计模式、家庭结构，将牧民分为两大类和4个亚类。一类是年龄在40岁以上的牧民，又可分为主要从事牧业生产的和主要从事农业生产的牧民两个亚类。两个亚类的区分源于其生活村落类型的差异，即是牧业村还是农业村（包括定居点）。年龄在40岁以上，意味着在1984年牧区承包责任制落实时他们获得了生产资料，并有长期从事农牧业生产的经验。这类牧民不管是在生计上还是在生活上，都很难脱离牧村、农村，农牧业收入是其家庭主要的收入来源。另一类是年龄在40岁以下的牧民，又可分为"半工半牧"的牧民和"以工为主"的牧民两个亚类。从年龄来看，这类牧民基本上出生在1984年后，也就是说，他们缺少生产资料，甚至没有生产资料。这两个亚类相比较，"半工半牧"的牧民年龄稍长，有的在牧区替人代牧或帮助大家庭经营农牧业，有的在乡村、城镇季节性务工，但大多是两者兼而有之。"以工为主"的牧民相对年轻，主要在城镇务工，并有在城镇长期生活的经历。显然，城镇中的牧民主要是第二类。

我们在准噶尔社区和青河新城总共调查了287名牧民，人口年轻化趋势较为明显。牧民主要集中在21—30岁、31—40岁和41—50岁这三个年龄区间，

准噶尔社区和青河新城这三个年龄段的牧民分别占两个社区被调查牧民总数的
67.8%和 72.3%。两地 20 岁以下的牧民约占调查总人数的 20%，主要是成年但
未成家的年轻人。还有 10%左右的牧民年龄在 50 岁以上，主要是与年轻夫妻
同住的老人以及跟随未婚成年牧民进城的年长牧民。

人口的年龄结构反映出进城的牧民家庭主要是常说的"小户"。在新疆牧
区，"小户"不仅指家庭规模小，还特指受牧区生产承包责任制落实时"生不增，
死不减"原则影响而缺少生产资料、没有生产资料的家庭。"小户"在从大家庭
分出来后，由于缺少从事农牧业生产的基础，多帮人代牧或在周边乡村、城镇
季节性务工，成为"半工半牧"家庭。他们悬浮在牧区社会中，既无法扎下根
去发展农牧业，也无法从牧区社会中抽离出来，成为牧区社会中最贫困的一部
分人。"小户"通常是"夫妻+子女"的结构，即家庭人数多在 2—4 人的核心
家庭。我们调查的牧民家庭中，准噶尔社区（153 户）有 79.7%的家庭属于此
类，青河新城（134 户）也有 79.1%的家庭属于此类。两个田野点中还有个别
单人户，主要是未婚青年。有 10 来户主干家庭，即"父母+夫妻+孩子"的组
合，主要是由于父母与年轻夫妻同住所形成的主干家庭。比如，56 岁的 STLH
夫妇有一对儿女，他们与儿子、儿媳妇和五岁半的孙子住在一起，女儿已经出
嫁。有 10 来户残缺家庭，即因夫妻离异或夫妻中一方去世，形成"夫/妻+孩子"
的组合，比如 30 岁的 GLBHT，丈夫去世后，她带着 3 个孩子在准噶尔社区生活。

被调查的牧民群体的另一个明显特征是受教育程度普遍较低，且大多缺乏
非农牧业的专业生产技能。准噶尔社区中仅接受过小学教育的占 22.6%，接受
过初中教育的占 58.2%，两者合计达 80.8%。只有 12.3%的牧民接受过高中教育，
另有 6.9%的牧民接受过中专、大专及以上的教育。青河新城牧民的受教育程度
更低，仅接受过小学教育的占 74.5%，接受过初中教育的占 13.6%，还有 6.3%
的牧民未接受过教育，三者占比合计高达 94.4%。只有 5.6%的牧民接受过高中
教育。由于长期生活在牧区，牧民的受教育程度总体偏低，大部分牧民普通话
水平较低，"不会说，听不懂"或"听得懂很小一部分，不会说"的情况比较普
遍。同样的原因使得大部分牧民长期从事或协助从事农牧业生产，掌握非农牧
业生产技能的牧民很少。比如，"半工半牧"的牧民尽管在周边乡村、城镇季节
性务工（比如建筑工、拾花工等），但基本上从事的是不需要职业技能的工作。
"以工为主"的年轻牧民多是那些接受过高中及以上教育的牧民，普通话水平

高一些，但也多仅限于"能听懂，能简单表达"的层次。他们高中毕业后，受到政府帮助被安排到企业工作，但都需要接受半年以上的职业技能培训。

牧民群体中，有一部分有在城镇中生活的经历，约占调查总数的40%。所谓"在城镇中生活的经历"，指他们曾因各种原因在城镇中租房居住，比其他牧民对城镇生活更为熟悉，有两种情况：一是因为在工地、超市、餐厅等长期务工而在城镇中居住生活；二是因为孩子在城镇上学，父母在城镇租房居住，并在城镇务工。由于托里县靠近克拉玛依市，就业务工机会较多，因此被调查者中有在城镇中务工经历者的占比比青河新城大，大体高出10个百分点。

综上，城镇中牧民群体有年轻化、以核心家庭为单位、在牧区缺少生产资料或没有生产资料、受教育程度低且缺少专业技能以及少部分牧民曾有城镇生活经历等特征。这些特征对牧民在城镇中的就业及其就业中的表现产生重要影响。

第四章　牧民在城镇中的职业

　　贺雪峰指出，"城市化的核心是就业与收入，而非居住。如果没有稳定就业和较高的收入，农民即使在城市有住房，他们仍然会生活艰难"①。从城镇化的路径来看，青河新城选择了"就地城镇化"路径，即通过新城建设安置牧民，依托现代农牧业、农牧产品加工和基础设施建设创造新增就业机会，并由政府协调将这些机会"分配"给进城牧民。准噶尔社区选择了"异地城镇化"路径，即利用克拉玛依市的大市场，引导牧民到克拉玛依市及周边地区就业。由于城镇化路径的不同，两地牧民的职业选择出现了一些重要差异。本章首先对青河新城与准噶尔社区牧民的职业选择进行描述，分析它们的共同特征，然后对获得职业的路径、求职困境及职业期待等方面进行分析。

第一节　牧民的职业选择

　　青河新城与准噶尔社区牧民在职业选择上的典型特征是"无为而无不为"。所谓"无为"，指绝大部分牧民没有稳定的职业，很难说具体做什么工作。所谓"无不为"，指牧民从事的工作范围很广，工作变动很快，用牧民自己的话说就是"今天干这个，明天干那个"。"无为"和"无不为"并不矛盾，是牧民在城镇职业选择的真实写照。在此，对牧民进入青河新城与准噶尔社区前后的职业选择进行分析。我们将发现，前后之间既有传承，又有突破。

一、扎根城镇前牧民的职业选择

　　前文已叙，一部分牧民在进入青河新城与准噶尔社区之前已有在城镇中务

---

① 贺雪峰：《城市化的中国道路》，东方出版社，2014年，第65页。

工和生活的经历。问卷调查数据①显示，他们从事过的职业五花八门，表现出很强的"灵活性"。

表 4-1 的数据显示，青河新城与准噶尔社区牧民的职业选择存在较大差异，具体表现为两个方面：第一，从事牧业的占比最大，但青河新城从事牧业的占比远大于准噶尔社区，高出了 25.2 个百分点；第二，牧民从事的职业种类很多，但准噶尔社区牧民的职业分布更广。从数据可以看出，青河新城牧民较多地集中在牧业、打零工、个体经营 3 个领域，累计占被调查者总数的 74.6%。准噶尔社区的职业分布相对分散，除牧业外，服务员、打零工、保洁员、车间工人的占比都在 10% 左右，其他多个行业也有分布。为什么会出现这两个方面的差异？这反映出青河县与托里县的经济社会发展环境不同。青河县及其周边地区缺少非农（牧）业的就业机会，相当比例的务工者只能在牧业中寻找代牧机会。托里县尽管也是一个牧业大县，但因为毗邻克拉玛依市，所以牧民有更多机会进入城市，并获得各种非农（牧）业的就业机会。

表 4-1 牧民迁入城镇前从事过的职业

工作类型	准噶尔社区		青河新城	
	频数	占比/%	频数	占比/%
建筑工地工人	8	3.7	9	6.7
车间工人	18	8.3	0	0
跑车（开卡车、客车、出租车）	11	5.1	2	1.5
店员	10	4.6	4	3.0
保洁员	29	13.4	1	0.7
服务员	20	9.2	4	3.0
保安门卫	33	15.2	2	1.5
行政管理员、文员	10	4.6	0	0
销售员	5	2.3	6	4.5
个体经营（门市、超市、餐馆等）	6	2.8	18	13.4
摆摊（流动经营）	3	1.4	6	4.5
打零工	20	9.2	21	15.7
其他（主要是牧业）	44	20.3	61	45.5
合计	217	100	134	100

① 此项数据，准噶尔社区共调查了 217 人，青河新城调查了 134 人。在准噶尔社区调查时，除了询问被调查者本人的职业情况外，还询问了被调查者配偶的情况，因此数据较抽样的 135 个样本为多。

下面，我们利用两地的个案来描述他们多样化的职业。对于缺少或没有生产资料的年轻牧民来说，要想在牧区生存和发展，一条路径便是代牧。代牧是牧区常见的一种职业，有 3 种主要形式：一是自家有牲畜和草场，捎带着帮一些牧民家的牲畜，一起放牧，即常说的"捎带放牧"①。二是专职帮其他家庭全年放牧。有些家庭拥有的牲畜较多，单独依靠家庭内的劳动力无法完成生产，便请人帮着放牧。代牧者全年跟随牧民家庭转场，与他们一起生活。三是自己没有牲畜，收集村内或邻近村（主要是农业村）中农牧民零散牲畜，在夏季带到夏季牧场放牧。这类代牧是季节性的，他们在其他季节可能从事其他职业获得收入。在新疆北部牧区，代牧主要是第二种和第三种类型，代牧者主要是没有牲畜和草场又没有其他就业机会的年轻牧民。

BSBK 是一位代牧者。访谈时，他告诉我们，他是家里的小儿子，之前一直和妻子在山上放牧，分家时没有得到草场，仅分得了牲畜。虽然牲畜分了，但是哥哥们长期在外打工，没有时间喂养，因此，所有牛羊还是集中在 BSBK 处喂养。BSBK 的放牧地是父亲的草场，除放养全家牲畜外，他还顺带把同村牧民的牛羊一起带到山上。这些牧民要么长期在外务工，无暇喂养牛羊，要么没有自己的草场，夏天天气炎热，自家棚圈没有喂养的条件，所以选择让 BSBK 帮忙代牧。帮哥哥们放牧不需要收取费用，他们会在入冬前帮助 BSBK 购买饲草，或者将牛奶、少量牛犊羊羔交给 BSBK 自由处置。在肉孜节、古尔邦节等重要节日，BSBK 会根据各兄长家中的需求将牲畜或畜产品分给他们。

AM 也是一位代牧者。从大家庭分出来时，他既没有获得牲畜，也没有自己的草场。为了维持生计，他选择做一个"职业代牧人"。每年都有固定的几家找他代牧，他会选择一个有草场和代牧需要的牧民。有稳定的草场后，他再去联系同村或同乡其他需要代牧的人。根据牲畜种类和数量收取一定费用。这些家庭与 AM 之间的关系比较稳定，常年合作。AM 告诉我们，代牧并不是他的理想职业。他也想有一份收入高又稳定的工作，但是由于缺乏技术，又需要赚

---

① 捎带放牧：就是有些牧户把自己的牲畜让他人捎带放牧。或者说一些牧户除了要放牧自己的牲畜外，还捎带放牧他人的一些牲畜，托人带放的牧民，一般是牲畜少的牧户。参见杨廷瑞：《阿勒泰牧民合群放牧的几种形式（1953 年）》，载中共新疆维吾尔自治区委员会政策研究室等：《新疆牧区社会》，农村读物出版社，1988 年，第 108 页。

钱维持家庭开销，所以只能选择代牧。

与 BSBK 与 AM 不同，另外一些"小户"会选择外出打工。MLTBK 就是一个典型代表。MLTBK 分家后也没有获得耕地、草场，仅仅分到了几只羊。他不想去代牧，一是因为辛苦，代牧期间只能住在毡房，缺水短电，生活很不便利；二是因为挣钱少且收入不稳定。开始他是一个人找活儿干，例如打水井、盖房子、盖牛圈羊圈、帮别人开大型农机具等，因为工作认真负责，之前的雇佣者有活儿就会及时联系他。一段时间后，同村人发现他普通话较好，能与雇佣者直接交谈，并且在外打工的经验丰富，便决定跟着他一起打工。调查时，MLTBK 已经成为一名包工头，带领着同村十几名牧民一起外出打工。干的还是工地上的小工、替人打井等工作，打工范围也仅限青河县内。他们的妻子一般在家照顾孩子和牛羊。尽管他们已经在城镇长时间务工，但是在生活上并没有完全脱离牧区和牧业，他们家中仍有牛羊，重要节日和仪式时他们必须回家。另一名牧民 MEZH 讲述了他的经历：

> 我以前在阿热勒托别镇霍萨拉村生活，分家后，既没有牛羊，也没有草场，住的还是土坯房。因为年轻，有精力，上过学，学过普通话，日常交流没什么问题，所以我打算出去闯一闯，看看能不能找到好的工作。但是，自己没什么技术，只能靠卖力气挣钱。搬来阿格达拉镇之前，我去得远就在恰库尔图镇（富蕴县的一个镇，距阿热勒托别镇 100 余千米，笔者注）打工，近的话就在村子里干活儿。以今年的情况来说，3 月我在村子里帮人盖了两次房子，4 月在阿热勒托别镇帮人盖了一次牛棚，镇上修路的时候去干了一些零活；然后，去了县城的建筑工地，干了 1 个多月小工；6 月又去恰库尔图打水井，干了 1 个多月；8 月到塔克什肯帮一个朋友盖了房子；9 月在村子里帮别人收麦子和玉米。工作很不稳定，主要依靠亲戚、朋友、同村人介绍。干活儿不能走远，因为我也得照顾孩子、喂牛羊，不能老让妻子一个人照顾家庭，在青河县以内打工可以保证一天之内回家。

通过 MEZH 的叙述，我们可以用图 4-1 来表示其务工距离范围，圆圈线条的粗细代表其在某地工作的频率。线条越粗，工作的频率越高，反之亦然。MEZH 这类牧民多在村所在的乡镇范围内打工，偶尔去其他乡镇，但是很少去县城以外的地方。这是因为这类牧民有固定的居住场所，并且多生活在定居点或牧村，为了照顾家庭、不耽误牧业生产，他们往往选择离家较近的打工地点。

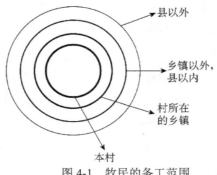

图 4-1　牧民的务工范围

与 MEZH 这类牧民不同的是，另一类牧民不仅没有牲畜、草场等生产资料，就连住房等生存资料都没有。他们一般选择在外租房居住，并以此为中心就近务工谋生。这类家庭有两个比较明显的特征，一是夫妻都在外打工挣钱，二是大多长期工作、生活在城镇。他们的工作范围大多在住处附近，但也会随着住所的变动而变化。一些牧民为了让孩子接受更好的教育会选择进入县城。在县城，通常丈夫打零工，妻子照顾孩子上学。这些家庭通常会在城郊村中租房居住，其中一些女性会在租住房内开设小店。BLXKE 是一家商店的店主，她和丈夫结婚时不仅没有分得草场，也没有自己的房子，只能租房居住。她在租住的房子里开了一家小商店，在院子里喂养了几只牛羊，平时卖些牛奶、自己打的馕和小零食。丈夫在周边帮别人开车、盖房子、盖牛羊圈等。AMN 也是这样一名女性，她说：

> 我是阿热勒乡拉斯村的，搬迁之前我连住的地方都没有。因为孩子要在乡里上小学，我和丈夫就在阿热勒乡租房子。我在乡上的奶茶馆和小餐馆干过服务员，在服装店帮别人看过店。丈夫就在附近帮别人盖房子、搭牛棚，偶尔也会帮人代牧，每天白天把牛羊赶到山上，晚上再给人家送回去。干的活都是在家附近。搬到阿格达拉的前一年，我们在县上租了房子，方便孩子在青河县上中学。在县城，我干过环卫工、饭馆的服务员，还在"好人家"超市干过导购。我丈夫最开始在一个装修店帮人打下手，就是搬运材料什么的，后来就到了一个摩托车汽车修理铺打工，顺便学点技术。刚开始打工也不知道干什么，普通话也不太好，就只能找哈萨克族人开的

店。现在我和丈夫普通话基本交流方面已经没什么问题了。原来乡里面还有很多像我们这样的人，现在大部分跑出来打工了。有些人就在乡镇租房子打工，有些人在周边其他乡镇打工，还有一些在县城或塔克什肯（中蒙边境口岸，位于青河县境内，笔者注）打工。我们这些人平时很少回家，只是在过年过节时回去看望一下家里人。

这部分牧民倾向于向户籍地所在的乡镇、周边乡镇、县城、其他经济贸易较频繁的区域流动。我们用 4 个圆形表示牧民经常选择租房和打工的去处，圆圈越大则表示牧民越倾向于在该区域生活和工作（图 4-2）。我们通过访谈发现，牧民对于生活和工作的地方是有一定考虑的：一是要有较频繁较活跃的经济贸易活动，有较多工作机会；二是距离户籍地的距离要适中，便于往返户籍地。

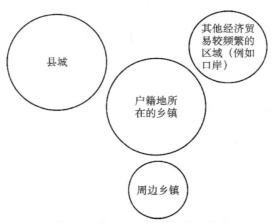

图 4-2　牧民生活与务工的空间格局

以上个案主要来自对男性牧民的访谈，下面提供两位女性牧民（NEBS 与 BHT）的个案，可以看出女性在职业选择上与男性相比存在一些差异。

1989 年，我出生在托里县乌雪特乡达吾尔特村。我有两个哥哥和一个妹妹。7 岁前，我和爸爸妈妈一起放牧，住在山上（牧区）。为了我们几个孩子上学，爸爸妈妈在克勒亚克孜村（定居点）买了房，不再放牧，牛羊交给叔叔代牧。我在乌雪特乡政府所在地上完了初中，寄居在两位姑姑家。

初中毕业后经同学介绍，我到金矿（铁厂沟镇）一家服装店打工，做保洁和整理衣物的工作，每月 300 元。一年后，我换了工作，到饭店做服务员，每月 1200—1300 元。两年后，我从金矿出来，到了塔城市，还是在餐厅做服务员，月工资涨到 1800 元。2012 年 9 月，我结婚了，从丈夫的爸爸和哥哥那里获得了 8 头牛（分家，笔者注）。婚后，我和丈夫去了哈图金矿，花 1 万元买了住房。丈夫在矿上工作，我在金矿附近开了一个家庭餐馆，我们的牛由丈夫的兄弟代牧。女儿出生后，我们回到了托里县，丈夫考驾照，我在超市打工。女儿 3 岁时，我们一家搬到了克拉玛依市的乌尔禾，丈夫打工，我在家看孩子。

1982 年，我出生在乌苏的一个定居点，家里既种地，也放牧。出生前，我的爸爸已经去世，妈妈在生我时难产而死。我从小便跟着姥姥姥爷，没上过学，很小时便开始放牛、放羊、挤奶、剪羊毛和干各种家务活儿。15 岁时，我因为干活儿受伤，脚跛了。叔叔得知情况后，将我接到了他家。叔叔是司机，我在叔叔家中帮着做家务。18 岁时，婶婶给我介绍了小一岁的对象，一年后我们就结婚了。丈夫是乌雪特乡的牧民，我婚后便去了乌雪特乡，与公婆生活在一起。婚后，丈夫曾在铁厂沟的煤矿工作 6 个月，每月 2500 元，后来在周边乡镇打零工。我在家做家务，偶尔去塔城捡红花。

上述个案表明，因为缺少生产资料、牧区发展机会少等原因，牧民已经开始走出牧区。在走出牧区后的职业选择上，男性与女性差异较大。具体来说，男性以"打零工"（建筑工、搬运工等）为主，未婚女性多在服务性行业工作，女性婚后多回归家庭，照顾孩子，照料牲畜，兼临时性务工。以上分析揭示出，牧民虽然已经从牧区向外流动，但在经济、生活上仍嵌入牧区社会中，并未完全进入城镇。我们应该意识到，如果没有政府的引导和支持，牧民进入城镇并在城镇扎根发展还需要很长一段时间。

二、扎根城镇后的职业选择：青河新城的个案

为了进一步对牧民搬入青河新城后的职业类型进行分类，笔者对青河新城 134 户牧民进行了问卷调查。调查发现，季节性与临时性务工的牧民占被访者

总数的 54.0%，选择企业稳定就业的牧民占 24.7%，政府购买服务就业（保洁员、护边员、护林员等公益性岗位）的牧民占 7.1%，自主创业的牧民占 8.2%，还有一部分以代牧为生的牧民占 6.0%。总之，牧民的职业是多元化的。下面通过个案的形式，呈现牧民在城镇中的职业选择。

前文已述，代牧并不是新生职业，而是牧区社会中常见的老行当。1953 年，杨廷瑞在阿勒泰的调查时发现，中等牧户或牲畜较多的牧户合伙雇牧工放牧牲畜，许多小牧户把自己三三两两的牲畜集合自己雇佣牧工放牧。[①]这种职业在 20 世纪 60—70 年代公社时期消失，但改革开放后又很快重现。青河新城代牧者为数不少，年龄多在 40 岁以上。牧民选择代牧主要有两方面原因：一是牧业生产技术娴熟，又因技能固化而无力从事其他职业；二是与雇佣者保持长期合作关系，收入相对稳定。从代牧时间来看，代牧又分为两种形式：一是常年代牧，通常需要夫妻双方一起才能完成。代牧者与雇佣者签订协议，按年获得收入，代牧者利用雇佣者的草场捎带放牧自己的少量牲畜；二是季节性代牧，入夏后带着畜群进入山放牧，秋季返回后将牲畜交还。这种形式多由男性承担，以代牧牲畜的类型和数量计价。大体来说，大畜（牛、马、骆驼）一季（4 个月）120—150 元/头（匹、峰），小畜（绵羊、山羊）每个月12—15 元/只。他们的妻子常年居住在青河新城，从事临时性与季节性的工作。AYX 与丈夫就从事季节性代牧，她说：

> 我和丈夫一直都别人在山上代牧，每年的 6 月 10—15 日上山，一直到 9 月中旬下山。下山以后，我们把牲畜还给牧民，他们付钱给我们。代牧的地方叫玉什库勒（青河县的三道海子，笔者注），是我们的夏牧场。我和丈夫在搬迁之前就一直帮两三户牧民代牧，今年帮 ZMH 家和 BLK 家代牧，他俩都是我丈夫的朋友。ZMH 家里有 50 多只羊、15 头牛，BLK 家里有 35 只羊、8 头牛。他们相信我们，找别人的话还要签合同。一头牛一个月 40 元，一只羊一个月 15 元。我们代牧期间不怎么下山，只有阿格达拉这边有事的时候才回来。我们现在年纪比较大了（50 多岁，笔者注），其他活儿也不会干，就只会放羊。以前在村子时，我们就帮别人代牧。收

① 杨廷瑞：《阿勒泰牧民合群放牧牲畜的几种形式》，载中共新疆维吾尔自治区委员会政策研究室等：《新疆牧区社会》，农村读物出版社，1988 年，第 108-109 页。

入也算稳定，一年有七八千元。女儿在外面上学，家里也没有要照顾的孩子，所以我们的空闲时间比较多。夏天，女儿放假回来，就跟我们一起到山上住，冬天回阿格达拉住。

在青河新城，还有一部分牧民会选择短期代牧赚钱。短期代牧的实现要满足两个条件，一是牧民家中有急事而自己短期无法放牧，二是一些牧民短期内又没有找到工作。2017 年 8 月的一天，晚饭过后，我们沿着青河新城西边最外围的公路散步，遇见好多牧民赶着自家的牛羊从西边的小山上往回走。从闲聊中得知，他们都是青河新城的牧民，每天把牛羊赶到镇区外面让牛羊跑一跑、吃吃草。通过他们的介绍，我们联系到了从事短期代牧的 ASLH，他告诉我们：

> 我之前到乌鲁木齐去了一趟，回来以后没赶上这边组织的务工，然后我就想临时找个活儿干，我的一个朋友跟我说平房（根据定居或库区生态移民政策安置的牧民，笔者注）这边有一家人要代牧，然后我就过来了。这家人的儿子有事要出去 15 天左右，家里的老人年龄大了，腿脚不好。他们就把院子里的 5 只羊和 2 头牛让我每天帮忙带到西边的小山上吃吃草。这些牛羊是牧民留下吃肉、喝奶用的，数量不多，其他牛羊都找人带到山上去了。我每天早上 9 点左右过来把牛羊赶到外面吃草，一直到晚上 7 点左右再把它们带回来还给这户人家。这户人家按天给我算钱，每天 70 元，跟长期在山上代牧不一样。过一阵大田里还有活儿干，最近我先帮别人放羊挣钱。

在青河新城，"打工"是牧民提及频率最高的职业，但并不指某一特定职业。在 134 位被访者中，有 82 人"打工"，占青河新城受访者总数的 61.2%。"打工"大体上可以分为 3 种。

一是政府安排的工作。得益于新城建设，政府部门和企业有大量用工需求，包括保洁、保安、餐饮、护林员、护水员等。镇政府优先将这些岗位向家庭负担重、无力自主就业的贫困牧民倾斜，为 47 名牧民安排了工作，工资大多为 1200—1500 元。牧民还有牲畜托养、土地流转获得的财产性收入，部分还有低保金、五保金、养老金等保障性收入。BH 的工作就是由政府安排的，她说：

　　我丈夫患尿毒症，每周都要去青河县的医院做血液透析，1 个月的医药费将近 1 万元，开销非常大。家中只有我一个劳动力，平常还要照顾丈夫和 3 个上学的孩子，无法长时间外出务工。访惠聚工作组的领导在走访过程中了解到了我家的情况，为了让我有更多时间照顾家庭并且保证收入稳定，为我提供了新牧社区保洁员的工作。每天上午和下午各工作两小时左右，只需要把社区里打扫干净就可以下班。因为社区也不是很大，所以工作还是比较轻松的，一个月 1200 元，政府还给我们家上了低保，减轻了一部分生活压力。这样我就有时间照顾丈夫和孩子，每个月的收入也相对稳定，下班后还可以在新城务工，增加收入。

　　二是进入企业与合作社稳定务工。所谓"稳定"，是指签订了劳务合同，就业一年以上。从当地政府提供的数据来看，共有 100 余名牧民稳定就业，主要在企业生产车间工作。这些牧民年龄多在 30 岁以下，接受了高中及以上的教育，普通话水平较高，接受了政府或企业组织的培训和考核，能够较快地适应新的工作环境。在这类牧民中，女性占比大，可能因为同年龄段的男性更倾向于选择稳定性差一些但收入更高的工作，比如到建筑工地做小工、承揽大户地里的农活、搞装修、跑运输、开店搞经营等。ZML 在瓜子厂工作，她说：

　　招工时有要求：一是普通话要好，要能听懂，能说清。我上过高中，不仅能听说，还能写。二是干活儿要仔细，因为筛选瓜子时要把质量不好的瓜子挑选出来。每个月工资是 2700 元，我感觉挺幸福的。

　　三是临时性与季节性务工。"临时性"容易给人不稳定、收入较低的假象，事实上用"灵活性"更合适，主要有两种，一是青河新城建筑工地的小工，二是企业与大户农业生产中播种、除草、施肥、育苗等环节的用工。青河新城及周边乡镇（村）的住房、厂房、道路、水利建设都需要大量工人，因此男性并不缺少务工机会。小工工资较高，为 150—200 元/天，一年可干 9—10 个月，收入较可观。农业生产各环节用工量较大，工资多为 120—150 元/天，工作时间较随意，比较适合在家未就业的女性。季节性务工机会也很多，主要在作物（主要是葵花、沙棘）播种季与收获季，比如采沙棘、收葵花籽等。这两个季节用工量很大，超出新城牧民工数量，周边乡镇的牧民也组团前来。以沙棘采摘来说，一位熟练工每日可得 200 元工资，持续 20—25 天。调查时，AH 与 BHT 告诉我们：

> 我今年（2017 年，笔者注）一直在储藏库的建设工地干小工，是我自己找包工头联系的，主要就是搬砖头、搅拌水泥。砌墙一类的活儿需要技术，我们这些小工干不了，只能干些力气活儿。阿格达拉还正在建设中，到处都能找到活儿干，只要肯卖力气，用工的人就要。这种活儿一般只要年轻的男性，因为男的体力好。我已经在工地上干了半个多月了，每天工作八九个小时，一天工资 160 元，中午管饭。

> 自从搬到阿格达拉镇，我就一直在大田里干活儿，拔草、摘沙棘、铺滴灌带等。这些工作不需要耗费太多的体力，技术性也不是特别强，看到哪里有草，拔就行了。工作时间比较自由，有时间照顾家庭和孩子。干了这么长时间，我觉得包地者比较喜欢用女性，因为女的干活认真，无论大的野草还是小的野草都会拔掉，有些男的只拔大的野草。

"开店"可算是新职业，名目繁多，主要与青河新城牧民新旧需求相关。所谓"旧"，是指牧民对传统衣食的需求。牧民进城后，在生产上脱离了牧业，但在生活上仍然有对奶茶、肉、馕、糕点和奶制品的需求。牧民参加各种仪式、节日，仍需穿戴传统服饰。家居布置还是习惯挂毯、地毯和其他传统装饰物。一些有手艺的牧民开始在商贸城、创业街租店铺，从事传统食物和服饰的加工，生意尚可。所谓"新"，指牧民进城后衍生出的一些新的需求，比如新式家具、美容美发、汽车（特别是摩托车）修理、农机维修等。进入这些行业的牧民通常有在城镇中务工学艺的经历，或接受过政府组织的职业技能培训。事实上，只要到一两户牧民家中做客，就能很快发现室内新旧混搭的风格。客厅摆放着沙发、茶几，一间卧室内购置了床、床头柜，但另一间卧室可能就是改造过的"炕"、铺在炕上的毡子和墙上挂着的挂毯。每家都购置了冰箱，厨房与城市居民无异，但食物多是肉、奶疙瘩、奶茶等传统食物。我们注意到，牧民很少经营日用百货、家电、餐饮等。这些业务通常被在青河新城中经商的汉族、维吾尔族、回族的商人占据，因为其资金要求往往超出牧民的能力。总的来讲，"开店"的牧民多被视为"能人"，经济条件比其他牧民更好。NLP 与 SYL 都选择了开店，她们说：

搬过来后我就开了这个店，卖牛奶、牛羊肉和馕，以及自己做的奶制品，还有一些零食。搬到楼房后，我没办法养牛羊，也没法用以前的馕坑打馕，但我们平常都习惯吃这些东西。所以，我就开了这个店，生意还不错。

没搬来之前，我就学过美容美发，在乡上开了一个理发店。刚到新城时也有顾虑，怕生意不好，所以没有开。生活了一年，看到别人开店收入还不错，我就把理发店开起来了。

青河新城还有一些职业，诸如跑客运、开餐厅、卖奇石等，但牧民从业者较少，不再赘述。

综上所述，青河新城牧民在职业选择上呈现"传承"与"突破"两个基本面相：一方面，传承了游牧生产与生活方式，比如代牧、传统服饰与食物的加工；另一方面，又依据自身的经验、技术和能力，结合新城建设与牧民的需求，选择了诸如建筑小工、临时性与季节性农业劳动、美容美发、汽车与农机修理等新的职业。

三、扎根城镇后的职业选择：托里县准噶尔社区的个案

与青河新城相比，因克拉玛依市这个大的就业市场的存在，准噶尔社区牧民的职业选择更加多样化。从就业地点来看，绝大部分牧民选择了克拉玛依市（占抽样人数的70%），小部分选择了准噶尔社区（占抽样人数的18%），还有一些选择了托里县（占抽样人数的10%），另有少量牧民选择了其他地方（占抽样人数的 2%）。大体来说，准噶尔社区牧民工作范围是克拉玛依市和托里县，工作场所主要是兄弟服装厂、创业一条街、九鼎农贸批发市场和克拉玛依市区。

调查发现，在135个调查样本中，待业的有26人（占19.3%），从事保安门卫的18人（占13.3%），从事其他工作的有18人（占13.3%），店员13人（占9.6%），服务员12（占8.9%），打零工12人（占8.9%），行政管理员或文员7人（占5.2%），保洁员6人（占4.4%），车间工人6人（占4.4%），另外还有建筑工地工人、跑车的、销售员和技术员等。选择"其他"的受访者，事实上多是从事季节性和临时性务工的人员，因此可以与"打零工"合并。再有，"待业"人数较多，主要是女性。

对 135 名（男性 60 人，女性 75 人）被调查者职业选择的性别差异进行分析（图 4-3）后发现，男性主要集中在打零工、司机、辅警、装修、修井等领域，服务员、物流、厨师、销售等职业清一色是女性。在保安、保洁员、车间工人、个体经营等职业中，男女都有，但女性的人数明显多于男性。如何解释职业选择中的性别差异？一方面，这显然与生理方面的性别差异（比如力量）相关；另一方面，女性倾向稳定性，而男性倾向灵活性。对男性来说，就业的灵活性（比如打零工、司机、修井等）意味着他们可以根据自己的时间工作，事实上往往获得的收入也更高。女性倾向稳定性，意味着她们的收入在家庭经济中的占比并不大，但是一个"稳定阀"，而且像保安、服务员等工作更有利于女性照顾家庭。

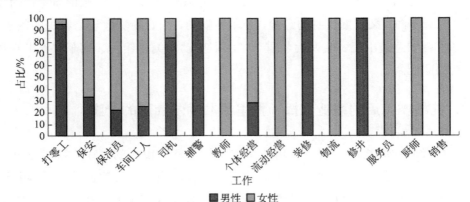

图 4-3　准噶尔社区职业选择的性别差异

以 SWL（女，38 岁）为例，她与丈夫、儿子和妹妹住在一起。丈夫外出工作（打零工），她原本在庆明库房工作，每天晚上 7 点半下班，没有办法接孩子（孩子上小学，每天下午五点半放学）。她将妹妹从乌雪特乡接过来同住，姊妹两人在准噶尔社区的幼儿园当保安。幼儿园的保安要求 24 小时上班，SWL 上夜班，妹妹上白班。在库房上班时，SWL 也是当保安，月工资为 2500—2600 元。到幼儿园上班后，虽然月工资少了 500—600 元，但是能够照顾孩子。SWL 认为，只要丈夫有活儿干，自己虽然挣得少一些，但能够照顾家庭就好。

我们可以对牧民从事的职业进行分类，比如打零工的、建筑与车间工人、保洁与服务人员（包括店员、保安）、销售与文员（包括技术员）、个体经营者（包括跑车的）。下面，我们将按照这样的分类，提供不同类型职业的个案。

　　打零工并不意味着收入低，而是说具有很强的灵活性，用牧民的话说就是"有什么，就干什么""今天干这个，明天干那个"。事实上，正是因为灵活性，打零工的收入往往高一些，月工资都在 3000 元以上。2017 年和 2018 年我们调查时，NLS（男，43 岁）干过搬运工（在九鼎农贸批发市场、库房等）、建筑小工和其他体力活。YEKBK 和 NLS 的经历相近，他们在接受访谈时说：

　　　　负责人给我们打电话，说在哪里干活儿，然后我们自己找到那个地方。克拉玛依市我们很熟悉，在这里打工快 6 年了。我们自己也包活儿，两三个人带一个人，都是我朋友。比如，今天挖坑 50 米，一米 90 元，4500 元，4 个人干，干完后均分。新搬过来的哈萨克族牧民（指缺少城镇生活经历的牧民，笔者注），不知道哪里干活儿，我们就带着他们干。

　　　　我是 2015 年出来打工的，村里没有别的活儿干，家里也很困难。我刚开始在金矿和修井队干。这种活儿干得多，拿得多，一个月能挣四五千块钱。现在我在克拉玛依市里的家家乐超市做搬运工，不是长期的，按天算，一天平均 200 元。这个活儿没什么固定的工作时间，干完了才让回去。妻子在流动人口办公室上班，一个月 1860 元，有五险一金。考驾照报名我也报了，想学大车的，以后跑大车挣钱。我想找一个稳定、工资高、轻松一些、有五险一金的工作。

　　也有一些受访者因为年龄、缺少技术等原因不得已选择了打零工，TKS 的经历较为典型：

　　　　我找过好多工作，人家不要，工作很难找。我就只能去打零工，今年 3 月份干过一段时间保安，身体不好又回来了。等身体好了，我秋天再去干。工作都是自己找的，今天干这个，明天干那个，我都不知道干过哪些了。打零工一个月 3000 多元吧，有时一天要干十几个小时，回到家时累得饭都不想吃。

　　调查发现，牧民比较喜欢干保安、保洁和服务员 3 类工作。原因有很多，比如牧民普通话水平较低、大部分缺少知识和职业技能等，但这些原因都不是最主要的。牧民通过易地扶贫搬迁或定居政策获得住房后，在城镇中扎根最关键的问题已经解决，因此倾向于选择收入不高但稳定性较强的工作。SYHT、

WZT、JEGL 与 JL 在受访时说：

> 我在乌鲁木齐新疆商贸经济学校上了 5 年大专，还没有拿到毕业证。老家在玛依哈巴克村，我来这里主要是为了赚钱。我以前做过服务员，在乌鲁木齐物流园圆通实习过，现在做保安，一个月 3000 元。这个工作是妹妹介绍的，她在九鼎打工，与丈夫一起住宿舍。

> 我在克拉玛依市红光小区做保洁，这个工作是固定的，一个月 1400 元。妻子在兄弟服装厂上班，打扫卫生，一个月 1700 元。妻子的工作是她妹妹介绍的，平常上下班有车接送。我们在托里县时，偶尔出去打工。我的第一份工作是摘打瓜，朋友叫上一块去的，一天 50 元，干了 20 天。保洁工作每天早上 3 个小时，下午 2 个小时，干活儿时间短，比较轻松。

> 我现在的工作是服务员，刚来时，因为普通话不好，又没有认识的人，很困难，好长时间才找到工作。没有工作的时候，我就跟朋友说，看看他们能不能帮我。我现在一个月工资 2000 元，比以前好多了。这个工资对于很多人来讲很低，我的朋友和一些亲戚他们的工资都比我高，但工作比我累。我干不了重活，这个工作我觉得可以，不是体力活。

> 我现在当保安，一个月 3000 元。以前打工的时候，干多少拿多少。当保安，干 12 小时，休 24 小时。我们的工作没有双休日，也没有节假日，时间有点儿长。上白班，10 个小时。上夜班，晚上 8 点到早上 10 点，14 个小时，不能打瞌睡，否则就被罚款，有点儿受不了。妻子在克拉玛依夜市后门当保安，每天工作 8 小时。

准噶尔社区周边还有一些企业，其中兄弟服装厂用工最多。社区主任 WCB 告诉我们，兄弟服装厂的用工量最大，有 40 名牧民。GLXLP 和 BHTJ 就在该厂上班，她们说：

> 我在兄弟服装厂上班，当裁剪工，一个月能挣 1700 元。这个工作是社区帮我找的。以前我在养路段干了 10 年。在养路段时，4 月底上班，10 月份就停工，虽然月工资比兄弟服装厂高，但一年干的时间短。我以前会做裁缝的活，所以还比较方便。我现在早上 9 点上班，中午 1 点下班，下午 3 点上班，晚上 7 点半下班。我工作的时候一天都是站着的，我也不是

坐在椅子上的那种裁缝（师傅），只是帮他们裁剪。说实话，现在的工作时间我觉得太长，每天都很累，中午休息的时间太短了。

在乌尔禾时，我没工作，在家照顾孩子。现在在兄弟服装厂上班，做衣服。这个工作是社区介绍的，一个月差不多能挣1700元。我们干了5个月，但是前3个月是实习。我之前不会做衣服，先学了3个月，现在已经学完了，还有提成。我一天上8个小时班，有时候会加班，加班也有加班费，我觉得这个工作还可以。

在企业务工的牧民中，个别牧民因在企业时间较长、技术好，有可能转变为技术工，进而获得更高的工资，32岁的GLML（女）便是如此：

我们2011年来克拉玛依打工，之前在白碱滩（克拉玛依市一个相对偏远的区，笔者注）。丈夫以前是在金牛公司上班，一个月能挣3800元。现在他也在九鼎做卸货员，一天能挣200元，不固定，一个月做几天也不好说。我打算重新给他找一份长期工作。我在九鼎做过磅员，因为他们要招会用电脑的，我符合条件，工资比起别的工作高。我现在才工作3个月，月工资是3100元，如果不扣除五险一金是3900元。工作时间是干12个小时，休24个小时。

准噶尔社区也有一部分牧民选择了经营餐馆和商店。这部分牧民大多有一些资本和经验，比如原来在牧区开过商店，现在在小区开商店，卖日常生活用品、零食和蔬菜等。其中奶制品是必不可少的，牛奶、骆驼奶、马奶等都是畅销品。BDL、RYZ、ANE和MEGL是该群体的代表，他（她）们在受访时说：

我婚后在村里开了一段时间的商店，叫"阿拉巴拉"，什么都卖。店里平常就我一个人。我可以在家洗衣服做饭，也可以看着孩子。那个地方人少，挣不了多少钱。

我以前在额敏县跟别人合伙开打字复印店，干了三四年，一个月能挣3000—4000元。这个商店的彩钢房是政府给的，不用租金，今年2月开张。每天开10个小时，虽然工作时间长，但不累，一个月能挣5000元。丈夫开大车，跑长途，一个月能挣6000元，有的时候跑托里，有的时候跑五彩湾（吉木萨尔县境内，笔者注）。

我从小学到初二都在托里读书，初二后到克拉玛依读书。高中毕业后，我在铁厂沟开服装店，后来就到九鼎里面开店。在铁厂沟卖衣服时，学生多，生意比较好做，一个月大概能挣 3000—4000 元。现在开的是百货商店，什么都卖，我爸爸就在九鼎里面帮忙提货。房子是一个维吾尔族亲戚租的，他不开了，就转给我了。

包子店主要是爸爸和妈妈在管。我在包子店已经干了 1 个多月，每天早上 6 点起床，8 点开始卖包子。这个摊位很简单，又不需要什么投入。只要有 1 张桌子（有些不稳，摇摇晃晃，桌子上面有 1 个透明的塑料盒子，里面有 1 把勺子和一些辣椒，盒子上面有 1 个石头压着防止风大吹走，笔者注）、2 个凳子、3 把椅子，还有 1 个自制的木头柜子。我们卖包子，也零售一些香烟和牛奶。早上 8 点，准时提供免费奶茶，9 点多就已经没有了。早晚是生意的高峰期，晚上有时候卖到 11 点，有的时候卖到夜里 12 点多。一天大概可以卖 400 多个包子，加上烟和牛奶，最多时一天可以赚 1000 多元，一个月可以赚 1 万多元。

在准噶尔社区，女性牧民兼做微商的较多。她们在网上销售护肤品、化妆品、洗护用品、衣服、鞋子等。她们通过自己的渠道，联系卖产品的代理人，对产品进行详细的了解，亲身试用产品，当觉得这个产品使用效果比较好时，便缴纳一定的费用，成为这个产品的代理人。她们成为代理人之后，就有了售货的资格以及进货的渠道，并且通过网上培训提高自身的推销能力。她们每天在朋友圈发送产品信息，包括产品的品牌、产品的功能、产品的销量等。NRBS 的经历颇有代表性，她说：

我是今年 2 月份开始卖××化妆品的，这个梳妆柜上的都是，水、乳、面霜等。我这里一共有 20 多个产品，这个眼影我平常也在用，眼影有 6 个颜色，上面的 3 个颜色混在一起就出来另一个颜色，我平常就这么用的。我平常下午在家里没事干。我有好多东西卖，我们小区有两三个人也在卖，她们都是我的代理。她们按照批发价从我这里拿货。我以前在乌尔禾的一个餐馆上班，我们有一个班长叫 AYNL，这是她给我介绍的，我从她那里拿货。她在沙湾（塔城地区沙湾县，靠近石河子市，距离准噶尔社区约 200

千米，笔者注），每次都用快递把货寄给我。

四、城镇中牧民的职业特征

对比青河新城与准噶尔社区，尽管牧民务工环境差异较大——建筑工地、大田或农贸批发市场、库房，职业类型也存在差异，但共享 4 个特征。

第一，相当多牧民从事具有季节性、临时性、灵活性特征的体力劳动。这源于两个方面：一方面，牧民普遍缺少知识、技能和经验，只能从事那些不需要技术含量的工作。这与牧民群体受教育程度普遍偏低、没有接受过系统的技能训练以及在城镇中生活时间尚短相关。另一方面，青河新城、准噶尔社区能够提供的职业也主要是这一类工作。我们在青河新城调查时注意到，建筑工地和农牧产品企业中的技术工基本上是汉族和回族的农民。为保证工作的效率和质量，企业领导通常会带上一部分熟练工，由他们担任小组长或工头。在准噶尔社区附近的九鼎农贸批发市场、兄弟服装厂和库房调查时发现，店铺负责人、工厂的小组长等往往也是汉族、回族和维吾尔族员工。两地牧民中有一部分长期生活在牧区，入城初期往往很难找到工作，在工作中表现出很强的不适应性，需要政府引导和支持。政府甚至需要委派干部带着他们工作。如表 4-2 所示，不少受访者在"从事时间最长的工作"问题上选择了"打零工"（准噶尔社区占 11.4%，青河新城占 37.0%）。如果将"建筑工地工人"合并到"打零工"中，比例便会更高（准噶尔社区占 15.0%，青河新城占 43.6%）。准噶尔社区和青河新城中分别有 16.4% 和 6.0% 的受访者选择了"其他"，以我们的观察来看也大多是打零工。

第二，工作的稳定性而非收入是牧民择业时首先考量的因素。从职业类型来讲，"打零工"灵活性更强，而且如我们提供的个案所揭示的，往往收入也更高。然而，一旦有机会，他们更愿意选择保安、保洁等收入较低但稳定性更强的职业。以准噶尔社区为例，由于近年来安保要求提高，社区周边的企业、居民小区对保安门卫的需求激增。调查发现，"保安门卫"成为很多牧民（占比为 14.3%）首选的理想职业，认为有合同而更稳定、工作时间相对固定、对语言（普通话）和技能的要求较低等。在保安门卫这个群体中，年轻人占比颇大，不乏高中、大中专毕业生。选择"保洁员"与选择"保安门卫"的原因大体相似，不同之处在于往往是中年人的选择。我们应该如何看待牧民的这些选择？选择"收入低，更稳定"而非"收入高，更灵活"的工作，通常被视为懒惰、没有上进心的表现，这恰恰是我们从地方政府工作人员那里最容易听到的。然而，如果从牧民的角度出发，可能更易于理解。对他们来说，只要住房得到了解决，其家庭经济的关键就不是收入的多寡，而是收入的稳定性。另外，"保安门卫""保洁员"这类工作，通常由政府作为中介介绍的，不仅签订了合同，用工方还为牧民缴纳"三险"。对牧民来说，这是他们在城镇中的生活保障。

表 4-2　牧民从事时间最长的工作

工作岗位	准噶尔社区		青河新城	
	频率	占比/%	频率	占比/%
打零工	16	11.4	49	37.0
建筑工地工人	5	3.6	9	6.6
车间工人	10	7.1	33	24.6
跑车（卡车、客车或者出租车）	7	5.0	3	2.2
店员	2	1.4	7	5.2
保洁员	18	12.9	4	3.0
服务员	17	12.1	4	3.0
保安门卫	20	14.3	5	3.7
新政管理员、文员	6	4.3	1	0.7
技术员	1	0.7	0	0
销售员	2	1.4	0	0
个体经营（有门市、超市、餐馆等）	5	3.6	9	6.6
摆摊（流动经营）	1	0.7	2	1.4
待业	7	5.0	0	0
其他	23	16.4	8	6.0
合计	140	100	134	100

第三，当前牧民的职业选择与其过往经历有十分密切的联系。对比进入新城或准噶尔社区前后牧民的职业，从类型上讲，似乎并没有大的变化。比如，原来有的牧民代牧，现在仍有一些牧民选择代牧；原来打零工，现在仍打零工；原来在铁厂沟开店，现在在九鼎农贸批发市场开店。这说明，前一个时期牧民的职业经历对当前职业选择产生了明显影响。这种影响既可能是积极的（比如

之前学会的技术或积累的经商经验在当下发挥了效用），也可能是消极的（比如常年代牧导致技术的固化——缺少选择其他职业的机会）。在一定程度上讲，进入青河新城或准噶尔社区是牧民"城镇化"经历或进程中的一部分，是之前状态在当下的延伸，但是这并不意味着没有变化。对他们来说，政府资助、支持和引导，比如提供住房、语言和技能培训等，解决了他们扎根城镇的最关键问题。由于政府的积极介入，比如帮助介绍工作或直接提供公益性岗位、解决子女就学问题、老人就医问题等，牧民在城镇中扎根和发展的困难少了很多。从这个角度上，牧民的关键任务已经由"如何生存"转变为"如何更好地发展"。

第四，牧民进入青河新城或准噶尔社区后，其就业的稳定性、就业距离、就业成本和就业保障程度等方面也有明显变化。尽管灵活性、季节性等仍是牧民就业的明显特征，但由于政府的介入（比如与用工企业协商，招商就业时明确使用本地牧民的人数等），就业资源更加充足，牧民就业的机会更多，工作的稳定性更强。另外，在迁入前，由于在城镇没有住房，一些牧民需要在乡村与城镇间周期性移动，现在他们以所在的"城"和"镇"为中心就业，就业距离缩短，这意味着交通出行费用、在城镇中租房费用和其他各种移动中产生的费用降低，即就业成本降低，这有助于其在城镇中扎根。此外，由于政府的积极介入，地方政府、社区、企业在招工用工时会提供工伤保险、失业保险等。即便是那些打零工的牧民，也因为政府的积极介入而免去了"拿不到工资"或"无故被克扣工资"的问题。总体来看，牧民的就业保障水平有了较为明显的提高。

第二节　牧民获得职业的路径

我们已经对牧民在城镇中的职业进行了描述和分析，接下来的问题是：他们获得职业的路径有哪些？其有效性究竟如何？在牧民获得职业的过程中，政府提供了哪些帮助？这些帮助对牧民来说意味着什么？

问卷调查发现，牧民获得职业的路径主要有招工/招聘、家里人介绍、朋友介绍和政府介绍等。如表4-3和表4-4所示，准噶尔社区与青河新城牧民获得就业最常用的路径都是"招工/招聘"，这也是最有效的路径。准噶尔社区主任WCB告诉我们，社区周边的企业不多，用工量很小，但是社区在克拉玛依市西郊，之所以将易地扶贫搬迁点设在此，就是看中了克拉玛依市这个拥有 60 多万人口的大市场。因此，准噶尔社区与周边的企业、克拉玛依市用工单位保持着密切联系，定期通过 QQ 群、微信群和社区内的公告栏发布信息来帮助牧民求职。由于大部分工作是体力劳动活，对技能、知识和经验并无要求，因此，牧民总是能够找到工作的。

表 4-3　牧民获得职业的路径

找工作的途径	准噶尔社区		青河新城	
	人数	占比/%	人数	占比/%
招工/招聘	59	44.7	57	42.5
家里人介绍	25	18.9	4	2.9
朋友介绍	22	16.7	12	8.9
政府介绍	7	5.3	41	30.8
其他	19	14.4	20	14.9
合计	132	100	134	100

表 4-4　职业获得路径的有效性

找工作的途径	准噶尔社区		青河新城	
	人数	占比/%	人数	占比/%
招工/招聘	57	44.9	42	31.3
家里人介绍	13	10.2	6	4.5
朋友介绍	23	18.1	16	11.9
政府介绍	18	14.2	36	26.9
政府安排（比如公益性岗位）	1	0.8	34	25.4
其他	15	11.8	0	0
合计	127	100	134	100

笔者在青河新城调查时发现，每年 5—10 月，农牧企业和建筑行业用工量很大。一个承包 2000 亩地的企业，在播种、除草、收割等节点的用工量超过 200 人。在用工高峰期，企业在青河新城很难招够人手，需要提前与政府沟通，由政府宣传和协调，必要时还需要从邻近的萨尔托海乡招募工人；在其他时间，因管理（比如浇水、施肥等）需要，还可能长期聘用 40—50 人。随着新城建设的加速，建筑工地、企业、合作社与大户的用工量大增，在用工方与牧民之间出现了一些劳务经纪人。劳务经纪人的出现有三方力量推动。对政府来说，安排牧民就业不仅

增加了行政负担，而且绝非长久之计，关键还是要激发牧民的内生动力和发挥市场的作用。2016年，青河县出台了就业以奖代补政策，就业收入1万元奖励1000元（封顶奖励1万元）。各乡镇发掘"有务工经验""脑子灵活""社会关系广"的牧民，有意识地将他们培养成为劳务经纪人，带动牧民就业。对用工方来说，单独招工耗时费力，用工高峰期不好招人。他们从工人中选择那些勤恳工作、老实可靠的牧民加以培养，使其扮演中间人角色。一些牧民在新城生活时间长，逐渐在牧民中建立了威信，自然转变为劳务经纪人。他们不仅与企业、合作社与大户合作，组织牧民承接临时性与季节性的工作，还组织了以自我为中心的、松散的务工队、小建筑队、小施工队。事实上，牧民也习惯通过他们找活干。MLTBK就是一位劳务经纪人，他讲述了他的成长过程：

> 没搬来前，我就带着十来个人给别人干活儿。到这边后，也有以前跟着我一起干活儿的人搬过来。这些人把他们的朋友也带上，人数就慢慢多了。我的普通话比较好，能直接跟领导交流。领导可能看中我有一定的组织能力，后来就直接跟我联系。我带过去干活儿的人都比较可靠、认真。不会出现无故旷工的情况。

两地都有一部分受访者的工作是政府介绍的，主要针对那些因年龄、技能、经验或其他原因无法自主择业、家庭经济又相对困难的牧民。如表4-3和表4-4的数据所揭示的，准噶尔社区牧民对"政府安排"的依赖性较低，而青河新城的依赖性较高。阿格达拉镇政府与准噶尔社区管委会为提高牧民的就业能力，利用牧民夜校教牧民学习普通话，还开设各类职业技能的培训班。牧民培训后可以获得保安证、厨师证。他们还与驾校协商，让小区居民免费考驾照。GLBHT与YESA讲述了培训的情况：

> 我平时去克拉玛依逛街的时候有过语言不通、买东西不方便的情况，就想学普通话。我参加过小区里的普通话培训，觉得教的效果很好，我的语言能力有了很大提升。每次小区有活动我都主动参加，小区也要求大家都去参加。托里县组织了保安证培训，2月份，有60个人在培训，50个人拿上了保安证。我现在是保安，我有保安证。

政府通常还会积极与企业沟通，为牧民提供更多就业机会，准噶尔社区干部ZY说：

　　　　这边就业机会很多，有多少人报名或者有多少人愿意参加这样子工作的，都能把他们安排掉。比如说兄弟服装厂的工人，浩瀚物流园搬运工，还有一个搅拌站驾驶员。兄弟服装厂现在安排培训，教他们缝纫。学会了以后，他们要 15—60 个人。克拉玛依市也提供了就业机会。他们那个地方到处都要用人，包括餐饮企业、库房等。

　　表 4-3 与表 4-4 的数据还表明，准噶尔社区牧民对"家人介绍"和"朋友介绍"的依赖度都高于青河新城的牧民。在准噶尔社区，分别有 18.9%和 16.7%的牧民通过家里人和朋友介绍获得了职业。如表 4-4 所示，在有效性上，准噶尔社区有 18.1%的受访者认为朋友介绍最有效，有 14.2%的受访者认为家里人介绍最有效。这几项数据的差异应该源自两地城镇化路径的差异，即准噶尔社区拥有克拉玛依市这个大的就业市场，牧民更有可能自主地寻求就业机会。如前所述，相当多牧民在克拉玛依市务工多年，有条件为亲戚朋友介绍工作。青河新城相对封闭，就业机会主要由招商引资企业提供。招商时，青河县政府与企业签订了用工协议，这意味着政府掌握就业资源，成为牧民与企业间的中介。

　　大体来说，与中国其他地区农民城镇化相比，新疆牧区牧民在城镇获得就业的过程中自主性相对要弱一些，政府需要承担更多工作，发挥更大作用。以准噶尔社区为例，14.2%的受访者获得了技术培训，18.7%的牧民获得了政府提供的"推荐或联系工作"的服务（表 4-5）。值得注意的是，59.7%的受访者认为"没有提供帮助"。以我们调查了解的情况看，这一方面是因为准噶尔社区干部队伍力量配置不到位，政府在就业服务上做得不足；另一方面是因为相当多的牧民已在克拉玛依市及周边务工多年，有找工作的渠道和能力。

表 4-5　职业获得过程中政府提供的帮助

政府提供的帮助	准噶尔社区		青河新城	
	人数	占比/%	人数	占比/%
技术培训	19	14.2	21	15.7
推荐或联系工作	25	18.7	58	43.3
提供工作机会（比如公益性岗位）	8	6.0	41	30.6
慰问（物质的、现金的等）	2	1.5	14	10.4
没有提供帮助	80	59.7	0	0
合计	134	100.0	134	100

下面这段话来自对准噶尔社区干部 SXN 和 WJT 的访谈，他们谈到了社区管理中人员和机构不足的问题及其影响。

这一整片全叫准噶尔社区，不只是那一小块（易地扶贫搬迁点，笔者注）。这一片对于县政府来说叫托里县准噶尔非公有制经济开发区，对于铁厂沟镇来说叫铁厂沟镇准噶尔社区。这个地方以前石材厂比较多，个体工商户比较多，所以成立了非公有制经济开发区。但是，社区工作这一块又归铁厂沟镇管。也就是说，开发区与社区的人员是一套人，需要做社区的工作，就去干社区工作；需要干开发区的工作，就干开发区的工作。

居民分了两批入住准噶尔社区，人是陆陆续续搬过来的。这些牧民放下鞭子就到了城里（指由牧民直接转变成了"市民"，笔者注）。刚开始，由于一些人没有经济来源，或没有找到工作，矛盾还是比较多的，有打爸爸的、夫妻间打架的、酒驾的，等等。托里县扶贫安置小区没有专门的管理服务部门，机构还没建立起来，物业基础设施还比较差。

表 4-5 表明，青河新城牧民在求职过程中，从政府获得的帮助要比准噶尔社区牧民更多一些。在各种帮助中，推荐或联系工作与提供工作机会（比如公益性岗位）是最直接的。对大部分新城牧民来说，受普通话水平低、受教育程度不高、缺少非农牧业技能等因素的影响，进城伊始要依靠自身力量找到工作很困难。从 2016 年青河县贫困县退出第三方评估了解的情况来看，相当比例牧民的工作是社区安排的，具体分为两种情形。一是政府开发了大量购买服务的岗位，以乡镇为单位分配指标，乡镇从牧民中推荐安排；二是政府与企业、合作社和包地大户签订协议，明确新城贫困牧民应占其招工人数的 80% 以上。从具体实践来看，效果比较理想，基本做到了贫困牧民家庭"一户一就业"，为牧民在新城扎根打下了基础。以青河县福生农牧业开发有限公司为例，加工生产车间有工人 13 名，全部都是贫困牧民。该企业还流转了 2.7 万亩耕地用于种植食葵、玉米和打瓜，2018 年雇用了 200 多名临时工，其中贫困牧民占 80%。社区安排就业得到了牧民的认可，WRLBK 说：

社区干部会动员我们主动就业，不要天天待在家里。企业需要工人或地里的农活需要工人时，都会跟政府联系。政府让社区干部进行宣传，帮我们联系，并说工作上的任何问题都会尽力解决，这让我们十分感动。

前文提到，政府通常利用 QQ 群和微信群发布招工信息，帮助牧民实现就业。我们在青河新城调查时发现，牧民根据工种的不同，自发地建起一些 QQ 群和微信群。新城牧民利用 QQ、微信等新媒介构建了超脱于政府公共服务体系的就业网络，我们暂且称之为"新媒介网"。这些新媒介网所依托的是个人的"朋友圈"，再通过"朋友圈"向外辐射，其基础是现实中的个人关系。因此，网中牧民有较强的同质性，从事的工作也具有较强的同质性。若以马克·格兰诺维特的观点来看，这是典型的基于强关系而构建的社会网络，身份与信息的同质性不利于求职。[①]然而，这些新媒介网却是牧民获得工作最便捷、有效的路径，为何？我们认为，有两点特别重要：一是牧民所寻求的工作基本无技能要求，主要是体力劳动；二是这些工作往往是临时性与季节性的，用工量较大。牧民之间并不构成竞争关系，反而需要大量的劳动力协作。AYH 是新媒介网的受益者，其大部分工作获得与之有关，她说道：

> 我和丈夫的活儿都是通过微信群找的。政府在微信上建了个"打工者群"，群里通知的基本上是体力活儿。朋友、邻居间也会互相告知"打工者的群"里发了哪些信息，避免错过务工机会。不担心去的人多了有竞争，体力活儿不需要技术，要的人多。

创业牧民也得到了政府的支持，有奖补资金、门面租金减免、扶贫小额贷款与创业培训等。与打工牧民相比，他们更善于调动和构建社会资本，也更善于运用新媒介网。就社会资本而论，一方面是调动在牧区的关系及关系中的资源，另一方面是在城镇积极营构新的社会关系网。一些牧民的牲畜并未托养，而是交给仍在牧区的父母兄弟代养。他们在城镇的店面便成为大家庭畜牧产品的销售点，不仅自己获得了发展，还带动牧区亲友共同发展。换言之，尽管牧民已经进城，但仍是大家庭的一部分，通过大家庭内的分工来发挥牧区与城镇两方面的优势。事实上，那些从事传统服饰加工的牧民也选择了类似的策略，在城镇获得的订单交由牧区有手艺的亲属完成。要想经营好店面，还要在城镇

---

① ［美］马克·格兰诺维特：《镶嵌：社会网与经济行动》，罗家德译，社会科学文献出版社，2007 年。

构建新的社会关系，主要策略仍是利用新媒介网，在朋友圈中发布产品和通过朋友的朋友圈发掘更多顾客。因此，新媒介网中的关系实际上是现实社会关系的投射，依托的是熟人关系，遵循信任原则。AYGL 就是创业牧民中的一员，主要加工传统食品，她谈道：

> 我开了一个小商店，卖自己做的一些传统食品，牛奶、馕、奶疙瘩什么的。牛奶是自家的牛产的，馕是阿热勒托别乡亲戚打的，奶疙瘩是自己做的。我不用考虑进货问题，牛是丈夫的妹妹在帮忙养，挤的牛奶拿过来就卖了。

综上所述，牧民主动调动各种资源，以求在城镇中获得更稳定、收入更高的工作。这些资源有的由政府提供，但更多的是对个人、家庭与社会资源的发掘和运用。大部分牧民倚重的是强关系，只有那些劳务经纪人才开始积极构建弱关系。这与牧民进城时间短和身处半熟人社会相关，也意味着牧民的城镇化尚处于初级阶段。

第三节　牧民的求职困境与职业期待

从前文引用的个案来看，绝大部分进城牧民可以在城镇中实现就业，但基本上以"劳务型"就业为主，有体力劳动、收入低、灵活性强等特征。这自然与该群体受教育程度低、缺少专业技能和城镇生活经验不足等群体特征相关，也反映出牧民在城镇中求职面临一系列困境。本节，我们拟运用定量数据与定性材料对牧民的求职困境进行分析。

近年来，政府加大了对进城牧民的支持，解决了其住房、孩子教育等问题，为牧民扎根城镇创造条件。调查时我们发现，牧民普遍对今后的职业有自己的期待。这些期待尽管有个体性差异，但总体上表现出较强的群体性特征。牧民能否走出城镇求职困境，能否提出并实现符合群体特征的职业期待，是影响城镇中牧民再社会化实现程度的重要因子。

一、牧民的求职困境：定量的分析

2016 年 12 月，受新疆维吾尔自治区扶贫开发领导小组的委托，我们在青河县完成了该县贫困县退出的第三方评估工作,其中青河新城是重点调查区域。2017 年 7 月,受新疆维吾尔自治区托里县扶贫开发领导小组的委托,我们对该县脱贫成果巩固的情况进行了调查,其中准噶尔社区是重点调查区域。两次评估或调查让我们对牧民求职中面临的困难有了较深刻的了解。2018 年 7—8 月,我们在准噶尔社区和青河新城进行问卷调查时,"求职困境"是一个重要的关注点。根据前期了解的情况,问卷中设置了 8 项变量:①普通话不好;②没有技术;③不认识人,没有关系;④农村/牧村来的,招工时不愿意招收;⑤因为我是少数民族,找工作不容易;⑥没有文凭,不好找工作;⑦因为需要经常回家,所以工作不好找;⑧其他。

这些变量涉及技能、社会关系与社会结构、就业歧视等不同层次。①②属于技能层次。地方官员和干部在谈论牧民就业时,通常将①纳入技能层次,认为是否听得懂、会说普通话是谋生最基本的技能;③与⑥属于社会关系与社会结构层次。③指牧民是否在求职过程中有可供调动的关系及关系中流动的资源,即社会资本。这一问题,我们将在第六章单独进行分析。⑥指牧民所嵌入的社会结构对其求职的负面影响。④⑤⑦是"就业歧视"的问题,即牧民在求职中是否因为民族身份、牧民身份和没有文凭而受到歧视。我们分别在准噶尔社区和青河新城搜集到了 124 名牧民和 134 名牧民的答案。表 4-6 和表 4-7 对两地牧民的就业困境做了统计,首先以"重要性"为原则识别出了前 3 项的占比,然后统计出累计占比。

表 4-6　准噶尔社区牧民的就业困境　　　　　单位：%

困难类型	第一重要	第二重要	第三重要	累计占比
普通话不好	51.6	0	0	51.6
没有技术	6.5	8.6	0	15.1
不认识人,没有关系	8.1	39.3	27.5	74.9
农村/牧区来的,招工时不愿意招收	0	3.7	12.5	16.2
因为我是少数民族,找工作不容易	2.4	1.7	12.5	16.6
没有文凭,不好找工作	0.8	11.7	20.0	32.5
因为需要经常回家,所以工作不好找	29.0	28.6	15.0	72.6
其他	1.6	6.4	12.5	20.5

表 4-7　青河新城牧民的就业困境　　　　　单位：%

困难类型	第一重要	第二重要	第三重要	累计占比
普通话不好	31.3	15.7	6.7	53.7
没有技术	29.1	14.2	11.2	54.5
不认识人，没有关系	8.2	23.9	26.1	58.2
农村/牧区来的，招工时不愿意招收	0	0	0	0
因为我是少数民族，找工作不容易	0	5.2	6.7	11.9
没有文凭，不好找工作	23.9	25.4	28.4	77.7
因为需要经常回家，所以工作不好找	7.5	15.6	20.9	44.0
其他	0	0	0	0

下面，我们分别从"第一重要"排序和"累计占比"排序进行分析。

从"第一重要"的排序来看，"普通话不好"居首。托里县准噶尔社区此项占比达到 51.6%，青河新城则达到 31.3%。这些数据说明，影响牧民就业最直接的因素是"普通话不好"。从后文定性材料的分析中可知，企业或用工单位在招聘时，首先以"是不是听得懂普通话"为标准划定用工范围。从数值来看，认为"普通话不好"第一重要这项，准噶尔社区高出青河新城 20.3 个百分点。其原因仍在于两地城镇化路径的差异，准噶尔社区的牧民多在克拉玛依市务工，且多从事服务类工作，他们使用普通话的场合更多、频率更高，所以普通话水平对于他们很重要。对青河新城牧民来说，普通话仍是重要的，但因为青河新城人口以哈萨克族为主，从事的工作又以体力劳动为主，因此这项占比较准噶尔社区小。

居第二位的原因两地存在差异。在准噶尔社区，"因为需要经常回家，所以工作不好找"的占比偏大（29.0%），让我们颇感意外。牧民为什么"需要经常回家"呢？以我们在牧区长期调查了解到的情况来看，"需要回家"的原因很多，比如还有耕地和牛羊需要照看、亲戚家要举办"托依"（仪式性聚会）、有人生病、回家看望老人等，但也有的是"干几天，歇几天"（不适应城镇中的工作节奏）等。这些内容我们将在第七章进行详细分析。准噶尔社区选择"没有技术"和"没有文凭，不好找工作"的占比不大，分别为 6.5% 和 0.8%，这也很让人意外，因为在与政府工作人员、企业和其他用工单位负责人的访谈中，他们经常提到这几个影响因素。我们的观点是，大部分牧民从事的是体力劳动或低技术含量的工作（比如建筑小工），对技术本身并无太多要求，由于相当多的牧民有在克拉玛依市务工生活的经历，当前从事的职业与迁居准噶尔社区前并无明显差异。另外，准噶尔社区牧民接受过初中以上教育的占比达到77.4%，其"文凭"足以满足其所从事职业的要求。这些原因使"技术"和"文凭"并未成为影响牧民在城镇中就业的主要影响因素。

在青河新城，"没有技术"居第二位，占比达到29.1%。以我们调查的情况来看，这与大量进城牧民由牧村直接进入城镇，且相当多人缺少在城镇中务工生活的经历相关。由于青河新城提供的务工机会主要来自种植业，牧民缺少种植技术，所以他们认为"没有技术"是就业的重要影响因素。另外，选择"没有文凭，不好找工作"的占比达23.9%。我们认为，此项占比较大的原因应与"没有技术"是一样的，而且牧民通常将"文凭"与"普通话"能力等同视之。从调查的情况来看，企业在招收技术工、行政管理人员和文员时，通常对文凭有要求。原因来自两个方面，一是岗位本身需要处理文字的能力，二是用工方认为有文凭（中专以上）的能更快融入企业。从牧民群体内部来看，中专及以上的牧民人数很少，这就造成相当多的牧民被阻挡在技术岗、行政管理人员和文员等非体力劳动工作的门外，并造成此项数据偏高。如前所述，青河新城牧民的受教育程度明显比准噶尔社区低，初中及以上的只占19.2%。与准噶尔社区相比，青河新城牧民中仅有7.5%选择了"经常需要回家"，占比较小，主要是因为青河新城与其原居地距离较近，他们回家基本上可以做到当日往返。简言之，"距离"对青河新城牧民的工作影响并不明显。

按照累计占比来看，准噶尔社区居首位的是"不认识人，没有关系"，选择此项的人数占总抽样人数的74.9%；青河新城选择此项人数占总抽样人数的58.2%。这反映出牧民在城镇中缺少"社会关系"，其现有社会关系网在其突破就业困境中的作用不明显。在此，所谓的"人"绝非牧民，而是掌握着工作机会的人，包括企业负责人、包地者/包工头、劳务中介等。事实上，还反映出牧民与政府/社区工作人员的关系较少，因为这些工作人员也掌握着大量工作机会。"不认识人"与牧民进入城镇时间尚短有关，即他们还没有足够多的时间建构有助于求职的关系网络。相比之前未进入城镇和那些在城镇中务工经历较少的牧民，在城镇中务工过、生活过的牧民多少在城镇中有些关系，所以他们的求职相对容易一些。就此项数值来看，准噶尔社区要明显高于青河新城，这同样与两地城镇化路径相关。这意味着牧民所在城镇规模越大、城镇化水平越高，社会关系在求职中发挥的作用就越大。在青河新城这样的小城镇，企业负责人、包地者、政府工作人员与牧民有大量接触机会，就业信息相对透明，牧民无需通过"关系"就能获得就业信息和就业机会。

表4-6和表4-7中的数据还表明，牧民在城镇中求职，有因为"农村/牧区来的"和"少数民族"身份而被排斥的现象。在准噶尔社区的调查中，分别有16.2%和16.6%的受访者认为"农村/牧区来的"和"少数民族"身份使其就业更加困难。在青河新城，没有人选择"农村/牧区来的"而被排斥，11.9%的牧民选择了"少数民族"身份使其就业更加困难。需要注意的是，这两项因素通常被认为与"普通话不好""没有技术""没有文凭"等因素相关。换言之，数据所反映的可能不完全是被"排斥"，而是群体所具有的、不利于他们获得工作机会的特征。在实地调查时我们发现，一些用工方确实有"职业歧视"的行为或观点。比如，青河新城多位受访包地者坦言，在三四名牧民中必须安排一两名汉族或回族农民，不能让这些牧民、这些少数民族"抱团"，否则每日的工作量将无法达成。再比如，两地多个企业的负责人、用工者私下多次向我们抱怨"这些牧民干活儿不行""太懒了""很难教会"。有时，我们会为牧民"申冤"，强调他们从"牧区到城镇""从牧民/农民到产业工人"转变的困难。这些负责人认可我们的观点，但指出"现在是市场经济，企业不可能不讲效率"。言下之意，一些来自农村/牧区的牧民或"少数民族"牧民，还很难适应市场经济体系中企业对员工的要求，要想在城镇中扎根发展，就必须自己做出改变。

与青河新城相比，准噶尔社区的牧民因"身份"而感受到"被歧视"的占比高出20.9个百分点。这应与牧民需要融入的城镇性质相关。准噶尔社区的牧民需要融入的是新疆北部发展最快的克拉玛依市。克拉玛依市是一座"石油之城"，市民多在国企工作，收入常年居全疆之首，甚至远超全国平均水平。简言之，准噶尔社区的牧民与克拉玛依市市民在职业、收入等方面存在巨大差距，使得进城牧民容易感到"被歧视"。青河新城则是以"牧民"为主的新城，在身份上并不存在"农村人"与"城市人"的区别。

大体来讲，影响牧民在城镇中求职的因素有语言、关系、技能与行为方式。由于"关系"将是我们第六章重点分析的内容，下面定性材料的分析中将围绕语言、技能与行为方式三个方面展开。

二、牧民的求职困境：定性分析

对牧民选择的职业做进一步分析，会发现存在就业层次低、稳定性不强、收入不高等现实问题。这些问题产生的原因是多方面的，但普通话水平较低、缺少技能和行为方式调整滞缓等因素的影响较大。

在对准噶尔社区与青河新城的调查中，最头疼的事莫过于语言不通了，因为绝大部分牧民普通话水平较低。调查发现，企业、合作社与大户在招工时首要指标便是会不会普通话。所谓"会不会"，是指能不能听懂，能不能正常交流。"不会"主要与两方面因素相关，一是受教育程度普遍偏低，二是长期生活在牧区而无语境。如前所述，2016 年青河县贫困县退出抽查的 357 户中，只上过小学和初中的占比高达 94.4%。在抽样户家庭收入中，农业与牧业收入合计占 27.0%，仅次于临时务工收入的 39.0%，又高于保障性收入（低保金、五保金、临时救助等）的 20.0%。同年，托里县贫困县退出第三方评估时抽查的 530 户中，只上过初中和小学合计占 69.0%。抽样户家庭收入中，农牧业收入占 53.0%。这些数据说明，大部分牧民的生活并未脱离牧区。地方政府意识到了语言对就业的影响，多位干部坦言"能不能找到工作，找到工作后能不能干得长久，首要因素便是普通话"。与 2016 年相比，2018 年调查时牧民的普通话水平已有所提高，会简单的问候、算账（以比划相辅）。这既得益于政府和社区每周三利用农牧民夜校开展的普通话培训，也得益于和新城其他民族成员交流机会的增加。下面是对 ALTN、JES、JNT 和包地者 ZTS 的访谈，他们分别从求职者和雇佣方的角度谈到了普通话在就业中的重要性。

> 我主要的收入来源就是打工，大部分工作是微信群里通知后找的。我的普通话不太好，听不懂，也不会说，在餐馆当服务员都不行。我现在正在学习普通话，能听能说后就去找个稳定的工作，像餐厅服务员、保安、超市导购等。

> 我们找工作遇到的困难挺大的，因为我们是少数民族，不会说普通话。我找了一个工作没人要，又找了一个还是没人要，后来才当了保安。我的工作都是自己找的，也问过朋友，可是他们跟我的情况一样。现在的孩子

比较幸运，汉语说得好。

干活儿的时候负责人说普通话，刚开始我听不懂。他有时喊一句"快把铁锹拿过来"，结果我们推拉拉车的也有，拿镐头的也有。干活儿时间长了以后，我们才知道这个是十字镐，那个是铁锹。我希望我的普通话能好一点，现在学校都是汉语教学，孩子以后就不会有这个问题了。

地里需要工人干活儿的时候，我会先跟镇政府联系，讲明大概需要多少人、工资是多少、干多长时间，是月结还是干完再结。政府通过社区或微信群告诉牧民。牧民普通话不是太好，我如果直接去招工，没办法说清楚。他们干活儿时，我要带一个哈萨克族或会讲哈萨克语的人做工头，便于指导工人。

缺少技能是牧民贫困的重要原因，也是大部分新城牧民只能从事低层次、低收入工作的原因所在。严格地讲，"缺少技能"一词并不准确，牧民牧业生产技能娴熟，他们缺少的是"非牧业"的技能。2014年以来，青河县政府与托里县政府有计划地组织贫困劳动力开展技能培训：男性以建筑、修理、电焊、驾驶等培训为主；女性以缝纫、刺绣、厨师、糕点与传统食品制作培训为主。2017年8月，我们在青河新城调查时发现，培训增加了美容美发、电商、保洁、保安等内容，这与新出现的需求相关。与2016年评估时的数据相比，2018年青河新城牧民的收入结构出现了"升降"变化。固定工资性收入占家庭收入的24.7%、经营性收入占8.2%，而非固定务工收入降至22.9%、农牧业收入降至6%、保障性收入降至7.1%。同样的变化也在托里县发生了，2018年调查时，牧民中有生产经营性收入的占7.8%，有89.3%的家庭有务工收入。另外，牧民在就业选择上出现了年龄上的分化。年轻一些的（40岁以下）牧民通过技能培训，大多选择进入企业工作或自主开店；年龄偏大（40岁以上）的牧民多选择建筑小工、临时性与季节性务工。从发展趋势来看，年龄偏大的牧民在就业时仍面临"缺少技能"的挑战，在城镇中的发展前景也并不乐观。调查中，BLS、NZGL与NEL谈到了"缺少技能"的影响：

搬到这边后，我一直在地里干活儿，打零工挣钱。像我一样40多岁的人，大多在干力气活儿，因为我只上了小学，普通话不好，参加技能培训，学习速度赶不上年轻人。我现在没什么想法，只要有活儿干、有钱挣就行。

我们家是今年 7 月份搬来的，之前没有出来打过工，就是一直在放羊。现在我爸爸在学驾照，妈妈在学裁缝，都是社区安排的。我们搬过来之后，牛羊是叔叔在养，一个月给他 500 元。之前，妈妈一天工作 10 个小时，因为觉得时间长，身体受不了，妈妈想找一个轻松一点的工作，就报名学了裁缝。

我们都是初中毕业，没什么文化，没有文凭，也没有技术。现在有好多工作需要这些，读过书的工资高一些，我们就只能当服务员。我的工作大部分是自己找的，但是有的时候不好找，我们哈萨克族嘛，有时语言也不方便，跟人家沟通有困难。丈夫开大车的工作也是因为家里人之前在金矿工作，介绍后才得到这份工作的。

与普通话、技能这些显性挑战相比，行为方式调整滞缓是经常被忽略的隐性挑战。我们在青河新城调查时可以见到，牧民就业中经常出现的一些不适应现象，比如习惯当日现金结算、工作不连续、不请假辞工、迟到早退等。用工方在访谈时说"他们不习惯按月拿工资，当天干的当天拿，第二天能不能来不知道"，又有人说"有钱以后就去消费，不想明天，没钱了又来要求上班"。牧民出工喜欢结队而行，提着暖瓶（内有奶茶），工作一段时间后，三三两两地在树荫下席地而坐，喝奶茶。用工方抱怨"他们一天要停下来数次，每次都在半个小时以上，严重影响了工作效率"。一些牧民在访谈时进行了辩解，比如"亲戚家有'托依'要参加""工作太辛苦""家里急需用钱"等。细加分析，行为上的不适应有三个方面的原因：一是农牧业劳动与非农牧业劳动在节律上的区别。农牧业劳动是非连续性的，忙时强度很大，闲时相对宽松。新的工作以效率为第一原则，要求保持工作的持续性。二是社会结构调整与职业调整不同步。即便在新城中就业，牧民也还是嵌入其个人和家庭的社会关系之中，参加"托依"是无法回避的义务。三是牧民收入不高，少有积蓄，但在新城中每日的花销却很多。客观地讲，与牧区社会的联系也有可能成为阻碍牧民融入城镇社会的负资本。我们也注意到，一些积极的变化正在发生。用工方将月结算改为周结算，牧民逐渐接受了这一变化。"托依"由秋季推后至冬季，因为冬季务工的机会很少。一些牧民因工作太忙，开始婉拒参加牧区亲戚家的"托依"，托人随礼。对他们来说，在播种季与收获季开足马力打工挣钱决定了一年的收入，也直接影响着家庭的生活。行为方式不适应的具体内容我们将在第七章进行详细分析，并会提供用工方、牧民的同事等的观点。

在准噶尔社区调查时，多位受访者提到了"交通不便"或"工作地点距离社区太远"的情况，并认为这些因素对他们的就业和生活产生了影响。我们认为，这在一定程度上解释了表 4-6 中有一些牧民选择了"其他"（就业困境）。HEL（女）和 JANE（女）就谈道：

> 我现在没工作，才搬来不到一个月。我感觉这边（准噶尔社区，笔者注）的工作工资太低了。克拉玛依有工作，但是太远了。家里有婆婆、孩子，孩子上学的时候要帮她们做饭，去太远了就不方便，没办法看她们。

> 我现在在家，还没有找到工作呢，有的工作是市里面的，太远，所以现在干不了……

我们注意到，持这样观点的主要是女性。对 HEL 和 JANE 的表述进行分析，关键问题在于去太远的地方工作使得她们无法照顾老人、孩子，而这些工作仍被视为女性的专属职责。简言之，女性务工受其家庭职责的影响，在家庭中性别分工模式没有转变的情况下，这种影响将持续存在。

三、牧民的职业评价与职业期待

我们对牧民对当前职业/工作的评价进行了调查，包括对收入、工作时间、工作环境和职业地位等方面，旨在对牧民关于当前工作的"认可度"进行评价。

表 4-8 是准噶尔社区和青河新城牧民月收入情况的调查数据。之所以选择"月收入"而非"年收入"，是因为居民职业的灵活性和变动性较强。调查时间选择在 2018 年的 8 月，"月收入"指的是牧民当年 7 月份的收入。7—8 月是牧民务工最稳定的月份，也是工资相对较高的月份。准噶尔社区和青河新城分别有 85 名和 134 名受访者提供了其 2018 年 7 月的收入情况。数据显示，准噶尔社区中，31.8% 的受访者月收入在 1001—2000 元，有 38.8% 的受访者月收入在 2001—3000 元。青河新城牧民的月收入与准噶尔社区大体相近，但高收入区间

占比较小，比如，收入在 4001 元及以上的占比为 4.5%，明显低于准噶尔社区的 11.7%。如果从年收入来看，青河新城牧民的收入要低很多，因为他们在种植业中务工的人数要多于准噶尔社区牧民，而种植业的季节性很强。事实上，大部分牧民每年只有 7 个月（4—10 月）才有稳定的务工机会。

表 4-8 准噶尔社区和青河新城牧民月收入情况

月收入/元	准噶尔社区		青河新城	
	人数	占比/%	人数	占比/%
1001—2000	27	31.8	34	25.4
2001—3000	33	38.8	67	50.0
3001—4000	15	17.6	27	20.1
4001—5000	7	8.2	4	3.0
5000 以上	3	3.5	2	1.5
合计	85	100	134	100

牧民对自己的收入是否感到满意呢？调查发现，准噶尔社区与青河新城选择"很满意""比较满意"的总占比分别为 43.5% 和 50.8%，选择"一般"的占比分别为 33.9% 和 32.8%。准噶尔社区与青河新城选择"不满意""很不满意"的总占比分别为 14.7% 和 11.9%；分别有 7.8% 和 4.5% 的受调查选择了"不好说"（表 4-9）。分析这几组数据发现，青河新城的满意度高于准噶尔社区，"不满意"和"不好说"占比均低于准噶尔社区。数据的差异仍可由城镇化的路径来解释。准噶尔社区牧民由于生活在克拉玛依市郊，即便他们的收入高于青河新城牧民，也因为参照对象是克拉玛依市的市民而选择"不满意"和认为"不好说"，所以这两项的总占比比青河新城牧民大。青河新城牧民对收入的评价更多来自和迁入城镇前，以及与周边牧民之间的比较，故满意度相对高一些。

表 4-9 准噶尔社区和青河新城牧民对收入的评价

对收入的评价	准噶尔社区		青河新城	
	人数	占比/%	人数	占比/%
很不满意	2	1.7	0	0
不满意	15	13.0	16	11.9
一般	39	33.9	44	32.8
比较满意	46	40.0	58	43.3
很满意	4	3.5	10	7.5
不好说	9	7.8	6	4.5
合计	115	100	134	100

调查时，政府工作人员和企业负责人通常抱怨"牧民不能持续工作"或"工作时间长了，牧民不愿意"。我们对牧民"平均每日工作时间"及对"工作时间的评价"做了调查。如表 4-10 所示，青河新城牧民工作时间在 4—8 小时和 8—10 小时的占比都明显大于准噶尔社区牧民，分别高出 15.3 和 19.5 个百分点。工作在 10—12 小时和 12 小时以上的则明显低于准噶尔社区，分别低 17.7 和 12.2 个百分点。以此来看，青河新城牧民的劳动强度低于准噶尔社区牧民，这应与两地牧民工作性质相关。两地都有相当多的牧民在建筑工地、企业中务工，工作时间并无明显差别。但是，青河新城中有相当多的牧民在大田中务工，准噶尔社区有相当多的牧民在批发市场务工。比较后便会发现，批发市场的劳动时间并不固定，取决于卸货的时间，因此长时间工作的可能性要大于在大田中的务工者。

表 4-10　准噶尔社区和青河新城牧民平均每日工作时间

每日工作时间	准噶尔社区		青河新城	
	人数	占比/%	人数	占比/%
4 小时以下	7	7.1	3	2.2
4—8 小时	23	23.5	52	38.8
8—10 小时	32	32.7	70	52.2
10—12 小时	24	24.5	9	6.8
12 小时以上	12	12.2	0	0
合计	98	100	134	100

结合表 4-11 的数据，在青河新城，有 64.4%的受访牧民对工作时间表示"可以接受"，这两项总占比要比准噶尔社区低 9.3 个百分点。分别有 19.4%和 14.2%的牧民选择了"比较长，有压力"和"太长了，难以接受"，分别比准噶尔社区牧民高出 4.2 和 3.1 个百分点。我们发现在工作时间上较长的准噶尔社区，牧民对工作时间的评价更为积极。为何会出现这一反差？以我们在两地的观察来看，在企业、建筑工地、社区务工的牧民在工作时间上并无明显差异，差异主要来源于在批发市场与大田中务工者的评价。在批发市场务工，时间虽长，但却是间歇性的，即有活儿便干活儿，没活儿便休息。在大田中务工，虽然工作时间比在批发市场工作时间短，但强度较高，又是户外工作（要忍受高温），因此牧民的评价相对消极。

表 4-11　准噶尔社区和青河新城牧民对工作时间的评价

对工作时间的评价	准噶尔社区		青河新城	
	人数	占比/%	人数	占比/%
太长了，难以接受	11	11.1	19	14.2
比较长，有压力	15	15.2	26	19.4
正常，可以接受	54	54.5	60	44.8
比较轻松，可以接受	19	19.2	29	21.6
合计	99	100	134	100

调查时我们需要深入到牧民的工作场合，可能是建筑工地、农（牧）场，可能是农贸市场、库房，也可能是餐厅和宾馆。在我们看来，牧民的工作环境并不理想，甚至在一些工地，安全措施也不到位。然而，牧民对"工作环境"的评价却呈现较高的满意度。如表 4-12 所示，青河新城分别有 23.9%、56.7%、15.7%的牧民选择了"很满意""比较满意""一般"，准噶尔社区这三项的占比分别为 4.4%、59.6%和 21.9%。大体而言，青河新城与准噶尔社区分别有 96.3%和 85.9%的牧民认可工作环境。准噶尔社区选择"不满意"和"不好说"的比重分别比青河新城高出 3.8 和 6.6 个百分点。也就是说，在两地进行比较便会发现青河新城对工作环境的满意度高于准噶尔社区，原因与两地收入的评价是相同的，不再赘述。

表 4-12　准噶尔社区和青河新城牧民对工作环境的评价

对工作环境的评价	准噶尔社区		青河新城	
	人数	占比/%	人数	占比/%
很满意	5	4.4	32	23.9
比较满意	68	59.6	76	56.7
一般	25	21.9	21	15.7
不满意	6	5.3	2	1.5
不好说	10	8.8	3	2.2
合计	114	100	134	100

下面，我们看看牧民如何评价目前从事的职业。青河新城牧民在评价职业地位时，分别有 23.1%、50.0%和 21.6%的受访者选择了"很满意""比较满意""一般"，准噶尔社区这三项选择的占比分别为 6.1%、51.8%和 27.2%。也就是

说，两地累计有 94.7% 和 85.1% 的受调查者对现有职业是认可的（表 4-13）。对比两地的数据，与收入和工作环境的评价表现出的差异一致，即青河新城牧民的认可度高于准噶尔社区牧民，原因来自两地牧民评价时参照系的差异。总体评价较高则反映出牧民倾向于在自我之前与当下之间进行比较。因此，一旦比之前的职业/工作有所改善（事实上改善还相当明显），满意度或认可度便会提高。另外，牧民对自身受教育程度、劳动技能、知识和经验有着清晰的认知，职业期待并不高，而是以"己"为中心进行评价。

表 4-13　准噶尔社区和青河新城牧民对职业地位的评价

对职业地位的评价	准噶尔社区		青河新城	
	人数	占比/%	人数	占比/%
很满意	7	6.1	31	23.1
比较满意	59	51.8	67	50.0
一般	31	27.2	29	21.6
不满意	7	6.1	5	3.7
不好说	10	8.8	2	1.6
合计	114	100	134	100

这种以"己"为中心的评价投射到"职业期待"上就表现出了一定的分散性。大体来说，牧民更倾向于选择"收入更高一些的工作""更稳定一些的工作"，青河新城与准噶尔社区牧民在这两个选项上占比分别达到 30.6%、23.9% 和 24.3%、32.4%（表 4-14），比较一致。另外，青河新城与准噶尔社区分别有 20.1% 和 25.0% 的牧民选择了"轻松一些的工作"，表明一部分牧民对现有工作环境、工作时间和工作强度持消极态度。值得注意的是，青河新城与准噶尔社区在"选择更体面一些的工作（不脏的、更为社会承认的）""没有考虑过""发展机会更多一些的工作"三个选项上表现出较大的差异，分别为 12.7%、4.5%、8.2% 与 4.1%、12.8%、1.4%。应该如何解释呢？以我们调查了解的情况看，青河新城的牧民对大田中务工、代牧等的评价并不高，改变的动机较强烈，这可能是"选择更体面一些的工作（不脏的、更为社会承认的）"占比较大的原因。准噶尔社区有 12.8% 的牧民选择了"没有考虑过"，应是对改善现状持较消极的态度使然，即不认为有机会改善。另外，青河新城选择"发展机会更多一些的工作"占比（8.2%）显著高于准噶尔社区（1.4%），原因在于青河新城主要提供的是季节性、临时性的务工，反映出青河新城牧民对改变当前职业现状的愿望更为强烈。

表 4-14 准噶尔社区和青河新城牧民的职业期待

牧民的职业期待	准噶尔社区		青河新城	
	人数	占比/%	人数	占比/%
收入更高一些的工作	36	24.3	41	30.6
更稳定一些的工作	48	32.4	32	23.9
轻松一些的工作	37	25.0	27	20.1
选择更体面一些的工作(不脏的、更为社会承认的)	6	4.1	17	12.7
没有考虑过	19	12.8	6	4.5
发展机会更多一些的工作	2	1.4	11	8.2
合计	148	100	134	100

对本章关注的"牧民职业"进行总结，大体会形成以下几点认识：一是受访牧民的职业仍然以"劳务型"为主，大部分牧民在城镇中只能从事低端、体力劳动、劳动报酬低的工作，在城镇的职业分层中处于底层。二是影响牧民择业的因素有很多，比如牧民群体的特征（比如受教育程度低，无技能、无城镇生活经验等），但比较重要的几个因素是语言（普通话）、专业技能（非农牧业技能）和行为方式等。不仅如此，牧民群体自身可能不具备克服或突破职业困境的能力，必须有政府的支持和引导。三是尽管处于职业分层中的底层，但受访牧民倾向于以"己"为中心看待在城镇中的职业，表现出对当前职业较高的认可度和满意度，对职业也没有过高的期待，表现出比较务实的态度。

第五章　牧民在城镇中的经济生活

　　如果在牧民与城镇中其他群体之间进行比较，牧民的职业相对更底层，收入相对更微薄。但是，如果将他们的职业和收入与两三年前进行比较，我们就会感慨变化之快，并为这些变化感到惊讶。

　　从原有的贫困分布来看，新疆主要有两大贫困带，一是环塔里木盆地的绿洲，二是新疆北部牧区。新疆北部牧区有青河县、吉木乃县、托里县、裕民县、和布克赛尔蒙古自治县、尼勒克县、察布查尔锡伯自治县等7个国家级和自治区级贫困县，约占全疆贫困县（35个）的23%。要想对当前牧民在城镇中经济生活做出合理解释，就需要对新疆北部牧区牧民经济生活有一个总体的认识。更关键的是，我们的分析对象（城镇中的牧民）出自牧区，并在经济上仍与牧区有十分紧密的联系。

　　2016年以来，我们承担了上述7个贫困县中6个贫困县退出的第三方评估工作，有较为丰富和扎实的关于新疆北部牧区牧民经济生活的数据。本章首先利用这些数据重构牧民经济生活，再利用我们在准噶尔社区和青河新城的调查数据呈现当下牧民在城镇中的经济生活状态，进一步分析城镇中牧民经济生活的基本特征。

第一节　新疆北部牧区的经济情况

　　我们已经对新中国成立以来新疆牧区过去70多年的发展历程做了梳理，具体分析了农业困境与牧业的内卷化问题。显然，这将对牧区和牧民的经济产生不利影响，成为牧区贫困的重要诱因。在此，我们将聚焦村和牧户，对村和户两个层次的经济情况进行概略式的描述和呈现。我们首先对牧区的贫困程度进行分析，然后探讨脱贫年份牧户的收入和支出情况，最后揭示新疆北部牧区牧民经济生活的基本状态。

一、原贫困现象：牧村与牧户的层次

本书导论部分已经对"新疆北部牧区"进行了界定，即阿尔泰山南麓、伊犁河谷、准噶尔盆地西部山地、天山北坡西段的草原地区，在行政空间上包括伊犁州直、塔城地区、阿勒泰地区和博尔塔拉蒙古自治州。新疆北部牧区环绕准噶尔盆地，形成了一条弧形草原地带，牧业与牧业人口占比较大，原贫困人口较多，是新疆一条重要的贫困带。

2014 年，国家开始实施精准扶贫战略，进行了建档立卡贫困人口（后文简称贫困人口）的精准识别。以 2013 年农户家庭年人均纯收入为参照依据，低于 2736 元识别为贫困人口，贫困人口占比较大的村被识别为贫困村。以"建档立卡贫困人口数/农业户籍人口数"计算出一个县的贫困发生率，并据此判断一个县是否被纳入贫困县。最终，新疆北部牧区的托里县、察布查尔锡伯自治县、尼勒克县、青河县和吉木乃县被识别为国家级贫困县，又将贫困发生率相对较高的裕民县及和布克赛尔蒙古自治县识别为自治区级贫困县。根据贫困发生率和相关地州县经济社会发展水平，自治区确立了贫困县退出的年度计划。上述几个县分别在 2015 年（和布克赛尔蒙古自治县）、2016 年（青河县、托里县、察布查尔锡伯自治县）和 2017 年（尼勒克县、裕民县、吉木乃县）顺利实现脱贫摘帽。非贫困县并不意味着没有贫困村和贫困人口，个别县的贫困村和贫困人口的数量也比较多。比如，博尔塔拉蒙古自治州没有贫困县，但有 3 个自治区级贫困村，而且都是牧业村。在一个县内，贫困村和贫困人口又主要集中在以牧业为主的乡镇。近年来，笔者承担了自治区扶贫开发工作成效的第三方评估工作，有机会到温泉县、博乐市、吉木萨尔县等非贫困县（市）开展调查。

从 6 个贫困县 2013 年地区生产总值的构成（表 5-1）来看，贫困县大体分为两种情况：①托里县、和布克赛尔蒙古自治县、青河县与吉木乃县第一产业的占比明显小于第二产业，甚至小于第三产业。这几个县第一产业长期发展滞后，第二产业的发展主要得益于工矿业的发展。②尼勒克县和裕民县是另一种类型，第一产业占比较大，与第二产业占比接近，或明显大于第二产业。这并不意味着第一产业发展较好，而是因为这些地区第二产业和第三产业发展滞后。对第二产业和第三产业发展较好的县市来说，牧民务工增收的机会相对较多。

但是，因为第一产业发展滞后，牧民增收的困难会比较多。对第二产业和第三产业发展不好的县市来说，牧民增收路径可能相对少一些，增收更为困难。如我们已经指出的，新疆北部牧区农牧业对牧民增收的支撑能力不足。

表 5-1 贫困县地区生产总值的构成（2013年） 单位：%

地区、县	地区生产总值	第一产业	第二产业			第三产业		
			总占比	工业	建筑业	总占比	交通运输、仓储和邮政业	批发和零售业
伊犁州直属县（市）	100	23.7	34.1	24.5	9.6	42.2	4	5.9
尼勒克县	100	30.3	50.9	38.9	12	18.8	0.6	1.2
塔城地区	100	34.7	36.5	26.9	9.6	28.8	2.9	6.5
托里县	100	12.9	68.7	53.2	15.5	18.4	2.9	2.5
裕民县	100	39.8	21.2	4.9	16.3	39	1.5	4.8
和布克赛尔蒙古自治县	100	16.4	64.1	29	35.1	19.5	2.6	2.5
阿勒泰地区	100	19.6	46.1	34.8	11.3	34.3	4.4	3.2
青河县	100	26.9	32.2	15.7	16.5	40.8	2.3	3.6
吉木乃县	100	19.1	46	30.2	15.8	34.9	2.8	2.3

资料来源：新疆维吾尔自治区统计局：《新疆统计年鉴·2014》，中国统计出版社，2014年。

从贫困村在县域内的分布来看，主要集中在牧区，表现出"边、远、散"三个特征。所谓"边"，是指"抵边村"较多，夏季放牧地多在边境一线。所谓"远"，是指距离县城、乡镇较远，多位于两县或两乡交界处。所谓"散"，是指牧民居住相对分散。与农业村相比，牧业村通常分为冬窝子、定居点和夏窝子，户与户之间距离较远。这三个特征对贫困村的发展产生了很多不利影响：第一，因为"边、远、散"，基础设施和公共服务体系建设欠债很多，改善起来成本很高；第二，交通出行很不方便，不利于农牧产品对外销售，农牧产品商品化率很低，也不利于牧民外出务工；第三，生产资料（如牧场、耕地等）质量不佳，草原退化导致生产能力下降；第四，农牧民生活环境较为艰苦，"大病、重病、慢病"多。显然，这些问题并非短期形成的，而是长期积累造成的。从村集体收入来看，有很多"空壳村"——如果不计算政府转移支付的经费，村集体经济接近无。个别村在落实 1984 年牧区联产承包责任制时，保留了一部分集体草场和集体畜，但村集体收入每年只有 1 万—2 万元。村集体经济薄弱，意味着其没有能力改善基础设施和为困难的牧户提供必要的帮扶。

从牧户层面来看，导致贫困的原因很多，但主要原因是相近的。2016 年以来，我们在和布克赛尔蒙古自治县、托里县、青河县、尼勒克县、裕民县、吉木乃县分别抽样调查了 230 户、530 户、357 户、436 户、373 户和 282 户牧民，共计 2208 户牧民。其中，致贫原因是调查的重要内容。大体来说，因病、缺少技术/劳动技能、缺少生产资料、因学是四个主要致贫原因，各占贫困户的 15%—20%。另外，大部分贫困户致贫原因是多重的。2016—2017 年，我们还承担了历年各地州扶贫开发工作成效的评估工作，涉及无贫困县的博尔塔拉蒙古自治州、昌吉回族自治州、乌鲁木齐市等新疆北部牧区的州市。整体来看，这些地区牧户致贫原因大体与贫困县的情况一致。

二、发展生产：村与户层面的帮扶措施

脱贫攻坚是一个系统工程，各县按照新疆维吾尔自治区"七个一批""十一大专项"的战略部署，制定了切实有效的政策、方案和计划，举全县之力达成 2020 年全面建成小康社会的目标。这些政策、方案和计划有的与全县经济社会发展相关，有的是针对贫困村的，但最重要的还是牧户层次的发展措施。"发展生产"被视为脱贫最有效、最持久的举措，也是激发贫困人口内生动力的根本措施。在此，我们主要对牧户层面的脱贫策略（重点是发展生产的策略）进行分析，利用调查时通过参与式乡村评估①获得的材料来呈现其效果。大体来讲，牧户层面发展生产的策略包括 4 个层面：夯实生产基础、提高生产技能、推广"新型经营主体+农户"模式和通过"流转"增加财产性收入。

夯实生产基础建立在缺少生产资料致贫的假设上，通过帮助牧户增加生产

---

① 参与式乡村评估（participatory rural appraisal，PRA）是参与式发展理论的一部分，被称为来自农户、与农户一道和依靠农户学习了解农村生活和条件的一种方法和途径，主张向当地人学习，尊重当地人的知识，强调通过当地人的参与、讨论、分享来获得相应的"数据"。我们在评估时，请当地村民就自己获得的帮扶、帮扶成效进行讨论，请当地干部就村获得的帮扶和成效进行讨论，获取了贫困户与贫困村受益途径、受益程度和态度等方面的具体数据。参见胡章静：《试论农村发展与知识分子参与——从"乡村建设运动"到"参与式农村评估"（PRA）》，《南京人口管理干部学院学报》2002 年第 4 期。

资料（在牧区，主要是牲畜）和牧户的自主经营，逐步改善贫困现状，最终实现脱贫目标。这一策略比较符合"有草场，有牧业生产经验，有劳动力"的牧户，基本做法是以户籍人口为标准发放生产母畜，比如生产母羊、母牛等，在鼓励牧户发展好传统畜牧业的基础上，为牧户发放小家禽，抑或利用庭院种植蔬菜或饲草，以提供辅助性增收渠道。政府还引导和鼓励牧户积极兴建暖圈、青贮窖，解决牲畜难过冬、缺饲草的困境，对贫困牧民采取全额或定额补助的办法降低牧户的生产成本。

　　"提高生产技能"也是发展生产一种十分重要的策略，大体有两套体系：第一套体系与牧户传统的养殖业和新推广的养殖业相关，实施养殖技术培训，期待牧户通过科学养殖实现脱贫致富；第二套体系主要针对缺少生产资料、无法发展生产、致力于外出务工的年轻牧民，主要实施实用技能培训。培训内容往往取决于县域内或周边相对发达县市的务工要求，但大体包括建筑小工、电焊、驾驶、物流、电子商务等。还有一些专门针对女性的培训项目，比如刺绣、纺织、保洁、厨师等。这些培训项目对所有牧户开放。一些县市还组织了各种生产服务队，具体指导牧户进行生产。地方政府还与一些企业签订了订单培养协议，两后生在接受培训后，进入企业务工。

　　"新型经营主体+牧户"旨在解决牧户分散经营导致的效益不佳问题。"新型经营主体"并无明确定义，但大体指与牧户相对的、具有一定规模和效益的生产经营主体，主要有农业专业生产合作社、农牧业生产大户和企业。"+"的形式有很多，可能是以生产资料入股合作社、企业，也可能是合作社、企业生产环节的一部分，还可能是以资金（比如扶贫小额信贷）入股合作社等。"+"实质是要解决牧户生产与销售"两头难"的问题，即分散生产而无规模效益和产品无法销售的问题。"新型经营主体+牧户"也有助于解放牧区劳动力，主要是那些生产资料少又有劳动力牧户的家庭劳动力，引导他们从农（牧）业生产转移到非农（牧）行业，实现获得"分红""股金"与劳务收入，进而实现脱贫。为此，各县都出台了鼓励、引导和支持"新型经营主体"发展的具体措施，比如为合作社、大户提供贷款、场地、技术和其他支持等。

　　通过"流转"增加财产性收入，是指鼓励和引导牧户积极进行土地流转、牲畜托管，旨在将劳动力从农（牧）业中转移出来，引导他们进入第二产业和第三产业务工或经营，进而实现脱贫增收。20 世纪 80 年代以来，家庭联产承包责任制调动了农户的积极性,支撑了农牧区过去几十年经济社会的快速发展,但也限制了农（牧）户生产规模的扩大和效益的提高,本质上讲不利于现代农牧业生产体系的确立和发展。

为了帮助牧户发展生产,各县通常还会出台各种鼓励措施,比如对发展生产效果较好的牧户给予奖励,对积极流转土地和托管牲畜而外出务工的牧民给予奖励等。这些"发展生产"的策略究竟效果如何?调查中,我们采取 PRA 的方法,在每个抽查村（每个县约 30 个村）召开牧民代表的座谈会,让牧户讲述其获得的支持,并分析这些支持对家庭经济的作用。表 5-2 和表 5-3 分别是托里县、青河县几户牧民对享受的支持政策的描述。其中,不仅包括牧民在生产上获得的支持,还涉及他们在教育、医疗等方面获得的支持,或可比较全面、深入地呈现各地扶贫措施在牧户层面取得的成效。总之,通过这些措施,牧民发展生产致富的热情被充分调动起来,这些措施为生产经营性收入的增长提供了较为有力的支撑。

表 5-2 托里县 F 村两户贫困户获得的支持（2016 年）

贫困户	贫困原因	2015 年人均收入/元	2016 年人均收入/元	享受的政策
A	缺水导致 20 亩耕地未种,没有固定职业	2700 余	6000 余	获得了 13 只羊; 对水电暖进行了改造; 政府代缴了合作医疗、养老保险费
B	夫妻都有病,缺少劳动力	不足 2000	3200 余	获得了 13 只羊; 享受了安居房政策; 对水电暖进行了改造

表 5-3 青河县 H 村七户贫困户获得的支持（2016 年）

贫困户	2015 年人均收入/元	2016 年人均收入/元	享受的政策
A	2100	3700	获得了 25 只扶贫羊; 盖了暖圈、青贮窖; 妻子与儿子外出务工,获得了 1000 元奖励; 发展庭院经济,补助了 3000 元
B	2350	3380	获得了 20 只扶贫羊; 盖了暖圈; 获得了 3 万元扶贫小额信贷; 加入了养殖合作社; 与妻子一起外出务工,获得了 1000 元奖励
C	2500	3800	获得了 1 头牛、6 只羊和 30 亩耕地; 在易地扶贫搬迁安置点获得了一套住房; 获得了 1200 元搬迁费补贴; 自己务工,获得了 1000 元奖励

续表

贫困户	2015 年人均收入/元	2016 年人均收入/元	享受的政策
D	2500	4912	获得了 1 头牛、6 只羊和 20 亩耕地； 在易地扶贫搬迁安置点获得了一套住房； 获得了 1200 元搬迁费补贴； 自己务工，获得了 1000 元奖励
E	2500	3500	2 人享受了低保； 获得了 1 头褐牛； 获得了 3 万元扶贫小额信贷； 自己与儿子一起务工，获得了 1000 元奖励
F	2500	3800	获得了 1 头牛、6 只羊； 妻子享受了低保； 盖了富民安居房、棚圈、青贮窖与厕所； 自己务工，获得了 1000 元奖励
G	2400	3992	获得了 6 只羊和 20 亩耕地； 在易地扶贫搬迁安置点获得了一套住房； 获得了 1200 元搬迁费补贴； 自己务工（代牧），获得了 1000 元奖励

村级层面的策略主要有 3 个方面：改善生产条件、改善生活环境和夯实村集体经济（表 5-4—表 5-7）。由于大部分贫困村是牧业村，改善生产条件主要是冬季暖圈的建设、牧道的维修及建设等。在新疆北部牧区，冬季是牧业生产风险最大的季节。在冬季，"保畜"是最重要的工作，主要的风险是饲草料短缺和雪灾。我们在托里县调查时发现，当地政府在几个主要冬季牧场修建了若干个饲草料仓库，秋季时政府出资购买饲草存放于此，一旦发生雪灾或牧民短缺饲草，牧民就可以以较低的成本价购得这些饲草。青河县则鼓励牧民修建青贮窖，在秋季打草后或在秋季从农区购入玉米秸秆储存起来，提高保畜能力。牧道的维修主要是为了解决转场难的问题，铺油后，牧民转场时间大大缩减，也降低了转场成本。农业村通过修建灌水工程和推广滴灌、喷灌等节水措施进行中低产田改造，提高种植业收益。

表 5-4 青河县 X 村获得的支持（2016 年）

项目	具体内容
道路维修	修建了 4 千米道路和一座桥
惠民超市	新建了 1 个惠民超市
富民安居房	13 户牧民享受了富民安居房政策，已全部建设完成，并入住
防渗渠	修建了 2 千米防渗渠
棚圈建设	10 户享受了棚圈项目，每户补贴 8000 元
家禽养殖	32 户贫困户共获得了 1000 只鸡苗，发展养殖业

续表

项目	具体内容
发展生产	7 户获得了 1 头褐牛（每头褐牛 1 万元），6 户获得了 20 只羊
公共服务建设	修建了文化室，对村内道路两侧进行了绿化，共投入 120 万元
良种补贴	38 户享受了小麦良种补贴
庭院经济	32 户获得了 1200 株黑加仑果树苗
易地扶贫搬迁	19 户实施了易地扶贫搬迁，解决了住房，获得了水电暖补贴和搬迁补贴。另外，每户发放了 20 只羊（入股到养殖合作社）
扶贫小额信贷	13 户获得了 5 万元扶贫小额信贷

表 5-5　青河县 Y 村获得的支持（2016 年）

项目	具体内容
道路维修	投资 798 万修建了 18 千米道路
惠民超市	新建了 1 个惠民超市
棚圈建设	7 户享受了棚圈项目，每户补贴 8000 元
家禽养殖	2 户获得了 100 只鸡苗，发展养殖业
发展生产	80 户各获得了 1 头褐牛（每头褐牛 1 万元）
良种补贴	38 户享受了小麦良种补贴
易地扶贫搬迁	13 户搬迁到了阿魏灌区（青河新城），解决了住房，获得了水电暖补贴和搬迁补贴。50 户安置到了乡里的安置点，盖了富民安居房，配套了暖圈、青贮窖和水电暖设施

表 5-6　托里县 Z 村获得的支持（2016 年）

项目	投入/万元	具体内容
安居房建设	935	为 85 户贫困户新建了富民安居房
扶贫羊	160	为 160 户贫困户发放生产母羊，每户 18 只
道路修建	180	修建了冬季牧场与夏季牧场的牧道各 20 千米
通信设施	200	在冬牧场修建了通信基站，实现了电信、联通和移动通信讯号全覆盖
防洪坝	30	修缮了 2 千米防洪坝
饮水设施	100	在冬季牧场修建大口井 25 个，解决了牧民冬季饮水难的问题
村委会建设	50	新建了文化室和村委会办公室

表 5-7　托里县 M 村获得的支持（2016 年）

项目	投入/万元	具体内容
发放生产母羊	13	13 户发放了 221 只生产母羊，每户 17 只
新疆褐牛	50	56 户发放了 56 头褐牛，每户 1 头
扶贫小额信贷	13	13 户获得了扶贫小额信贷，每户 1 万元
文化体育卫生设备	33	健全了体育器材、电脑、百姓大舞台、健身器材

续表

项目	投入/万元	具体内容
村民活动室	51.9	新建了 300 平方米村民活动室
村委会活动小广场	34.3	修建了 2796 平方米活动小广场
道路建设	150	修建了 5 千米村级道路
富民安居房	1860	123 户新建了富民安居房
自来水	30	100 户实现了自来水入户

针对贫困村"偏、远、散"的现实，政府大力推进"水、电、路"建设工程，解决了过去牧民用水难、用电难和出行难的问题。冬季牧场，牧民居住较为分散，政府主要在牧民相对集中的区域打"大口井"，解决了人畜安全饮水的问题。在住房方面，各县利用牧民定居工程、易地扶贫搬迁工程项目，引导和支持牧民积极修建住房。各县还从财政资金中拿出一部分用于提高住房补助标准，降低了牧民建房费用。由于一些牧民主要居住在冬季牧场，相当分散，建房成本很高，托里县在广泛征求牧民意见后，为他们购置了一体式的钢结构住房（60—70 平方米）。为了让易地扶贫搬迁牧民能够"留得住"，两地政府还为他们提供了装修、燃气、水电费和物业费的补贴，降低了牧民的搬迁成本。与住房建设配套的是庭院改善项目，即鼓励、引导和支持牧民美化庭院，合理利用庭院空间发展特色种植和养殖。以我们在牧区 10 多年调查所观察到的情况来看，牧民的生活条件确实得到了很大改善。

针对"空壳村"问题，政府一方面引导各村发展村集体经济，另一方面加大财政转移支付力度。青河县将阿格达拉镇新开耕地的一部分，按照村均 200 亩的标准划分给各村，保证了村集体收入。托里县将全县在交通沿线配置的小商铺划分到各村，由政府统一出租，出租费用补充到各村的村集体经济中。塔城地区还鼓励和支持地区企业与各村结对子，向贫困村捐款，帮助村民销售农牧产品。

三、牧户经济情况：基于 5 个县调查数据的分析

在此，利用 5 个县（和布克赛尔蒙古自治县除外）牧户层面的调查数据，以收入结构、家庭年人均纯收入、牧民的支出结构等关键指标呈现牧户的经济情况（表 5-8）。

表 5-8　贫困牧户收入结构（5 县）　　　　单位：%

调查县	生产经营性收入	务工收入/ 工资性收入	转移性收入	财产性收入	其他收入
青河县	23.0	54.6	20.0	1.7	0.7
托里县	44.3	22.8	19.3	5.3	8.4
尼勒克县	30.3	52.9	7.6	1.1	8.1
裕民县	47.6	8.5	23.6	13.9	6.4
吉木乃县	27.8	39.5	20.6	5.0	7.1

注：生产经营性收入主要有种植业、牧业、其他养殖业和经营性收入（比如开商店），但从具体调查来看，经营性收入很少。务工收入有两类，一是季节性、短期务工的收入，二是部分牧民的工资性收入（政府安排的公益性岗位）；转移性收入主要指政策性收入，比如低保金、五保金、残疾人补贴、计划生育补贴、草原生态奖补资金等；财产性收入主要指土地流转与牲畜托养获得的收入；其他收入指不在上述 4 项收入中的收入，比如子女给的赡养费等。另外，青河县与托里县是 2016 年底的数据，尼勒克县、裕民县与吉木乃县的数据是 2017 年底的数据。

在贫困县退出的第三方评估中，需按照贫困人口约 10% 的比例进行抽样，托里县、青河县、尼勒克县、裕民县、吉木乃县分别抽样调查了 530 户、357 户、436 户、373 和 282 户牧民家庭。2017 年对尼勒克县、吉木乃县和裕民县评估时要求抽取大体同等数量的非贫困户问卷，3 县分别抽查了非贫困户 248 户、220 户和 152 户。如表 5-8 所示，阿勒泰地区（青河县、吉木乃县）、伊犁州直（尼勒克县）与塔城地区（托里县、裕民县）贫困户在收入结构上略有差异。阿勒泰地区两县生产经营性收入相对较低，牧民最主要的收入来源于务工收入，同时对转移性收入依赖度较高。塔城地区两县生产经营性收入相对较高，反映出牧户拥有生产资料的情况要好于阿勒泰地区两县。需要指出，托里县务工收入的重要性相当突出（在五项收入中占第 2 位），裕民县务工收入的重要性相对较小（在五项收入中仅占第 4 位）。尼勒克县与青河县的情况相近，务工收入占牧户收入的 50% 以上，其次是生产经营性收入。但是，尼勒克县的转移性收入却是上述几个县中最少的。从数据来看，牧民收入的多元化趋势十分明显，务工收入占比较大，但对生产经营性收入的依赖仍然较强。

2017 年，在对尼勒克县、吉木乃县和裕民县的评估中，新增了对非贫困户经济收入的调查项目，这有助于我们更加全面地了解牧户的经济情况。在对非贫困户的调查中，并没有他们收入结构的具体数据。但是，从我们了解的情况来说，非贫困户转移性收入、务工收入在收入中的占比要比贫困户小，而生产性收入占比明显大于贫困户。原因有两个：一是普遍拥有较多的生产资料，将主要精力投入到农牧业生产中，务工相对较少；二是享受低保、五保和其他政策性补贴的占比较小。在当年评估时，我们发现一些非贫困户的收入疑似低于当年（2016 年）国家贫困标准 3026 元。因此，对他们是否属于"漏评"①人口进行了排查，重点对其拥有生产资料的情况进行了调查。表 5-9 是 14 户疑似"漏评户"（最终排除）拥有生产资料的情况，可以看出总体上仍好于贫困户。

表 5-9　非贫困户生产资料占有情况（2017 年）

县	序号	耕地/亩	草场/亩	牛/头	马/匹	羊/只	鸡/只
尼勒克县	1	0	0	7	0	0	15
	2	17	0	0	0	60	30
	3	221	0	7	11	330	20
裕民县	4	28	0	0	0	0	20
	5	24	0	2	1	35	0
	6	24	0	0	0	30	0
	7	50	5 000	0	35	740	0
吉木乃县	8	0	0	4	0	0	0
	9	9	0	15	0	30	0
	10	0	0	5	3	12	0
	11	0	0	2	5	0	0
	12	12	0	3	1	20	0
	13	0	0	3	0	20	0
	14	0	0	8	6	0	0

我们还对 3 个县贫困户与非贫困户的家庭年人均纯收入的分层情况做了统计和分析。3 个县的评估结果显示，贫困户的家庭年人均纯收入＝[（家庭毛收入－生产经营性支出）/农业户籍人口数]都超过了当年国家贫困线标准（2017 年为 3130 元），达到脱贫要求。进一步分析就会发现，牧户已经出现了一定的分层。如表 5-10 所示，家庭年人均纯收入≤4000 元的大体占 4.6%—13.83%，家庭年人均纯收入为 4001—6000 元的占 11.9%—16.7%，家庭年人均纯收入为 6001—8000 元的占 7.5%—15.4%，家庭年人均纯收入为 8001—10 000 元的占 11.7%—12.8%，家庭年人均纯收入为≥10 001 元的占 47.9%—61.1%。这些数据说明，经过几年的扶贫工作，贫困牧户的收入得到了明显改善，但仍有个别

---

① 所谓"漏评"，是指符合纳入建档立卡贫困人口条件而未及时纳入的非建档立卡人口。标准主要是"一超过，两不愁，三保障"实现的情况，即家庭年人均收入超过当年国家贫困标准，实现衣食不愁，实现教育有保障、医疗有保障和住房有保障。

贫困户在脱贫年份收入≤4000元，说明后期巩固提升的压力仍然较大。另外，考虑到贫困牧户转移性收入占比较大，低保覆盖率较高，贫困牧户自主发展能力还有待提升。

尼勒克县、裕民县、吉木乃县的非贫困牧户的收入数据显示，非贫困牧户收入分层仍然是存在的，但收入总体上比贫困牧户高。家庭年人均纯收入为≤4000元的占2.6%—10.1%，家庭年人均纯收入为4001—6000元的占2%—7.3%，家庭年人均纯收入为6001—8000元的占3.9%—10%，家庭年人均纯收入为8001—10 000元的占4.1%—8.6%，低于贫困户。但是，家庭年人均纯收入≥10 001元的占68.6%—83.0%，高于贫困户。这些数据说明，非贫困户的经济条件明显好于贫困户，也从一个侧面反映出2014年的贫困识别做到了"精准"。

表5-10　非贫困户的收入区间（2017年）　　　单位：%

收入区间	尼勒克县		裕民县		吉木乃县	
	贫困户	非贫困户	贫困户	非贫困户	贫困户	非贫困户
≤4 000元	4.6	2.8	6.1	2.6	13.8	10.1
4 001—6 000元	11.9	2.0	13.1	5.3	16.7	7.3
6 001—8 000元	15.4	6.1	7.5	3.9	9.9	10.0
8 001—10 000元	12.8	6.1	12.1	8.6	11.7	4.1
≥10 001元	55.3	83.0	61.1	79.6	47.9	68.6

调查发现，非贫困牧户收入高于贫困牧户的原因很多，但主要是有生产资料相对较多、劳动力相对充足，以及发展生产、外出务工的意愿（内生动力）更强。对当地干部进行访谈后得知，非贫困牧户经济较好的另一个主要原因可能是家庭中无重病、大病和慢病成员。事实上，很多贫困牧户是在识别年份家庭医疗支出过高所致。3个县中，吉木乃县非贫困牧户与贫困牧户收入的区间较为接近，说明非贫困牧户与贫困牧户之间差异不明显。在吉木乃县调查时，当地干部坦言，2013年精准识别时就相当困难，贫困户与非贫困户之间差异很小。尽管如此，我们还是可以看出，精准扶贫是有成效的，因为贫困牧户的收入与非贫困牧户的收入与识别时都有了提升。

2016年，我们对青河县与托里县评估时，对贫困户的支出结构做了调查。此项数据在2017年评估时未被采用，但以我们在几个县的调查来看，青河县与托里县的情况比较有代表性（图 5-1）。

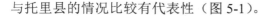

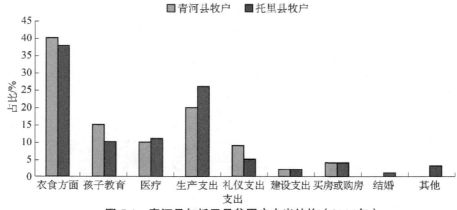

图 5-1　青河县与托里县贫困户支出结构（2016 年）

　　这些贫困户的主要支出项有生产、孩子教育、医疗、衣食住行和礼仪性支出等。青河县与托里县贫困户生产经营性支出分别占总支出的 20% 和 26%，占比并不大。原因有两个，一是生产资料较少，二是政府为贫困牧户提供了补助。这些补助包括良种补贴、肥料补贴、水费和机耕费的补贴等，甚至对个别深度贫困的牧户实施了减免。教育支出和医疗支出较少，青河县两项支出占比合计为 25%，托里县两项支出合计为 21%，原因同样是政府给予了补贴，比如助学金、帮助购买保险（养老、基本医疗、补充商业保险等）。礼仪性支出的占比并不算大，青河县与托里县分别为 9% 和 7%（包括随礼与孩子结婚），如果考虑到此项支出与生产经营性支出、医疗支出、教育支出性质上的差异（必要的但并非会对生存和发展产生直接影响），这项的占比就相当大。在牧区社会中，礼仪性支出的范畴很广，除了亲戚、同村、同部落的婚丧嫁娶外，还有各种朋友间的"恰依"（聚会）。由于部落、亲属和同村等原生性纽带的重要性，礼仪性支出是无法逃避的，具有一定的强制性（社会规范的制约）。贫困牧户最主要的支出是日常生活支出，青河县为 40%，托里县为 38%。这项数据表明，尽管在过去几年牧民经济已有较为明显的改善，但生存型经济的特征依然凸显。

　　2017 年，我们对尼勒克县、裕民县与吉木乃县进行评估时，就牧户对自己在村中的经济水平评价做了调查。如表 5-11 所示，贫困户对自己经济水平的评价总体上较为客观，认为自己处于"中等水平"和"相对较好"的占 64% 及以上，反映出脱贫攻坚取得的巨大成效。再看非贫困户，总体上自我评价要好于贫困户，这应该也符合事实。尽管还有少量贫困户与非贫困户认为自己"温饱无法解决"或"仅能解决温饱"，但一则比例很小，二则这是在与周围收入较高者的比较中得出的。对比贫困户与非贫困户在"中等水平"及以上的数据便会发现，总体上的差距不是很大，说明我们在前文引用的几个县脱贫年份的数据反映了这些县牧户经济的大体水平。

表 5-11   贫困户与非贫困户对自己经济水平的评价（2017 年）   单位：%

指标	尼勒克县		裕民县		吉木乃县	
	贫困户	非贫困户	贫困户	非贫困户	贫困户	非贫困户
温饱无法解决	0.5	1.2	0.3	—	0.7	0.5
仅能解决温饱	7.8	0.4	0.5	—	1.1	0.5
中低水平	25.9	5.2	14.8	3.3	11.0	2.3
中等水平	46.6	29.8	61.5	43.1	50.4	37.3
相对较好	17.4	46.6	22.7	41.8	34.4	50.5
当地较高水平	0.7	18.5	0.3	11.8	2.5	9.15

综上，我们或可对新疆北部牧区牧户经济情况做初步小结。

第一，牧户收入整体不高，经济能力不强。对贫困户来说，他们虽然获得了政府在生产经营方面的大力扶持，但家庭年人均纯收入仍然偏低。贫困户虽然都已经脱贫，但部分贫困户的收入稳定性和可持续发展能力还有待提高。事实上，如果去掉这些家庭在教育、医疗和其他方面享受的政策性补助，多数家庭的结余较少，仍然表现出"生存型经济"的特征。非贫困户的经济情况明显好于贫困牧户，但在去掉各项支出后，剩余也不多。在测算牧民收入时，需要采集牧民存款、股金等收入的信息，在 2017 年 3 个县调查中，我们很少发现牧民有这些收入，也就是说，非贫困户虽然不属于"生存型经济"，但其可持续发展能力仍有待加强。

第二，牧户生计的多元化趋势明显。在牧民的收入构成中，农（牧）业收入占比仍较大，但是牧民已普遍拥有务工收入、转移性收入和财产性收入。多元化的收入结构有助于提高牧户抵御风险的能力，从长远来看，有利于牧户家庭经济的持续改善。调查发现，牧户（特别是贫困户）对转移性收入的依赖性较强，说明自主发展能力还不够强，对牧户家庭经济发展和改善形成了制约。

另外，务工收入的普遍性说明牧户走出牧区，在经济上摆脱对农（牧）业的过度依赖的意愿很强，且在过去几年中已经取得实效。这与政府的鼓励、引导和支持密不可分。种种迹象表明，即使尚未进入城镇，牧户家庭经济也已经向"半工半牧"型转变。这个转变过程可能还会持续数年，甚至一二十年，它将成为推动牧民城镇化的强大动力。

第三，大部分牧户可以实现收支平衡，但缺少资金用于扩大再生产以进一步改善家庭经济条件。需要注意的是，贫困牧户如果不享受政府的各项补助，"收支平衡"实现度将大大降低。这意味着，牧户独立自主发展的基础还不稳固，能力还不够强，在相当长一段时间内可能仍需要政府的支持和帮助。这一点对贫困牧户来说尤其重要，即需要对贫困牧户采取持续帮扶，以帮助他们建立并进一步提升自主发展能力。

第二节　青河新城与准噶尔社区牧户的经济情况

为了对城镇中牧户家庭经济进行分析，我们在准噶尔社区和青河新城分别对 132 户和 134 户牧民家庭做了经济情况的问卷调查，涉及收入及其构成与支出及其结构。根据在两个田野点的持续观察，牧户家庭在经济上有多种组合方式。有的家庭选择了"牧业经济+务工经济"的组合，有的家庭选择了"务工经济+经营经济"的组合，还有的家庭可能是"牧业经济+务工经济+经营经济"的组合，反映了牧户调动各种资源、发掘家户内生产潜力以在城镇中谋求发展的生动景象。在分析城镇中牧户家庭经济时，有必要将其与牧区牧户家庭经济进行比较，分析在收入和支出方面出现了哪些新变化。这些新变化对我们认识城镇化进程中牧区社会的变迁有哪些意义。

一、牧户的收入来源

为了确定牧户的收入来源，我们设置了"您家是否有×××项收入"的问题。根据前期在准噶尔社区与青河新城调查了解的情况，我们逐项罗列了可能的收入项，让受访者选择。如表 5-12 所示，牧户家庭的收入来源是多元的，大体包括农牧业收入、财产性收入、经营性收入、务工收入、转移性收入（包括社会保障兜底收入、养殖业补贴、种植业补贴、草场补贴）和其他收入。数据显示，准噶尔社区和青河新城分别有 89.3%和 92.6%的家庭拥有务工收入，按拥有占比降序排列，准噶尔社区依次是转移性收入、农牧业收入、其他收入和财产性收入，青河新城依次是财产性收入、养殖业收入、经营性收入和转移性收入。

表 5-12　准噶尔社区与青河新城牧户的收入来源具体情况　　单位：%

收入来源	准噶尔社区		青河新城	
	有	无	有	无
种植业收入	6.5	93.5	0	100
养殖业收入	21.4	79.6	46.7	53.3
财产性收入	11.5	89.5	100	100
经营性收入	7.8	92.2	14.1	85.9
社会保障兜底收入	19.6	80.4	5.1	94.9
务工收入	89.3	10.7	92.6	7.4
养殖业补贴	3.9	96.1	0	0
种植业补贴	17.8	92.2	0	0
草场补贴	11.8	88.2	0	0
其他	13.4	86.6	0	0

青河新城牧民都拥有财产性收入，源于其易地扶贫搬迁的政策，即人均不足 10 亩耕地的补足 10 亩，而耕地集中流转给农牧企业或大户经营。青河新城拥有经营性收入的家庭占比明显大于准噶尔社区，这是因为青河新城的创业市场、农贸市场等为牧民提供了大量经营性工作。另外，青河新城务工收入事实上包括两类，一是有 77.7%的家庭是灵活性的务工，二是 17.0%的家庭中有成员获得了政府的公益性岗位。由于享受公益性岗位政策的家庭较多，因此拥有转移性收入（包括低保、五保、养老等）的家庭占比相对较小。如表 5-12 所示，青河新城牧民没有养殖业补贴和种植业补贴，这是因为种植业补贴发放到了经营土地的企业而非个体家庭，牧民将养殖业补贴计算到了养殖业收入一栏中。

转移性收入的统计可能有一定缺失，牧民对社会保障（主要是低保金和养老金）兜底的收入比较清楚，但对养殖业和种植业补贴往往不是很肯定，而对草场补贴（主要是禁牧后的生态补偿）往往有所隐瞒。之所以隐瞒"草场补贴"，主要是因为此项收入是以 1984 年大家庭划分草场确定的，数额较大。然而，随着家庭的分化，草场未能分化到每个小家庭，而是集中在其中一个小家庭名下。比如 A 家庭，1984 年后分出了 a、b、c 3 个小家庭。草场补贴发放到 a 家庭，a 家庭按照 3 个小家庭均分给 b 和 c。由于调查的 b 或 c 家庭是贫困牧户，即便脱贫，但仍享受各项补贴性政策（比如政府帮助购买大病医疗保险），他们担心这些补贴性政策被取消，倾向于漏报草场补贴的实际收入。比如准噶尔社区有约 11.8% 的家庭拥有草场补贴，17.8% 的家庭拥有种植业补贴，说明尽管已经进入城镇，但农牧业在调查牧户家庭经济中仍占有重要地位。

这一点从"种植业收入"和"养殖业收入"的占比中可以得到确证，拥有养殖业收入的占比更大，反映了牧户来自牧区的占比大于来自农区（或定居点）。据此，我们可以说，牧户虽然进入了城镇，在城镇中务工，但并未脱离牧区和牧业。我们对牧户拥有的草场、耕地、牲畜做了调查，这对理解财产性收入和其他收入有帮助，对把握牧区城镇化和牧民城镇化的特性也是极为重要的。如表 5-13 所示，准噶尔社区拥有耕地的牧户较少（占 13.6%），拥有草场的户数略多（占 17.8%），而仍拥有牲畜的较多（占 41.6% 以上）。显然，拥有耕地和草场较少与 1984 年牧区家庭联产承包责任制"生不增，死不减"原则相关。牧户即便没有耕地和草场，但并不妨碍他们从父母那里分得牲畜，或通过其他方式积累牲畜。他们的牲畜通常被放到大家庭畜群中，由兄弟或父母代牧，共用一个大家庭的草场。

表 5-13　准噶尔社区与青河新城牧户拥有生产资料情况

田野点	耕地		草场		牲畜	
	户数	占比/%	户数	占比/%	户数	占比/%
准噶尔社区	18	13.6	27	17.8	75	41.6
青河新城	134	100	0	0	74	55.2

调查发现，牧户即便拥有耕地、草场和牲畜，规模也都不大。如表 5-14 所示，大部分被调查的牧民仅拥有 30 亩以下的耕地，这在新疆北部牧区并不算多。草场的统计数据中，有近 50% 的牧户只有 20 亩以下的草场，在牧区来说，是微不足道的。牧户入城后，耕地要么转由兄弟或父母代种，要么流转给大户或合作社。草场通常交由父母或兄弟，置于一个大家庭内共用。这些拥有耕地和草场的牧户便拥有了少量的财产性收入。

表 5-14　准噶尔社区与青河新城牧户生产资料的详细统计（耕地、草场）

耕地面积/亩	准噶尔社区		青河新城		草场面积/亩	准噶尔社区		青河新城	
	人数	占比/%	人数	占比/%		人数	占比/%	人数	占比/%
1—10	5	27.8	0	0	≤10	6	22.2	134	100
11—20	5	27.8	28	20.9	11—20	7	25.9	0	0
21—30	3	16.7	41	30.6	40—70	7	25.9	0	0
31—40	1	5.6	37	27.6	100	1	3.7	0	0
41—50	2	11.1	28	20.9	200	1	3.7	0	0
51—60	1	5.6	0	0	250	1	3.7	0	0
60 以上	1	5.6	0	0	500	1	3.7	0	0
					2000	2	7.4	0	0
					7000	1	3.7	0	0

表 5-15 和表 5-16 分别对拥有不同数量的牛、马和羊的牧户进行了统计。

表 5-15　准噶尔社区与青河新城牧户生产资料详细统计（牛、马）

牲畜数量	牛				马			
	准噶尔社区		青河新城		准噶尔社区		青河新城	
	户数	占比/%	户数	占比/%	户数	占比/%	户数	占比/%
≤3	44	70.9	114	85.1	24	82.8	129	96.3
4—6	9	14.5	16	11.9	3	10.2	5	3.7
7—10	7	11.2	3	2.2	0	0	0	0
≥11	2	3.2	1	0.8	2	6.8	0	0

表 5-16　准噶尔社区与青河新城牧户生产资料详细统计（羊）

牲畜数量	准噶尔社区		青河新城	
	户数	占比/%	户数	占比/%
1—10	29	38.7	27	48.2
11—20	19	25.3	17	30.4
21—30	10	13.3	8	14.3
31—40	4	5.3	1	1.7
41—50	4	5.3	3	5.4
51 及以上	9	12.1	0	0
合计	75	100	56	100

数据显示，牧户即便拥有牲畜，数量也很有限。牛和马是大畜，70%以上的牧户仅有 3 头及以下的牛，80%以上的牧户仅有 3 匹及以下的马。羊是小畜，数量相对于大畜来说要多一些，1—10 只羊的比例接近 40%，11—20 只的在 25% 左右。事实上，牧户拥有的牛、马和羊很多是 2014 年后政府发放的"扶贫畜"。

大体来说，托里县与青河县向贫困户发放了人均 1000 元的生产发展资金，牧户可以根据自身需要，购买生产母畜。进城后，牧户的牲畜有两种安排。一是由仍在牧区的父母、兄弟代养。"代养"被视为兄弟间、父子间的义务，尤其是父母、兄弟本身仍在放牧时更是如此。城镇中的牧民可能在必要时返回牧区帮助父母兄弟完成生产（比如接羔时节），或出一部分资金购买饲草，但产的羔和出栏的收入仍属于自己；二是可以将牲畜托管给其他牧户或是合作社，并按照协议获得收入。比如，牧户可与托管的牧户协商，收益（羊羔或牲畜出栏的收入）按照 6：4 分成，而牧户无需提供其他资金或饲草。对入股合作社的牧户来说，情况要简单很多，按照每只羊每年 90—100 元、一头牛 500—600 元获得分红。GMGL 说：

> 我们家有一头牛娃子，马没有，羊 21 只。国家给了 17 只羊，耕地有 50 亩。今年地包给别人了，去年种的麦子赚了 6000 元。去年，牛生了 1 头小牛，羊生了 4 只小羊，租出去的地按 160 元/亩获得收入。

有约 90% 牧户有务工收入，这是牧民进城的必然结果，也是牧民城镇化取得的显著成就，还是近年来政府鼓励、引导和支持牧民向非农（牧）业转移的结果。如我们在上一章中所分析的，牧民务工的途径颇多，但仍存在就业层次低、收入不高、工作时间较长等现实问题，这与牧民群体在教育、技能（包括普通话的能力）、在城镇中的工作经验等方面的特征是相关的。结合上面的分析，便能得出牧户家庭经济已经形成"半工半牧"的结构。从务工者占比的增大来看，在"半工半牧"结构中，"工"的占比将进一步增大，而"牧"的占比将进一步减小。但是，不能据此否定"牧"的作用，因为它对牧户家庭来说是一个"稳定阀"，即兜住牧户在城镇中的生活底线。这个"稳定阀"还具有社会和心理功能——使这些牧民保持着与牧区的联系，并疏解在城镇中面临各种不适时的心理压力。从统筹城乡一体化发展的角度来看，只有牧民保持着与牧区的联系，在城镇与牧区间流动，才能真正使牧区的城镇与牧村形成一个结构功能性的有机体，并焕发出勃勃生机。

准噶尔社区和青河新城分别有 7.8% 和 14.1% 的牧户拥有经营性收入，这意味着已经有一些牧民尝试从事经营活动（比如超市、商店、餐馆、打馕店等）。从调查情况看，牧户的经营通常以餐馆和传统食品的制作为主。相比而言，青河新城完全是一座新兴的城镇，而准噶尔社区周边原已有较为成熟的商业配套，因此青河新城牧民从事经营活动的机会更多，拥有经营性收入的家庭也就更多。

二、牧户的收入结构与收入分层

接下来，我们需要对被调查牧户的收入进行结构性处理，即搞清楚不同类型收入在牧户家庭收入中的占比，弄明白孰轻孰重。表 5-17 的数据显示，青河新城与准噶尔社区牧户的收入来源不尽相同。

表 5-17　准噶尔社区与青河新城牧户的收入来源　　单位：%

收入来源	青河新城	准噶尔社区
打工等不固定务工收入	22.9	35.3
养殖业收入	6.0	3.8
经营性收入	8.2	6.3
固定工资性收入	24.7	41.8
财产性收入	31.1	0.8
转移性收入	7.1	4.0
种植业收入	0	0.8
其他	0	7.2
合计	100	100

在青河新城牧户的收入中，财产性收入占比最大，其次是固定工资性收入，然后依次是打工等不固定务工收入、经营性收入、转移性收入和养殖业收入。如果将固定工资性收入与打工等不固定务工收入合并为"务工收入"，则此项占比最大。在此，我们不再对务工收入进行分析，参阅前文即可。前文已叙，牧户都有财产性收入，他们在新城获得的耕地由政府以每亩 500 元的价格集体发包给了农牧企业。另外，还有一部分牧户将牲畜托管给企业或合作社，与企业或合作社按比例分配牧业收益，也获得了一部分财产性收入。与其他收入不同，财产性收入是稳定、持续的，事实上为牧民在城镇中生活提供了一份额外的保障，对他们安心扎根城镇十分重要。转移性收入只占 7.1%，主要是五保金。青河新城的牧户获得了耕地，因此不再享受低保。按照国家动态低保政策调整，贫困牧户在收入改善后，将逐步退出低保。这一点反映出牧户经济在 2016 年后有了较为明显的改变。养殖业收入的占比最小，有些出乎我们的预计，反映出牧业在牧户家庭经济中的重要性已经降低。

在准噶尔社区牧户的收入结构中，务工收入的占比最大，前文已做分析，此处不再赘述。与青河新城牧民相比，准噶尔社区牧民的财产性收入较少，种植业补贴与草场补贴较高。比较来看，种植业收入的占比较小，反映出托里县主要是一个牧业县的基本事实。养殖业收入较高，意味着牧业对这些进城的牧民来说仍是重要的。调查时，我们发现有部分牧民虽然进了城，但在经济上从未摆脱对牧业的依赖。比如，有的家庭中，母亲和孩子在准噶尔社区常年居住，父亲仍在牧区放牧，甚至帮人代牧。他们进城主要是为了孩子接受更好的教育，但又不具备在城镇中谋职的技能。与青河新城相比，准噶尔社区牧户转移性收入较多。这与他们在原居地还有耕地、牲畜相关，但其转移性收入主要来自低保。被调查的 153 户牧民中，30 户有低保，个别家庭还拥有养老金、五保金等。19.6%的牧户拥有社会保障收入，说明牧户对政策性收入的依赖度还较高。考虑到社会保障收入中的"低保"是"动态调整"的，而且贫困牧户在脱贫后需要逐渐退出，这可能会对一些牧户在城镇中的经济产生一些不利影响。

2018 年 7—8 月，我们对 142 户准噶尔社区的牧户和 134 户青河新城的牧户 2017 年的收入做了调查，发现牧户在收入上已出现分层现象。需要说明的是，尽管统计的是毛收入，但除了少部分牧户仍从事农（牧）业和从事经营活动外，其他家庭并不存在生产经营性成本。因此，"毛收入"在很大程度上相当于一个家庭的纯收入。如表 5-18 所示，两地都有少量牧户年收入≤1 万元，准噶尔社区占比为 2.1%，青河新城为 3.7%。家庭年收入超过 6 万元的，准噶尔社区占 25.2%，青河新城仅有 5.8%。简言之，形成了"两头小，中间大"的收入分层结构，牧户内部差距不明显。

表 5-18　准噶尔社区与青河新城牧户毛收入分布区间

家庭年收入/元	准噶尔社区		青河新城	
	人数	占比/%	人数	占比/%
≤10 000	3	2.1	5	3.7
10 001—20 000	15	10.6	37	27.6
20 001—30 000	20	14.1	39	29.2
30 001—40 000	26	18.3	22	16.5

续表

家庭年收入/元	准噶尔社区		青河新城	
	人数	占比/%	人数	占比/%
40 001—50 000	27	19.0	14	10.5
50 001—60 000	15	10.6	9	6.7
60 001—70 000	10	7.0	2	1.5
70 001—80 000	5	3.5	2	1.5
80 001—90 000	4	2.8	1	0.7
90 001—100 000	3	2.1	0	0
100 001—110 000	2	1.4	1	0.7
110 001—120 000	2	1.4	1	0.7
120 001—130 000	3	2.1	1	0.7
130 001—140 000	1	0.7	0	0
≥140 001	6	4.2	0	0
合计	142	100	134	100

通过准噶尔社区与青河新城之间进行比较可以看到，准噶尔社区牧户的收入总体上高于青河新城，且收入越低，青河新城牧户的占比就越大。比如，家庭年收入为 10 001—20 000 元的，准噶尔社区有 10.6%，青河新城则有 27.6%。家庭年收入为 20 001—30 000 元的，准噶尔社区有 14.1%，青河新城则达到 29.2%，且收入越高，青河新城的占比低于准噶尔社区越明显。比如，家庭年收入为 40 001—50 000 元的，准噶尔社区有 19%，青河新城仅有 10.5%。再比如，家庭年收入为 60 001—70 000 元的，准噶尔社区有 7.0%，青河新城仅有 1.5%。

应该如何解释准噶尔社区与青河新城间家庭年收入差异？以我们在两地调查的情况来看，产生这种差异主要有两个原因：一是准噶尔社区毗邻克拉玛依市，尽管大部分牧民从事临时性、季节性务工，但克拉玛依市的工资水平明显高于青河新城；二是青河新城务工机会尽管较多，但主要是农牧企业工作，有较强的季节性。用青河新城牧民的话说，就是"干半年，歇半年"，即只有在农忙季节才能获得工作。在新城调查时，在不同季节，进行问卷调查和访谈的难度差别很大。冬季是进行问卷调查和访谈最好的季节，因为大部分牧民在家，少有工作。每年 7—8 月则是进行问卷调查和访谈最难的季节，因为牧民没有时间完成相关调查。

我们在准噶尔社区调查时，WJT 对我们说：

我们做辅警的工资一个月 2600 元，在克拉玛依交界的地方一个月 4000 多元。要是你的话，你在哪个地方干？肯定在克拉玛依。

这些话道出了问题的关键所在，即牧户所进入的城镇整体经济水平对牧户家庭经济产生了明显影响。越是经济条件好的城镇，牧户的收入越高，反之亦然。

从扶贫的角度看，这些贫困牧户的收入已经明显超过 2017 年国家扶贫标准 3318 元，并在收入上呈现出较强的稳定性和持续增长的态势。与 2016 年托里县与青河县贫困退出时的收入测算相比，低收入段（4000 元以下）的牧户明显减少，绝大部分牧民的家庭年人均纯收入在 5000 元以上，甚至超过万元的占比也较大。这些事实说明，扶贫开发工作取得了实效，在带动牧民脱贫增收方面成效明显。

三、牧户的支出结构

一个家庭的经济生活，除了收入、收入来源及其构成外，还应包括家庭的支出。我们对牧户家庭的支出（主要是支出结构）进行了调查，以判断牧户究竟在哪些方面需要支出，哪些方面支出多；再结合牧户家庭收入情况，最终对牧户家庭经济情况进行总体评价。被调查牧户家庭支出结构如表 5-19 所示。

表 5-19　准噶尔社区与青河新城被调查牧户家庭支出结构　　单位：%

支出类型	准噶尔社区				青河新城			
	第一项支出	第二项支出	第三项支出	累计支出	第一项支出	第二项支出	第三项支出	累计支出
生活基本费用	94.1	3.5	2.4	100	92.2	6.3	1.5	100
生产经营投入	0	3.0	0	3.0	3.6	4.0	9.9	17.5
储蓄	0	4.0	2.4	6.4	0	7.6	4.8	12.4
购置房产	0	1.0	0	1.0	0	0	0	0
教育	2.1	60.4	19	81.5	4.2	67.1	0	71.3
医疗	2.1	23.8	0	25.9	0	5.2	0	5.2
随礼	0	2.0	7.1	9.1	0	9.8	4.4	14.2
房租	0	2.0	11.9	13.9	0	0	0	0
其他	0.7	0	0	0.7	0	0	1.2	1.2

在此，需要对排序的情况及各项支出略做说明。

第一，由于牧户拥有较少的生产资料，因此很少有牧户选择用于"生产经营投入"。如前所述，即便一些牧户有一些生产资料，但因为土地流转、牲畜托管，牧户无需在生产上进行投入，或在生产投入较少。

第二，几乎没有牧户选择"购置房产"。这与两地都通过易地扶贫搬迁、牧民定居的方式解决了牧户在城镇中的住房政策相关。按照易地扶贫搬迁政策要求，贫困牧户需出一部分资金，但户均不得超过 1 万元。对贫困牧户来说，户均 1 万元并不构成压力。按照牧民定居的政策，牧户可以根据家庭人口获得相应的补助，自筹部分为 1 万—4 万元。对非贫困牧户来说，自筹部分压力也不大。在准噶尔社区，有一些牧户选择了"房租"，这应是一些牧民出于便利在克拉玛依市或其他务工城市租房。

第三，几乎所有牧户在"第一项支出"中都选择了"生活基本费用"，这意味着对牧户来说，其在城镇中最主要的支出就是"生活基本费用"。"生活基本费用"的范畴较广，涉及衣食住行各个方面。牧民说："到城镇后，生活中要用的东西都要花钱。"从我们调查的情况看，在食物方面，主要是购买食用油和蔬菜，面粉、肉食、奶主要来自牧区父母及兄弟姐妹的资助。如前所述，尽管一些家庭已经分家，是一个独立的单位，但经济多方面仍是在"大家庭"中完成的。比如，草场以"大家庭"为单位占有和利用，耕地由父母或兄弟代种，牲畜由父母或兄弟代养等。牧户的家庭中都摆放着一个硕大的冰柜，他们到城镇中拜访亲戚朋友时，会周期性地将亲戚朋友所需的面粉、牛羊肉送过去。准噶尔社区和青河新城都有销售奶制品的商店，但大部分牧民还是习惯托人从牧区捎带奶。当然，城镇中的"小家庭"与牧区的其他家庭是互惠的，他们为牧区的亲戚提供在城镇中短期居住的住所，甚至亲戚在城镇中上学的孩子会长期住在自己家。由此看出，还不能将这些城镇中的"小家庭"从牧区社会关系的脉络中抽离出来进行考察，而必须将其重新嵌入牧区社会体系中进行考察。

第四，牧户在"教育"与"医疗"方面的支出较大，但如果从首要支出项来看，则并不明显。从教育来看，新疆实行 15 年免费教育，即除了小学和初中义务教育外，分别向前、向后延伸至学前和高中。由于我们调查的人群中贫困牧户较多，因此即便家中有在上大学的孩子，他们也可以享受政府提供的各种补贴和资助，比如疆外大学生每年资助 6000 元，疆内大学生每年资助 3000 元。教育的支出主要是就学往返交通费、学生购买教辅材料的费用和学生的生活费。从医疗来看，所有被调查者都享受城乡基本医疗保险、大病、重病保险，补充商业保险，民政救助，大病救助等。医疗费用主要来自到非定点机构购买药物的费用，以及部分牧民因"越级就诊"而出现报销比例下降。

第五，牧户用于"储蓄"的情况很少。我们认为，这应与两方面因素相关。一方面，牧民确实像干部们反映的"没有储蓄习惯"。我们调查时的一个难点就是计算收入。自然，调查时有一套程式计算牧户的收入，比如生产经营性收入、转移性收入、财产性收入等，生产经营性收入又包括若干项，然后减去生产经营性成本后才能计算出一个家庭过去一年的收入。牧民对这样的计算方式很不理解，在他们看来，家里现在有多少钱便是多少收入。笔者曾在《消逝的草原：一个草原社区的历史、社会与生态》一书中就此做过分析，认为这与传统牧业生产相关。[1]对游牧民来说，一年的收入就是牲畜出栏获得的收入，而不会像我们一样去计算成本和收入。另一方面，牧户事实上没有能力"储蓄"，这应是最主要的原因。参照上一部分牧户收入的分析便会发现，牧户的收入并不高。从牧户的支出结构来说，他们的收入基本用于生活支出，这说明他们基本上没有多少剩余。据此便能够理解牧户为何无"储蓄"或少有"储蓄"。

综合分析被调查牧户的收入情况与支出情况，可以得出如下基本结论：一是城镇中牧户的经济仍是"生存型"经济。所谓"生存型"，并非经济人类学研究中曾经盛行的"糊口经济"[2]假说，而是说大部分牧户家庭经济在满足家庭生存和发展基础需求后少有剩余。二是牧户家庭经济在过去几年已经有了明显改善，这是政府鼓励、引导和支持的结果，更是牧民在城镇中辛

---

① 详见罗意：《消逝的草原：一个草原社区的历史、社会与生态》，中国社会科学出版社，2017 年，第 296 页。

② "糊口经济"是早期人类学中对所谓"原始社会"经济状态的一种"污名化"想象，认为这些部落社会终日为食物奔波、食不果腹、缺少营养。事实证明，这源于西方对非西方社会的偏见和歧视，是进化论思维在经济体系评价上的典型表现。马歇尔·萨林斯在《原初丰裕社会》一文中对这种根深蒂固的"偏见"做了批判，认为部落社会是一种以满足需求为目的的经济，与资本主义社会以利润最大化为目的的经济截然不同。对部落社会来说，生产的目的是获得使用价值，因此"够了"便可以。资本主义社会生产的目的是获得交换价值，表现出对剩余价值的过度追求。参见 [美] 马歇尔·萨林斯：《石器时代经济学》，张经纬、郑少雄、张帆译，生活·读书·新知三联书店，2009 年。

勤奋斗的结果。三是与牧区的牧户相比，城镇中的牧民在经济上不见得更好，但其可塑性更强，收入结构多元化意味着有推动进一步发展的多种可能路径。四是牧民已经由牧区进入城镇，但其家庭经济并未完全脱离牧区社会，而是仍然嵌入牧区社会之中。与牧区社会经济上的广泛联系，是牧民城镇化进程中在经济上、生活上的一个明显特征。总之，牧民虽然已经进入城镇，但他们还是牧区社会的一部分，还保持着与牧区社会的联系。与牧区社会的联系对城镇中的牧民来说是重要的。

第六章　牧民的社会关系

对牧民来说，进入城镇不仅意味着其生产生活空间发生变化，也是对其职业与经济生活的调适，还是重构社会关系的过程。前文已叙，一些牧民已经指出"不好找工作，是因为在城镇中没有关系"，一些牧民则通过朋友、"家里人"的关系获得了就业机会。可见，"社会关系"对牧民在城镇中的生活会产生重要影响，也应是城镇化进程中牧民生活转型问题研究的核心议题。

在我国城镇化问题的研究中，农民工是一个重要的研究群体。大体来说，农民工是指那些离开农村、不再从事农业生产活动的群体，他们没有城市户口，难以有效地在流入地确定自己的社会身份和社会地位。[1]在新型城镇化进程中，东部地区农民工的市民化是关键任务。逻辑上讲，牧区的牧民进入城镇同样是"农民工"的一部分，因为他们从事的是农业（大农业）生产活动，且来自牧村（农村的一部分）。在农民工的社会学、人类学研究中，他们在城镇中的社会关系/社会关系网是一个重点。研究者尝试揭示"先赋"与"后致"社会关系在农民工城镇社会适应中发挥作用。已有研究发现，"先赋"社会关系对农民工适应城镇生活有积极意义。比如，陈云松根据 22 个省份农户调查数据，发现同村打工网的规模与农民工在城市中的收入具有正向因果关系。[2]农民工求职的关键问题不是信息多少和重复与否，也不是关系的强弱，而是信息的真假以及如何保证自己不受骗。因此，他们建立了自己的社会关系网络，用传统的信任方式寻找乡土社会中没有的职业，在人口大迁移的背后，造就了都市里一支支以亲属和乡村为单位的劳动大军，出现了一个个"漂浮在城市中的村庄"的奇特景观。[3]这些研究对当代西方社会

---

① 陈映芳：《"农民工"：制度安排与身份认同》，《社会学研究》2005 年第 3 期；熊光清：《制度设定、话语建构与社会合意——对"农民工"概念的解析》，《中国人民大学学报》2011 年第 5 期。
② 陈云松：《农民工收入与村庄网络：基于多重模型识别策略的因果效应分析》，《社会》2012 年第 4 期。
③ 翟学伟：《社会流动与关系信任——也论关系强度与农民工的求职策略》，《社会学研究》2003 年第 1 期。

关系网研究的理论形成了挑战，揭示了中国社会与西方社会间、农民工群体与知识群体间社会关系网的差异。比如，曹子玮的研究发现，农民工在离开乡土社会后，在原有初级关系网络之上再构建以工具性为取向的初级关系与次级关系网络。①

如果农民工在城市中的关系网络都是"先赋"的，他们就很难改变作为城市社会中下层劳动者的命运。要想改变这种命运，他们就需要建构"后致"的社会关系网——"农民工-市民网络"，这对农民工社会融合具有明显影响。②彭庆恩对北京市建筑行业农民包工头的个案研究提供了例证。他发现，实现由农民工到包工头、从较低级包工头到较高级包工头的过渡是地位获得的过程，而这种过渡是关系资本和关系资本再生产的结果。这些包工头通过礼物、红包、回扣和提成 4 种物质媒介，依靠利益和人情的联合运作，实现关系资本的增值，进而实现地位的转换。③概而言之，一些农民工更善于在城镇中构建、巩固和发展新的社会关系——与城市社会的关系，他们更有可能在城镇中获得更大的成就，也更有可能实现社会流动。

总的来看，社会关系网的研究有两个维度：一是以个体为中心的，即关注牧民在城镇中关系的类型、对关系中流动资源的调动和社会关系所发挥的功能；二是以社会结构为中心的，即发现农民工流动和运用社会关系网背后的结构性因素，以及如何在城市中构筑出新的社会结构，这既需要将个体的社会关系及其运用置于社会结构的语境中，又需要考察农民工社会关系的变迁对社会结构所产生的影响。沿着这样的思路，本章关注的主要问题包括：过去几十年，牧区社会关系与社会结构发生了怎样的变化？认识这些变化对理解当前城镇化进程中牧民社会关系的重构有哪些重要性？牧民在城镇中的社会关系主要有哪些？这些关系如何在牧民的生活中发挥作用？牧民社会关系的变化对牧区社会结构产生了哪些影响？当然，我们希望揭示进城牧民的社会关系区别于农民工的特征。

① 曹子玮：《农民工的再建构社会网与网内资源流向》，《社会学研究》2003 年第 3 期。
② 悦中山、李树茁、靳小怡等：《从"先赋"到"后致"：农民工的社会网络与社会融合》，《社会》2011 年第 6 期。
③ 彭庆恩：《关系资本和地位获得——以北京市建筑行业农民包工头的个案为例》，《社会学研究》1996 年第 4 期。

第一节　牧区社会结构与社会关系的变迁

人类学以认识"他者"为己任，对社会结构的研究就被认为是打开"他者"的钥匙。认识一个社会群体的首要任务是考察群体内部结构，即搞清楚群体的构成单位和构成原则。在此，"结构"是某个较大统一体中各部分的配置或相互之间的组合，"社会结构"则由相互联系的个人的配置组成。[1]对社会结构的探讨就是要去发现不同社会行动者之间的相当稳定的社会关系模式。[2]"稳定的社会关系模式"就是拉德克里夫-布朗所说的社会的"一般特点"，即社会运行有序的法则。普理查德的研究揭示出，努尔人依靠宗族世系和以此为基础的部落体系"裂变之间的对抗"法则，维持着一个社会的均衡，并使社会在无国家、无政府的情况下变得有序。[3]直到 20 世纪 60 年代，游牧人类学的研究都未能摆脱普理查德的影响，重构游牧民传统社会结构始终是首要任务。[4]按照功能主义逻辑，社会群体的内部结构规约着"社会生活行动者"的行为，一定程度上支配着群体内外的社会关系。反过来看，人们的社会关系又不断再生产社会结构，其变化则不断推动社会结构的变化。[5]

哈萨克族是我国一个典型的游牧民族，主要分布在新疆北部草原地区。迄今为止，国内学界尚少对牧区社会结构与社会关系的变迁给予必要关注。20 世纪 50 年代少数民族社会历史调查曾对哈萨克族部落体系做过细致调查，初步厘清了哈萨克族以部落体系为主的社会结构。研究者认为，哈萨克族社会由王公、部落头目、牧主、宗教上层构成的统治阶级与牧民、牧工和奴隶构成的被统治阶级构成，彼此间形成了封建人身依附关系。由于保留着较为完整的氏族部落组织，这种依附关系被深深地打上了氏族制度的烙印。[6]此种分析并无不当，但将社会结构简化为两个阶级的二元关系，遮蔽了对社会结

---

① ［英］拉德克里夫-布朗：《社会人类学方法》，夏建中译，华夏出版社，2002 年，第 159 页。

② 孙立平：《"关系"、社会关系与社会结构》，《社会学研究》1996 年第 5 期。

③ ［英］埃文思·普理查德：《努尔人——对尼罗河畔一个人群的生活方式和政治制度的描述》，褚建芳、阎书昌、赵旭东译，华夏出版社，2002 年。

④ Rada Dyson-Hudson and Neville Dyson-Hudson, Nomadic pastoralism, Annual Review of Anthropology, Vol.9, No.1, 1980.

⑤ ［美］谢丽·奥特纳、何国强：《20 世纪下半叶的欧美人类学理论》，《青海民族研究》2010 年第 2 期。

⑥ 杜荣坤：《论哈萨克族游牧宗法封建制》，《中央民族学院学报》1989 年第 1 期。

构"一般特点"、牧民间稳定关系模式、部落与牧民生产生活的关系等诸多问题的认识。之后，国内学界较少关注哈萨克族社会结构与社会关系，即便一些研究提到了社会结构与社会关系的变迁，也只是假定它们随着行政体系和生计生活方式的变化而变化①，但对究竟有哪些变化、其动力来自何处、方向是什么等问题并未进行深入的分析。

在此，我们对哈萨克族社会结构和社会关系及其变迁进行探讨，分析三个问题：一是哈萨克族传统社会结构及其构成原则，以及社会关系的基本特征；二是哈萨克族社会结构与社会关系在不同时期的变化及其动力和方向；三是哈萨克族社会结构与社会关系的变迁对当代牧区社会的影响。对本节分析的内容来说，厘清牧区社会结构与社会关系变迁的脉络对理解城镇化进程中游牧民的再社会化是极为重要的。牧民如何在原有社会结构与社会关系的基础上构建适应城镇生活的社会关系，在城镇中如何调动社会关系中的资源来达成经济、社会和文化目标，是"再社会化"研究的应有之义。

一、牧区传统社会结构与社会关系

哈萨克族谚语"可离家庭，不可离部落"反映了哈萨克族社会中部落体系的重要性，也揭示出其"重团体，轻个体"的社会关系特征。

哈萨克族的"部落"范畴伸缩性很强，大到超部落政治实体，小到由若干共同占有草场的牧户组成的父系血缘组织，自上而下包括4级。历史上，哈萨克汗国由大玉兹、中玉兹与小玉兹3个政治集团构成，与欧亚草原历史上各个游牧政权的左部、中部和右部相当。玉兹由若干部落联盟组成。部落联盟也被称为"部落"，我们称之为一级部落，比如中玉兹的钦察、阿尔根、瓦克、乃蛮、弘吉剌惕和克烈。一级部落由若干二级部落构成，比如克烈由阿巴克与阿夏玛依勒两部构成。从结构与功能上讲，一级部落与二级部落都是超部落的政治实体。二级部落裂变为三级部落（氏族），比如阿巴克裂变为建太开、贾迪克、哈拉哈斯、木里合、且柔奇等12个部落。哈萨克族有"七代不婚"和"牢记七代祖先之名"的祖训。"七代"实际上就是外婚的单位，与三级部落相对应。三级部落又裂变为若干四级部落——若干个"阿乌尔"（牧团）的联合，比如哈拉

---

① 杜荣坤：《论哈萨克族游牧宗法封建制》，《中央民族学院学报》1989年第1期。

哈斯部由 3 个更小的部落构成。①阿乌尔主要由三代内近亲构成，规模在 5—10 帐（家庭），兼具生产、社会和行政功能的"三合一基层组织"，连接着社会与家庭，又被称为"牧团"。②这套社会结构有 4 项基础，分别与谱系、资源分配、社会生活与生计活动等层面紧密勾连。哈萨克族社会结构如图 6-1 所示。

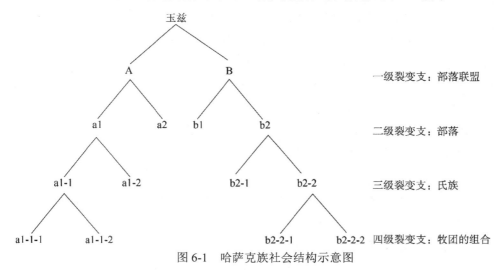

图 6-1　哈萨克族社会结构示意图

　　第一，部落间存在真实的或拟构的血缘关系，并通过谱系组织起来。巴菲尔德用"圆锥形氏族"③来描述这种部落社会结构，王明珂用"分枝性社会结构"④来描述它。不管是哪种描述，都揭示出部落是一种有"共同祖先"认同、由"由小而大"的社会结群构成的大规模父系社会组织，并根据敌对力量的大小和游牧生产需求凝聚为或大或小的群体。哈萨克族社会中存在"弟兄祖先"的传说。每个三级部落皆以一位祖先的名字命名，内部成员都可以沿着谱系追溯至这位祖先。尽管同级部落的祖先可能并不在一个代际，但他们被视为"兄弟"或"堂兄弟"关系，最终都可以通过谱系联结到一位"英雄祖先"的名下。以阿巴克克烈 12 个三级部落的祖先为例，1 个与阿巴克克烈相距七代，4 个相

① 人口较多的四级部落还有可能再裂变为更小的部落。比如，建太开部落有区云恰勒、素云都克、素云巴依 3 个四级部落，其中素云巴依又裂变为 6 个更小的部落。参见《新疆哈萨克族迁徙史》编写组：《新疆哈萨克族迁徙史》，新疆大学出版社，1993 年，第 22 页。

② 王明珂：《游牧者的抉择：面对汉帝国的北亚游牧部族》，广西师范大学出版社，2008 年，第 42 页。

③ ［美］巴菲尔德：《危险的边疆：游牧帝国与中国》，袁剑译，江苏人民出版社，2011 年，第 34 页。

④ 王明珂：《游牧者的抉择：面对汉帝国的北亚游牧部族》，广西师范大学出版社，2008 年，第 55-56 页。

距八代，4 个相距十代，还有一个不明确。①不同级的部落对牧民的意义（或在牧民生活中的功能）并不一样。作为超部落政治实体的一级和二级部落主要提供部落的历史记忆，并塑造对部落的认同。三级部落对牧民来说最为重要，是草场和外婚的单位，直接影响着牧民的生活。本书"社会结构"分析的焦点就是"三级部落及其以下的社会组织，以及它们之间的结构性关系"。

第二，资源分配与社会结构有着复杂的勾连。三级部落是草场划分的单位，即常说的"草场归部落所有"。草场是畜牧业的基础，决定着部落的兴衰，因此，哈萨克人说"草场是牲畜的母亲"。草场利用有严格的内外之分。内部遵循"共有私用"原则，即部落内所有成员皆可利用，但都无产权。从外部看，部落与部落之间的草场有明确边界，不可越界使用，否则会引发冲突。草场纠纷应比较常见，以至于需要通过法律予以明确"以部落为单位"的原则。比如《吉尔吉斯人法规》②第 168 条规定：土地是氏族共同体所有，用以游牧业。第 188 条规定：谁占用他人的土地，即使 15 年后也得从其手中取走。第 170 条又规定：如有人的家畜践踏他人田地或有人割他人土地上的草，必须赔偿因此而引起损失的一半，并取回所刈之草。③

第三，整个社会生活以部落为单位组织。所谓"七代不婚"和牢记"七代祖先之名"，实际上就是奉行严格的外婚制。一些地方还有"七河之内不婚"的规定。哈萨克族认为，转场中哺乳期的孩子可能喝过其他母亲的奶水，而喝过同一位母亲奶水的孩子便是兄妹。大体来说，"七河之内"与部落草场分布相一致。婚姻交换中，聘礼或彩礼也并不完全由家庭承担，而由一个部落成员共同分担。社会生活的其他方面也以部落为单位，比如在"偷盗""命案"的处理中不只针对个人及其家庭，而且会牵涉整个部落。《头克汗法典》对"偷盗"的惩罚有严格规定。第 13 片段规定：有人窃盗被发现，须偿还所偷物的 3 个 9 倍，即"埃班纳"。《吉尔吉斯人法规》第 135 条规定：初次窃盗的罪犯须退还所偷

---

① 哈德斯、阿勒玛斯·叠肯：《哈萨克族克烈部落及其王汗吐合热勒》，《新疆师范大学学报（哲学社会科学版）》1997 年第 4 期。

② 哈萨克汗国历史上曾经制定过《哈斯木汗法典》《额什木汗法典》，以及头克汗时期的《七项法典》——《头克汗法典》。18 世纪初，准噶尔贵族侵占了哈萨克东部地区，沙俄向西开始逐步侵吞哈萨克汗国。沙俄根据统治需要，1822 年召集熟悉哈萨克汗国和习惯法的巴依哈任拜等，制定了《西伯利亚吉尔吉斯人法规》，于 1824 年实施。该法规虽是在沙俄统辖制定颁行的，但主要是哈萨克习惯法的汇集，故又称为《吉尔吉斯人的习惯》。参见罗致平、白翠琴：《哈萨克法初探》，《民族研究》1988 年第 6 期。

③ 罗致平、白翠琴：《哈萨克法初探》，《民族研究》1988 年第 6 期。

之物，另外罚小偷以九头牲畜的罚金（直至一匹马）；按照所偷之数，罚大偷以包括 1 匹或多匹马（直至 7 匹）在内的 27 头牲畜。历史学家瓦西利耶维奇指出，这是"一种集体责任"，即除了罪犯个人要承担责任外，其亲属也要承担连带责任。[①]20 世纪 50 年代，少数民族社会历史调查提供了一则实例。1947 年，巴扎尔胡部落（建太开部落的四级部落）中的一个人将贾迪克部落（三级部落）中的一人打死，巴扎尔胡部落筹集了 20 个元宝进行赔偿。[②]

第四，以阿乌尔为单位游牧。阿乌尔的牧户以三代内的近亲为主，有时也会吸纳远亲、姻亲或其他丧失生产资料的牧户，但血缘关系是主要的构成原则。牧业生产的移动性与合作的必要性意味着，单个牧户不可能独立完成生产生活中的各项工作。阿乌尔少至三五户，多达 20 来户，常年一起游牧。牲畜事实上不完全为牧户私有，而是一个父系世系群的共同财产。1952 年，且柔奇部落的焦耳巴斯阿乌尔 10 户共有 1669 只（头）牲畜。10 户中的 7 户是阿恒别克的孙子或曾孙，其余 3 户是牧工。[③]根据草场类型和季节差异，阿乌尔的大小也有变化。在阿尔泰山草原，冬季是阿乌尔的聚集期，牧户集中在一起利用边缘资源。夏季是分散期，牧户通过分散尽可能利用优质资源。以阿乌尔为单位而非个体家庭，使牧民社会可以有效应对各种自然与社会风险，保障个体及其家庭的生存。谚语"哈萨克社会没有乞丐"可被视为对以团体应对风险之策略效果的描述。

在部落体系下，牧民的社会关系是怎样的呢？显然，牧民"只有作为氏族的一部分才有意义"[④]，即牧民始终是一个阿乌尔、一个部落中的成员。成员资格对其生产生活、婚姻家庭、资源占有与分配等方面都产生十分重要的影响。据此可以判断哈萨克族社会关系是"团体格局"的。这种"团体格局"可以参照费孝通先生对西洋社会"团体格局"的描述，即"他们常常由若干人组成一个个的团体。团体是有一定的界限的，谁是团体里的人，谁是团体外的人，不

---

① ［哈］坎·格奥尔吉·瓦西利耶维奇：《哈萨克斯坦简史》，中国社会科学院丝绸之路研究院等译，中国社会科学出版社，2018 年，第 90 页。

② 王作之、塔拉提：《阿勒泰哈萨克族柯勒依部落的氏族制度遗迹》，载中共新疆维吾尔自治区委员会政策研究室等：《新疆牧区社会》，农村读物出版社，1988 年，第 213 页。

③ 杨廷瑞：《哈萨克族游牧区的"阿乌尔"》（1959 年），载中共新疆维吾尔自治区委员会政策研究室等：《新疆牧区社会》，农村读物出版社，1988 年，第 223 页。

④ ［哈］坎·格奥尔吉·瓦西利耶维奇：《哈萨克斯坦简史》，中国社会科学院丝绸之路研究院等译，中国社会科学出版社，2018 年，第 92 页。

能模糊，一定分得清楚。在团体里的人是一伙，对于团体的关系是相同的，如果同一团体中有组别或等级的分别，那也是先规定的"①。与"西洋社会"不同的是，哈萨克族社会中团体"成员资格"是先赋的而非后致的，其决定因素是牧民及其家庭在部落谱系中的位置，因此我们可以将牧民传统社会关系界定为基于血缘关系的团体格局。

二、集体化时期社会结构与社会关系的变化

20世纪50年代，新疆牧区进行了卓有成效的民主改革，涉及政治、经济、社会等多个层面，拉开了改造牧区社会结构和再造社会关系的序幕。②

在政治方面，政府召开了各族各界人民代表大会，废除了王公、千百户长及保甲制度和牧主的各种封建特权，建立了各级人民政权。政府十分注意团结民族宗教上层中的爱国人士，吸收代表性人物参加各族各界人民代表会议和政权机关工作，组织他们学习党的各项政策法令，同时展开剿匪，打掉了长期盘踞流窜在阿勒泰专区的乌斯曼匪帮，使多年动荡不安的北疆草原逐渐安定下来。各乡的政权建设也有效开展，不仅发展了党团组织和一批党员干部，还在互助组建设中培养了一批拥护党和政府领导、在民众中享有威望的基层精英。在牧区调查时，老人们说："那时候，共产党的影响不大，头人和巴图尔的影响大。"即便如此，头人和巴图尔的影响无疑在逐步削弱，新的基层精英却在逐步成长。已有研究发现，游牧民在定居政府管理下，这种大规模谱系体制的政治重要性逐渐消失，血缘联系只在当地才保持着重要性。③可以说，部落从政治体系中退却和部落政治功能的消解是牧区社会结构变迁的第一步。

在经济方面，政府支持牧户积极恢复和发展生产，在有条件的地区发展农业，并贯彻执行"牧工牧主两利"政策。20世纪上半叶，由于战乱、匪乱，牧区社会中出现了大量丧失生产资料而无法生活的牧民。1952年开始，政府开始组织贫苦牧民组成互助组进行农牧业生产。1955年，新疆牲畜数量达

---

① 费孝通：《乡土中国》，北京出版社，2005年，第31页。
② 新疆哈萨克族牧区民主改革的相关政策及实施过程的内容，可参见阿不都力江·赛依提：《民主改革时期党在哈萨克族牧区的工作》，《新疆社会科学信息》2002年第1期。
③ [美]巴菲尔德：《危险的边疆：游牧帝国与中国》，袁剑译，江苏人民出版社，2011年，第35页。

1875 万多头，超过历史最高水平 1182 万头（1942 年），[①]耕地面积快速增加，农业发展很快。以往研究很少注意到互助组已经突破了牧区社会以阿乌尔、部落为单位组织生产的社会事实，创造了一种不以血缘关系为基础的新生产组织形式。因此，尽管互助组常因规模太大、内部矛盾多而低效等问题被诟病，但还是在争议声中不断发展。开垦耕地和发展农业不仅具有经济意义，还有深远的社会意义和政治意义。围绕新形成的农业区，基层政权有了扎根之处，并以政权所在地为中心形成村落。这些村落是超部落的，村民主要是各部落中的贫苦牧民。"牧工牧主两利"政策的主要做法是引导牧主提高牧工工资和待遇，其实质是逐步清除牧区宗法封建制，将剥削关系转变为互助合作关系。

在社会方面，引导 20 世纪 30—40 年代流散到甘肃、青海和新疆乌鲁木齐、哈密等地的哈萨克人返乡，并进行了妥善安置。政府为返乡牧民提供资助，发放基本生产生活资料，并将他们安排到了新成立的互助组中。此外，政府逐步在区政府（全县分为若干区，大体与之后的公社、乡镇相当）周边或新建的农业区建立学校、医院/卫生室，选送一批牧民子女接受赤脚医生培训等，极大地改善了牧民生活。这些工作同样具有社会意义，包括现代教育的引进、医疗卫生体系的建立、人口死亡率的快速下降等，关键是使农业区成为牧区社会文化事业的中心。

1956 年，新疆第三届牧区工作会议指出，"（牧区）基本完成了民主改革任务，就使畜牧经济中产生了增加了社会主义因素，就使我们对畜牧业经济实行社会主义改造具备了条件。因此，对畜牧业进行社会主义改造不仅是必需的，而且也是可能的"[②]。紧接着，新疆牧区开始了"建社"运动，其基础正是前一个时期的互助组。如我们所分析的，经过政治、经济和社会层面的多项政策，牧区社会结构正在悄然发生改变，但生产资料（草场、牲畜）与部落体系的联结仍未突破。简言之，草场仍以部落为单位划分，牧民在经济上仍与部落"捆绑"在一起。突破最终在 1959 年"畜牧业社会主义改造"中得以实现，即畜

---

① 毛列提别克、刘云、张宝裕：《试论新疆畜牧业社会主义改造》，《新疆大学学报（哲学社会科学版）》1997 年第 3 期。

② 王恩茂：《关于牧业社会主义改造问题——一九五六年五月二十一日在新疆第三届牧区工作会议上的报告》，载王恩茂：《王恩茂文集（上册）》，中央文献出版社，1997 年，第 273 页。

牧业实行公私合营。贫苦牧民的牲畜已经纳入互助组，"改造"的任务是将牲畜入股"社"这种集体经济组织，实行统一经营。对牧主经济的改造采取公私合营形式，实行牲畜折价入股，建立公私合营牧场，实行统一经营。①1960 年后，牧区出现了公社和牧场两种集体经济组织。草场和牲畜都与部落脱离，由新的集体经济组织负责经营。

有学者认为，须对 1949 年后中国社会中稀缺资源的配置制度的演变以及这种演变对于社会关系模式转型的影响给予足够关注。②由于耕地、草场、牲畜等生产资料都掌握在公社或牧场手中，因此根本性的变化是用社会主义再分配经济体制取代了过去以血缘关系为基础的配置制度。这意味着牧民在经济、政治和社会等层面与部落体系逐渐脱钩，无须依附于一个阿乌尔、一个部落或一个大家庭。他们可以根据需要（比如为了就学就医方便）进行选择，既可以选择从牧场迁到公社，也可以选择从牧业队迁到农业队。公社或牧场也可以根据需要来安置牧民。农业区每新开垦一片耕地，便组建一个农业队，社员则从原各农业队中抽调。牧业区按照牲畜类型划分出牛队、马队、羊队等，分群放牧。一个家庭中的兄弟原本生活在一个阿乌尔中，现在被分散到不同的地方。这些变化使得小家庭和个体的独立性开始增强，核心家庭与主干家庭成为牧区社会常见的家庭类型。简言之，国家通过对稀缺资源的垄断和再分配构筑了一种新的社会组织框架，重组了牧区社会。公社或牧场作为一种超越血缘关系和与部落体系"脱嵌"的总体性组织③出现，成为牧区社会新的组织框架。

这种新的组织框架既是向社会成员进行稀缺资源再分配的机构，又是构造新型的社会关系的最基本的基础。④那么，牧民的社会关系发生了哪些变化？

---

① 毛列提别克、刘云、张宝裕：《试论新疆畜牧业社会主义改造》，《新疆大学学报（哲学社会科学版）》1997 年第 3 期。
② 孙立平：《"关系"、社会关系与社会结构》，《社会学研究》1996 年第 5 期。
③ "总体性社会"是孙立平等人提出的、对改革开放前中国社会的一个解释概念，即 1949 年以后，通过对生产资料的改造和组织重建，国家垄断了绝大部分稀缺资源和结构性的社会活动空间，从而使社会各个部分形成了高度的关联性，社会、市场基本失去了存在的制度性空间。总体性社会的一个核心特征是社会的政治中心、意识形态中心、经济中心重合为一，国家与社会合为一体以及资源和权力的高度集中，使国家具有很强的动员与组织能力，但组织结构较为僵硬、凝滞。总体性组织在城市是"单位"，在农村便是"公社"。参见孙立平、王汉生、王思斌等：《改革以来中国社会结构的变迁》，《中国社会科学》1994 年第 2 期。
④ 孙立平：《"关系"、社会关系与社会结构》，《社会学研究》1996 年第 5 期。

第一，其社会关系不再是剥削与被剥削的封建人身依附关系，而是社员间的平等关系。这是牧区民主改革的主要成就，因为封建农奴制、奴隶制和某些少数民族一些原始公社残余本就是民族地区民主改革的对象。[①]第二，基于血缘关系的团体格局转变为基于总体性组织的团体格局。牧民生活在由不同部落成员组成的某公社或牧场某大队中，作为总体性组织中的社员，与其他牧民、政府和国家发生联系。第三，国家通过民主改革、畜牧业社会主义改造和公社化运动使牧民对部落的认同转向对公社或牧场的认同，最终转到了国家那里。由于公社或牧场扎根于特定的地域空间，对公社或牧场的认同使得地缘关系在牧民生活中的重要性提高。牧民相见先询问对方的阿乌尔，过去是为了确定其所属部落，现在则是为了确认其所属公社或牧场。

三、去集体化后社会结构与社会关系的变化

1984 年，新疆牧区开始进行承包制改革。牧业队的核心是"在牧民间分配牲畜，在牧户间分配草场"，农业队则是"在牧民之间分配耕地"。这是新疆牧区农牧业生产历史上划时代的大事件，草场与耕地首次以户而非团体（部落或公社、牧场）为单位进行划分，牧户首次成为自主的生产生活单位。1986 年 7 月 31 日，王恩茂在加速发展北疆牧区经济工作会议上指出，"采取各种办法创造条件，鼓励和引导牧民定居下来"，进行"水、草、路、圈、房"牧区"五好"建设。[②]此后，牧民定居步伐大大加快。改革与定居促进了牧业快速发展和牧民生活水平快速提高，但也改变了牧民与草场的关系。[③]这些讨论已经很充分，但它们对牧区社会结构与社会关系的影响的讨论尚少。

公社与牧场的解体是总体性社会结束的重要标志之一，意味着牧户生存模式由依附总体性组织的模式转变为独立生存的模式。牧户需要根据草场、牲畜、耕地和家庭劳动力情况合理安排生产生活，同时还要应对生产生活中的各种风险。对牧业村牧民来说，独立完成游牧生产（比如接羔、转场、配种等）有困难，而且缺少必需的谷物。农业村牧民因农业知识、经验和技能

---

① 李绍明：《四川民族地区民主改革的历史回顾》，《西南民族大学学报（人文社科版）》2008 年第 1 期。

② 王恩茂：《在加速发展北疆牧区经济工作会议上的讲话》，载王恩茂：《王恩茂文集（下）》，中央文献出版社，1997 年，第 357 页。

③ 崔延虎：《游牧民定居的再社会化问题》，《新疆师范大学学报（哲学社会科学版）》2002 年第 4 期。

不足，生产效益不好，所以更愿意发展牧业。对他们来说，同时在农业与牧业上发力也存在困难。这让大家庭的重要性凸显，原本分散在农业村与牧业村的小家庭之间的合作成为必然。牧业村的小家庭承担了大家庭的牧业生产，农业村的小家庭则输出劳动力、谷物和饲草（农作物秸秆）。某种意义上讲，小家庭间的合作是阿乌尔内联户协作劳动的重现，只是范围压缩到大家庭内部。这些变化提升了大家庭的重要性，密切了小家庭之间、家庭成员之间的关系。

从游牧的角度看，草场以户为单位划分对牧民生产不利。以户为单位意味着每户牧民都需要四季草场，而每季草场事实上都"碎片化"了。牲畜不多时，牧民转场、轮牧尚无困难，但改革激发了牧民生产的热情，牧民尽可能快地扩大畜群规模，10 年后草场便出现了超载过牧的现象，甚至因草场退化而无法轮牧。这推动了牧户间的合作，即一个村中草场相连的牧户可以共同转场、共同生产。在农业村，一些牧民逐渐放弃了"低效"的农业，将耕地流转给亲戚或其他牧民，收上本村、邻村牧民分散的牲畜，到村集体草场放牧。这些变化推动了村落内村民间的互助与合作，密切了村民间的关系。到此，地缘关系在组织牧区社会中的功能和牧民基于村落的地缘认同终于得到了确证。

大体来说，牧区社会的组织框架由总体性组织转变为"家庭-村落"的联结体系，社会关系则向家庭中心的近亲关系和村落基础的地缘关系发展。随着定居步伐加快，牧区社会结构与社会关系迎来了新的不确定性。

2000 年前后，新疆牧区的定居有完全定居、半定居和整体定居 3 种主要形式，一些地方还有插花定居。完全定居与半定居都是牧民在原冬季牧场开垦土地，定居务农。两者的区别在于，完全定居是牧民家庭全部人口实现定居，定居后从事种植业和家庭圈养牲畜。半定居则是家庭中一个人或一个小家庭从事种植业，其他成员仍然从事游牧。整体定居则是让牧业村整体或牧业村一部分人口转变为定居，定居点通常在一新开垦耕地处，全乡甚至全县不同牧业村的牧民都定居于此，定居后的牧民主要发展种植业，且完全实行舍饲圈养。插花定居则是将一些牧民安插到成熟的农业村，并为其解决耕地和住房。[1]从 2010 年以来我们的调查来看，整体定居更为常见。

---

① 崔延虎：《游牧民定居的再社会化问题》，《新疆师范大学学报（哲学社会科学版）》2002 年第 4 期。

完全定居与半定居对牧民社会关系影响不大，因为牧民没有脱离其生活的村庄，与家庭其他成员的关系也未发生明显变化。但是，对于整体定居和插花定居的牧民来说，他们需要从原牧业村中抽离出来，被安置到一个新村中。一些县在安置时考虑到了老村内的社会关系对牧民安居发展的重要性，以老村为单位，分条块安置牧民。个别地方也有完全打乱、重新安置的情况。新村牧民主要是牧业村没有草场和农业村没有耕地的年轻牧民。由于新村中有不同老村的牧民，老村会安排一名干部协助新村村委会的工作。新村维持着某种程度原有社会生产组织功能，有助于牧民适应新环境。即便如此，牧民还是得逐步在新村发展与非老村牧民的社会关系，并尝试在生产生活领域展开合作。简言之，他们需要在新村发展出新的地缘关系，并构建对新村的认同。

按照定居政策，牧民要承担部分费用（大部分通过卖掉部分牲畜筹集），定居后转向种植业，但由于牧民缺少种植业的知识、技能和经验，效益不佳。一些牧民便将耕地承包给外来包地者，其中一些牧民成为种植业工人，还有一些返回牧区替人代牧。对种植业工人和代牧者而言，新村牧民家庭之间、大家庭中各小家庭之间的合作减少了，小家庭成为一个相对自主的经济单位。进入21世纪，牧区第二产业（主要是矿业）和第三产业（主要是旅游业）快速发展，在地区生产总值中的占比超过第一产业，提供了大量新增务工机会。务工者首先来自这些定居新村的牧民，因为他们已将耕地承包出去，拥有的牲畜很少，而且相对年轻。初期，男性牧民以新村为中心，在周边乡村和城镇务工，女性在家中照顾孩子和少量牲畜。随后，一些牧民进入城镇，以获得更好的务工机会，并让孩子接受更好的教育。事实上，这些变化在其他牧业村和农业村中也很普遍。

从社会结构来看，小家庭自主性进一步增强，与大家庭中其他小家庭的关系则有所弱化，表现出从牧区社会中逐步"抽离"的趋势。牧民的社会关系转向以小家庭为中心的新格局，夫妻关系及其延展出的关系（近亲、姻亲）的重要性凸显。个人中心的关系在牧民生活中也开始变得重要，比如同学关系、朋友关系等。这些关系生成于学校、工地、市场等新场域，是教育普及、就业机会增多、商品经济发展等新变化的结果，且多与生产和务工相关。比如，牧民倾向于将牲畜托养给仍在放牧的亲戚、同学或朋友。双方虽无协议，但大体会遵照"市场行情"支付费用。代牧者按小畜 12 元/月、大畜 150 元/季度收取费用，或分得 40%的产羔作为报酬。2018 年，笔者对青河新城 134 名牧民工的调查发现，25%的牧民通过朋友或同学获得务工信息和借钱，近 40%的牧民务工遇到挫折时找朋友或同学倾诉。这与内地乡村社会关系利益化的逻辑是一致的，即"人情+利益"的机制整合在了一起。①

在牧民生活中，部落及部落关系是否不再重要了？调查发现，牧民都知道自己的部落归属，对部落世系有一定认识，参加部落成员的"托依"（婚礼、葬礼和其他仪式性聚会）仍作为一项义务为牧民所遵循。20 世纪 90 年代以来，一些部落开始编印部落史，包括部落的传说与世系、历史上的英雄人物、当代知名人物等内容，以通过历史记忆的重塑维系成员的部落认同。因此，尽管部落关系在牧民生活中的重要性明显下降，但它们仍是激发牧民原生性情感力量的重要源泉。

可以说，利益化与情感化是当前牧民社会关系的两个面相。它们是什么关系？它们对牧民生活意味着什么？这两个面相实质是社会关系的两个层次，对应生活的不同层次。具体来说，与生产、经济相关的方面利益化倾向较为明显，与认同相关的方面情感化倾向较为明显。

总体来看，1949 年以来牧区社会结构与社会关系发生了阶段性变化。集体化时期，牧区社会的组织架构由部落体系转变为公社或牧场的总体性组织。在牧民社会关系中，以公社为单位的地缘关系和以大家庭为中心的亲属关系取代了部落关系的主导地位。去集体化后，社会的组织架构转变为"家庭-村落"联结体系，社会关系向小家庭中心的近亲关系和村落基础的地缘关系转变。变化肇始于国家对牧区社会的改造，并通过不同时期体制、制度、政策的调整和市场的力量撬动并带动牧区社会结构变迁。牧民不是被动的，而是作为"社会生活行动者"采取策略性行为，以适应、参与和推动社会结构与社会关系的变迁。

本节的分析表明，牧区社会结构与社会关系的变迁是一个断裂、传续与创造并进的过程。社会结构的每一次转变都是一个新形态，与前一阶段形成明显区分，而社会关系也随之发生变化。前后阶段间也有一定连续性。集体化时期以来，家庭和村落在社会结构中愈发重要，小家庭中心的近亲关系与村落基础

---

① 徐晓军：《转型期中国乡村社区记忆的变迁》，《社会科学杂志》2001 年第 12 期。

的地缘关系的重要性始终增强。与之相反，部落体系的重要性和对牧民生活的影响始终减弱，最终退却到情感和认同层面。"创造"也是变迁的一部分，即在新的社会情境中创造新的社会结构，催生新的社会关系。比如，公社或牧场这类总体组织取代了部落体系，释放了家庭的自主性，激发了以公社或牧场为中心的地缘关系及其认同。新社会关系一经生成，便扎下根来，成为维系和再造牧区社会结构的重要力量，并与牧民生计与生活方式的变化协调前行。当前，"家庭-村落"联结体系仍是牧区社会结构的基础，但是小家庭的自主性因牧民流动性增强而进一步强化。以此为背景，社会关系会朝着利益化与情感化并存格局持续发展。我们马上会看到，这些新变化有利于牧民向非农产业和城镇流动，提升牧民在非农产业就业和在城镇中的适应能力，促进牧区新型工业化和新型城镇化。

第二节　城镇中牧民的社会关系及其变化

21 世纪初，一些年轻牧民开始走出牧区，进入城镇务工。10 多年后，在国家政策的支持和推动下，"进城"已不再是务工那么简单，而是要扎下根，并在城镇中开启新的生活。在向城镇流动的过程中，牧民的关系也随之进入城镇。在城镇中生活越久，牧民就越有可能在城镇中重构他们的关系，甚至创造出一些新的关系。本节拟对进城牧民的社会关系的类型及其变化进行描述，资料主要来自我们在青河新城与准噶尔社区持续三年的调查，主要是访谈材料。在此，我们拟从 3 个方面开展描述，牧区社会中的关系及其在新的城镇中的移植，过去务工中结成的关系及其向城镇的转移，以及牧民在城镇中新拓展的社会关系；在此基础上，对不同类型关系如何构成了城镇中牧民的社会关系网，以及它们在社会关系网中的位置进行分析。

一、牧区中的社会关系及其在城镇中的移植

不管是青河新城还是准噶尔社区，都是政府通过易地扶贫搬迁和牧民定居政策在城镇中"创建"的新社区。这加速了进城牧民家庭从牧区社会中"抽离"的进程，助推了以家庭和个体为中心社会关系的发展。同时，由于两个社区包

含同村、邻村、同乡的牧民，因此一些原生性的关系也被移入新社区中。由于杂居在一起，牧民都面临着在城镇开启新生的局面，一些原本在牧区中不重要的关系也变得重要起来，这也是城镇化进程中牧民社会关系网重构的一部分。我们以个案形式来呈现移植到城镇中的社会关系，并对它们在牧民生产生活中的功能进行分析。

DWLT 在受访时谈到了进城前后几天忙乱的状态：

> 我们搬家那天，哥哥开了平常拉牛羊的微型货车帮我们把以前家里的东西拉过来。搬了两天，收拾房子两天。第一天，我先到新房子看了看，打扫了一下卫生。房子都带简装修，但是没有铺地板，什么装饰都没有。我们想至少要铺地板，把墙刷一下，这样看着舒服点。专门找装修的人有点贵，我们就通过朋友找了一个做装修的人把地板铺了。墙是自己买的涂料，和哥哥一起刷了刷，自己买墙纸把卧室贴了一下。第二天，我去商贸城买了床、沙发、茶几。这些以前房子里都没有，以前睡的是炕。第三天，我把以前家里炕上铺的毯子、盖的被褥和衣服都拉了过来。当天晚上，我们一家人和哥哥就在这边睡的。晚上，在商贸城的饭馆一起吃了个大盘鸡。哥哥也跟着我跑了这么多天，忙前忙后的，总得表示一下，再加上搬了新房子，也高兴。第四天，我把以前用的锅碗瓢盆、爸妈给的餐桌和衣柜都搬了过来。所有东西搬完以后，我们在新家和我哥哥一起吃的晚饭。我要给哥哥钱，因为有政府给的搬迁费，但是哥哥没要，就说一起吃个肉就行了。搬家时，以前村子里的朋友也说要过来帮忙，我没让他们来。一方面不想麻烦他们，另一方面他们过来以后住不开。我认识的几个同村到此的牧民，大多数是亲戚朋友帮忙搬家，也有亲戚朋友没有合适的车自己雇车拉家具的，但亲戚朋友都会来帮忙收拾新房子。

我们感兴趣的是 DWLT 个案中提供的关于社会关系的信息。个案说明，在搬家、装房子这种大事中，亲戚朋友，特别是大家庭中兄弟关系仍是最重要的，为在进入城镇初期的牧民提供了必要的支持。这种关系在搬迁、新居布置、家具购置中都有体现。这种关系显然是非"工具性"的，而是"情感性"的，而表达情感的方式是"一起吃个肉"。我们要理解"一起吃个肉"在牧民社会中的含义，它是最亲密关系在"共餐"①行为中的具体体现。NEBS 的个案提供了牧区原生的其他关系在牧民进城初期所发挥的重要作用：

> 我在幸福小区找的第一份工作是社区厨师，这份工作是我老乡 DKL 介绍的。DKL 觉得社区厨师的工资太低了，不想干了，她在克拉玛依市重新找了一份工作，是宾馆里的前台。我干了一年的厨师，觉得厨师的工资太低了，想多赚点钱。我在微信上看到，ALTNY 发了一条朋友圈，一个护肤品牌在招代理。ALTNY 是我在乌尔禾的一个餐馆一起上班的同事，她是我的班长。我在微信上问了她关于这个品牌招代理的事情，我给她交了代理费，也开始做微商。这个护肤品的收益很好，一个月有时候赚 5000 元，有时候赚 2000 元。社区厨师的工作，扣除五险一金后，每个月能拿到 2000 元。我觉得做微商还是挺好的，我很多亲戚回来照顾我的生意，她们都在我这儿买，我还会送她们一些小样。还有一些是网上认识的人，我们在微信群，她们加了我的微信，然后在我这里买化妆品。我每天都发朋友圈，宣传代理品牌，让她们知道我在卖这个，有时候进了新产品，我会多发一些。在朋友圈宣传也是我们的微商任务，我的上级代理会检查我的朋友圈。
>
> 我的女儿在克拉玛依市的雅典娜小学上二年级。我们在微信上有个班级群，老师布置的作业发到群里，我监督女儿做作业，然后把女儿做好的作业拍照发到群里。丈夫的工作是开车，有时候晚上不回家。前一段时间，我每天下班很晚，没有时间照顾女儿、给她辅导作业。那段时间，我让女儿去了她姑姑家，她家也在幸福小区，孩子姑姑上过大学，现在是一名老师。孩子送到她那里，她会看着女儿写作业，辅导孩子不会的内容，帮我照顾女儿。

---

① "共餐"是当代饮食人类学关注的一个重要议题，它不仅仅是消费食物的行为，还是一种社会关系含义上的社交行为。在一些社会中，是否"共餐"还反映了族群关系。陈志明教授将共餐区分了家庭共餐、亲友与社区共餐、仪式和宗教共餐、政治共餐和招待共餐五种。家庭共餐是最基本的共餐形式，不仅可以强化家庭内部成员关系，还是一种重要的情感表达方式。在本书中，牧民多次提到"共餐"，其中哥哥帮助搬家后"一起吃肉"便是家庭共餐的一种形式。招待共餐是邀请家庭成员之外的客人到家里用餐，就像本书中一些牧民邀请代班、包工头到家里"吃肉"一样。招待共餐表现了该家庭对友谊的高度重视，邀请别人分享食物或和自己的家人、亲戚、朋友一起吃饭至少是表示友好的一种方式。本书中，请代班、包工头"吃肉"自然是为了表达友好，但带有较强的工具理性。事实上，给这些人送自己家宰的牛羊与邀请到家里"吃肉"的逻辑是一样的。参见陈志明、马建福、马豪：《共餐、组织与社会关系》，《西北民族研究》2018 年第 4 期。

显然，NEBS 强调了老乡关系与亲戚关系的重要性。可以看出，对进城牧民而言，源于牧区的原生性关系并未随着空间的转换而丧失功能，而是在新的情境中继续在就业与日常生活中发挥着作用。我们还注意到，牧民似乎有意识地维系着在牧区的社会关系，BEXT 说：

> 我刚到阿格达拉时，还挺想念以前村子里的亲戚朋友的，一周回去一次，到亲戚朋友家看看，在父母家住一晚，第二天再回来。平常我也常给亲戚朋友打电话、用微信视频聊天，谈谈在阿格达拉生活怎么样，有没有不习惯的地方。现在，我就不经常回去了，因为要打工挣钱，没办法经常回去，跟以前村子里的人联系也不那么频繁了，在这边生活了这么长时间，都习惯了，生活也步入了正轨。过古尔邦节、肉孜节时，我必须回去，这是团聚的时间。如果有亲戚朋友要结婚的话，就视情况而定。正在务工的话，我和妻子就当天去当天回。要是结婚的地方实在太远，我们就不过去了，亲戚朋友随礼的时候把我们的捎带上就行。不干活儿的时候，我们是要回去参加的，正好趁着这个机会看看以前的亲戚朋友。在刚搬过来那段时间，以前的亲戚朋友有时候会到阿格达拉来看我们。一方面是因为我们搬了新房子，都想过来看看这边的生活是什么样的；另一方面是想看看我们在这边生活得怎么样，有没有要帮忙的地方。去年，我哥哥时不时给我们搬些家具过来，两个衣柜和一个烤箱。现在他们就不怎么过来了，因为他们也得工作挣钱，但是休息时还是会过来。

这个个案提供了两个重要信息。一是家庭或个体的社会关系在从牧区社会中"抽离"的同时，情感层面的联系并未弱化。调查中发现，牧民初到城镇时，因为与牧区亲戚、大家庭空间上的疏离而在情感上出现不适应的问题，与牧区亲戚、朋友的联系会比较频繁。二是随着在城镇生活时间增加和对城镇生活的适应，情感不适应问题逐步得到缓解。个案中没有提到的一点是，牧民与小区内（特别同一栋楼牧民）的关系逐步确立，邻里关系逐步建立，这些关系在其生活中的作用逐渐凸显，他们在情感上对牧区亲戚、大家庭关系的依赖程度会降低。这在后文中会有比较详细的分析。

调查时，BHT 强调了原来一起工作的亲戚朋友在他获得务工信息中的重要性：

　　我刚搬过来的时候不太习惯这边的工作，大多数是在大田里务工，以前也没种过地，感觉自己不太会做这些工作。我大概有三四个月的时间没有在阿格达拉找过工作，还是联系以前村子里一起干活儿的亲戚朋友，让他们帮着联系工作。干的活大多是帮别人盖房子、盖牛棚、打水井等零工。其实，我还有一方面的担心，害怕以后越来越多的人在这边干活儿，会形成竞争，所以需要经常与原来村子里的朋友保持联系。万一哪天在这边找不到工作了，还能联系以前的朋友帮个忙。

　　BHT 自小与父母一起游牧转场，对游牧生产颇为娴熟。婚后，他和妻子从大家庭中分出来，由于没有草场，便走上了与同村其他年轻人一样的"打工"之路。由于青河新城的务工机会多来自大田——包地者大多种植沙棘、葵花和其他农作物，BHT 这类无农耕经验的牧民自然难找工作。个案中，BHT 仍依托同村的"亲戚朋友"找到工作，并认为这些关系对其今后谋职仍是重要的。这说明，以村落为载体的地缘关系，以及在村落基础上形成的"朋友"关系被带到了城镇中。即便同村中的朋友并不一定一起到了城镇，但这种关系还是可以调动起来，并解决求职困难的问题。有意识地保持在牧区社会中的原生性关系，不仅仅是情感的需要，也不仅仅是当下找工作的需要，还是应对不确定性和风险的一种策略。

　　对上述个案进行分析可以发现，牧民从牧区移植到城镇中的社会关系主要有亲戚关系、邻里（同村或邻村）关系、朋友关系，同时有意识地维系在牧区的原生性关系纽带。这说明了两个问题：一是进入城镇这个陌生的场域后，牧民能够依靠的、能够调动的往往是亲戚、同乡之类的原生性社会关系，而这些原生性社会关系在他们适应城镇生活中扮演着重要角色；二是进城牧民不愿意或不能舍弃在牧区的社会关系，以填补进城后情感上的空缺，减轻生活上的不确定性带来的压力，并为"无法适应"者留出返回牧区的可能性。

二、务工中结成的关系及其向城镇的转移

　　在调查的牧民中，50%以上的牧民有在城镇中务工生活的经历，其社会关系与长期生活在牧区的牧民有明显差异。在农民工城镇中社会关系网的研究中，从获得就业所依托的社会关系入手是一个常见的策略。大体来说，有两个方面

的原因。一是对社会关系及社会关系网研究就发端于"求职"的研究，比如格兰诺维特在美国人求职中，发现弱关系的重要性大于强关系，因为前者提供的信息要丰富和多元一些。^①如我们在本章开头所指出的，国内社会关系网的研究多承接了这一传统，但发现强关系的重要性比弱关系更为突出。研究发现，关系的重要性并不表现为信息的重复率低，而表现为对强关系中提供信息的信任。二是对进城的农民来说，获得务工机会或获得就业是其在城镇中立足的第一步，十分关键。因此，我们需要对牧民早期在城镇中务工结成的社会关系进行描述，并分析这些关系对其在青河新城与准噶尔社区就业中发挥的功能进行必要的分析。在此，仍以调查时获得的典型个案入手展开分析。比如，SLK 受访时谈道：

> 我以前生活的村子里有 4 户牧民需要找人代牧。4 户牧民中，3 户找我代牧。我都他们家代牧了很多年。其中一户是我的朋友，我最早帮他代牧时就想，不能辜负了他对我的信任，他的羊在我这里从没有丢过。这样，这个朋友给我介绍了另一个需要代牧的家庭，第二个又会介绍第三个家庭给我。村里还有其他代牧人，有竞争，但他们还是愿意把羊交给我。我想，这是因为他们比较信任我。一般来说，代牧要签合同，写好代牧的时间、不同牲畜的价钱，还有死掉的、跑掉的牲畜如何赔偿等。但是，我们不需要。通常情况下，代牧结束后，我会把他们几家人请到家里吃肉。我们要与这些牧民搞好关系，要不然没人找我代牧，我就没有收入了。

这是对一位长期代牧的普通牧民的访谈，访谈内容透露了 3 个重要信息：一是同村中有多位代牧者，彼此间有竞争，大多是我们一再提到的"小户"；二是代牧者与雇佣者之间并不完全是一种经济关系，而是建立在"朋友"^②等关系的基础上，并以"信任"为首要原则；三是彼此间的信任关系需要维护，这是信任关系持续的重要机制。正如格兰诺维特所说，"社会关系而不是制度安排或泛化的道德，是经济生活中信任产生的主要原因"^③。BHDT 的个案例也说明，

---

① ［美］马克·格兰诺维特：《镶嵌：社会网与经济行动》，罗家德译，社会科学文献出版社，2007 年，第 84 页。
② "朋友"这个词在哈萨克族中使用频率较高，没有一个明确的范围界定，但大体指同村或相邻村中关系较为亲密的村民，是与亲戚、同学和老乡相区别的一个范畴。
③ ［美］马克·格兰诺维特：《经济行动与社会结构：嵌入性问题》，载［美］马克·格兰诺维特、［瑞典］理查德·斯威德伯格：《经济生活中的社会学》，瞿铁鹏、姜志辉译，上海人民出版社，2014 年，第 64 页。

信任在关系中的重要性：

> 我刚开商店的时候不知道在哪里进货，然后我就通过一个在青河县开商店的亲戚获得了批发商的联系方式。当我跟批发商联系的时候，每个批发商都对我十分热情。批发商给我的商店送货时，就会问我要多少货，大概多长时间能卖完之类的，可能是想先考察一下是不是那种卖得又快又多的商店，然后好决定是不是跟我合作。我就说我刚开，也不知道能卖多少。他们就根据我列出来的单子把货给我留下了。我就把第一次进货的钱给批发商结了，之后的每一次我都是现结货款。结完货款后，我再对着进货单看货物有没有错，如果有错，我也不会让他们立即给我换货，下次我再进货的时候给我补回来就行。虽然进货不多，但是我从来不拖欠货款。然后，我跟这些批发商之间的关系就很好处理了。

这是对一位店铺经营者的访谈，访谈内容中有两个点值得关注：一是帮助她联系批发商的是亲戚；二是与批发商之间保持良好的信用关系十分重要。"亲戚"是 BHDT 与供货商之间的桥梁。借助这个桥梁，BHDT 与批发商建立了联系。事实上，我们对多位店铺经营者做过访谈，发现建立这种联系并不容易。青河县的市场不大，商品批发掌握在有限的供货商手中。这些供货商倾向于选择那些有长期合作的商户，其进货量、进货周期都是根据这些合作商户经营情况决定的，一旦建立信任关系，就无须现结货款。BHDT 已经认识到信任关系的重要性，并以"不拖欠货款"的方式谋求建立信任关系。与 BHDT 相比，ALSH 采取了较功利的策略：

> 我之前打工时认识了很多一起干活儿的人。光靠自己找工作信息，信息来源太少。那些一起干活儿的人都是长期在外打工的人，我找不到工作的时候，他们可能有活儿干。然后，我就能通过他们去找工作。假如我通过某个人找到了工作，那必须请这个人吃饭，或者给他买包烟什么的表示感谢。我得维持好这种关系，不然下次没人帮我了。搬到这边前一年，我在建筑工地干小工。我打算长期跟着这个建筑队干，几天以后我找理由把工钱要到手。然后，我给管招人的包工头买了一条烟和一瓶酒，当时他就说了一句让我放心干。有一天家里有事，我去跟包工头请假，他就给了我

两天假。我处理好家里的事回来上班的时候，他竟然让我继续干（由于很多牧民"干两天，歇两天"，以各种理由请假，钱用完后又再次到工地找工作，使得用工方不愿意雇佣当地牧民。笔者注）。当时我比较吃惊，然后我一年就跟着这个建筑队到处跑。

这是对一位颇有"头脑"的建筑小工的访谈，个案中两点信息很重要：一是打工者有自己的小圈子，而且这个圈子对他们获得就业信息是极为重要的；二是一些牧民开始在原有关系的基础上，积极地建立和拓展新关系。就第一点来看，"很多一起干活儿的人"看起来像是以职业为基础的圈子，然而以我们在牧区调查了解的情况而言，这些"一起干活儿的人"大体以村落为中心分布，包括邻近几个村。也就是说，这种圈子虽然有职业背景，但实质上是以地缘关系为基础的。就第二点来看，ALSH 有意识地通过"关系"和对"关系"的经营来获得稳定的务工机会。个案揭示出，包工头是关键，因为他掌握着务工的机会。对大部分务工的牧民来说，与掌握着务工机会的人建立联系还不太现实，因此采取送礼、请吃饭等策略维系这类关系就非常重要。我们在后文将会看到，像 ALSH 这类善于构建和经营新关系的牧民在城镇中更易获得成功。

对上述三个个案做进一步分析后发现，务工牧民的社会关系呈现前文所描述的以小家庭和个人为中心的倾向。同时，他们可能根据需要调动亲戚、朋友、村落的关系来获得就业机会。不管是哪一种关系，其核心是"信任"，这种信任既可能来自关系本身（强关系），也可能来自牧民对关系的经营。另外，每一位行动者都嵌入特定的社会关系网络中，因为在牧区、城镇务工和经商，牧民总是有一些超地缘和血缘的"职业关系"。进城后，这些关系并不见得会消失或失去效用，而是会随着牧民的流动而带入新城，并成为牧民在城镇中获得就业和更快地适应城镇生活的资本。以我们调查了解到的情况来看，这类原本就有在城镇中务工经历的牧民，在迁入青河新城与准噶尔社区后多半延续了之前的职业，即代牧者仍选择代牧，开商店者继续开商店，当小工的继续当小工，在职业选择上表现出了较强的延续性。之所以如此，一方面与其在特定行业或职业中获得的知识、技能相关，另一方面与其在相关领域的社会关系有关，即可以通过已有的社会关系获得就业的信息与资源。

三、在城镇中拓展的社会关系

我们已经提到牧民在城镇中开始构建新的邻里关系，这只是他们在城镇中构建新关系的开始。我们在青河新城和准噶尔社区做了持续三年的调查。这三年，牧民社会关系在纵向和横向上都发生了很大变化，表现出较强的拓展性。横向关系主要是与邻里、同事的关系，纵向关系主要是与管委会、政府相关部门、访惠聚工作组的关系。下面，我们通过一些个案来呈现这些新拓展的关系，YSBK 谈道：

> 我从 2016 年搬到这里，已经在这生活了三年。平常我和妻子要打工挣钱，基本不怎么回以前的村子。平常我们跟家里人通过电话、微信联系，过年过节回去跟家人待几天。如果有婚礼、割礼，我和妻子就看情况，没活儿干的时候就回去，一般是当天去当天回，怕第二天有务工的通知自己赶不上。干活儿的时候，我们就不回去了，打电话问候一下，让亲戚朋友帮忙随个礼就行了。亲戚朋友家有事要帮忙的时候我就回去，比如上个月我父母家要把牛圈羊圈重新翻修一下，我就回去帮忙了。现在如果我们在阿格达拉需要帮忙的话，一般就是我妻子的姐姐一家人过来帮一下。一方面是因为在生活上也没有特别大的困难，不用麻烦以前村子里的亲戚朋友；另一方面是因为我妻子的姐姐一家也搬过来了，亲戚帮忙比较方便。邻居之间也都熟悉了，互相帮助一下是常事。其实我们哈萨克族人走到哪儿都是亲戚，大家坐下聊一会儿天就变成了亲戚，邻居之间也熟悉得快，我们就互相之间问一下是哪个部落的。如果我有亲戚和邻居是同一个部落的，我们就成了亲戚。我找邻居帮忙比较多，借个东西，有时候买东西钱不够了借点儿钱，让他们帮忙照看孩子等。

这个个案透露出的信息很多。其一，与牧区社会的关系情感化增强而工具性弱化的趋势非常明显。这一点已在前面的个案中有很充分体现，无需再做分析。其二，移植到城镇中的关系在生活中的作用日渐凸显，比如与妻子姐姐家的关系。其三，在城镇中的邻里关系逐渐生根发芽，彼此间的互助日渐频繁，这在很大程度上弱化了原牧区社会关系在生活中的重要性。其四，传统的部落认同在城镇的新场域中有了新的功能。确实如 YSBK 所说，哈萨克人聊天很快就能拉上关系，这与分枝性社会结构——部落体系——的伸缩性是相关的。我们应该意识到这里所说的部落关系已与传统社会中的关系大为不同，不再具备团体格局的刚性边界，而只是特定情境中通过部落认同激发新关系的一种策略性行为。

前文提到过的 BHT 和 MKDS 向我们描述了 2016—2018 年在城镇中社会关系的变化，谈到了务工中邻里合作的重要性：

> 2017 年夏天，我跟着以前村子里的亲戚朋友一起打工，2018 年的夏天我就开始在阿格达拉务工了。我和邻居们越来越熟悉，他们告诉我这边随时都能找到工作，地里的活就是拔草、铺滴灌带、打包洋芋和装车一类的力气活儿，不需要太多技术，每天也能挣 150 元。政府每天也会通知我们有哪些工作可以干，积极动员我们在这边务工挣钱。我自己也发现在阿格达拉比以前在村子里好找工作，即便是大田里没有活儿干，建筑工地上也能找到活儿。干了有一年多了，平常基本上不回以前的村子，跟以前的亲戚也就是通过电话、微信联系。过古尔邦节、肉孜节的时候我必须回去，平常都在干活儿挣钱，一年也就这几天能回去团聚。除了过节，再就是打草的时候回去了，因为我还有 10 只羊在"大家"（父母的大家庭）养着，打草的时候要回去帮个忙。

> 我记得刚搬到阿格达拉时，最先熟悉的就是邻居。那时候大家对这边的生活比较有新鲜感，家里装修时互相参观一下，搭把手，帮个忙。有时候，也会互相约着去打工。比如，群里通知了大田里要务工的人，我就会问一下邻居们去不去，如果去的话就一起去。有时，我和丈夫去县里买东西，中午没时间照看孩子，找邻居帮忙照看一下孩子，孩子放学以后去邻居家吃饭什么的。还有就是互相之间借一些小东西，比如做饭盐不够了借点盐，来客人没有牛奶同邻居要一些牛奶。还有平常一起干活儿时，我们认识了一些人。由于我们工作不固定，所以只有一部分人互相认识，后来成为好朋友。朋友之间就会互相帮忙，比较能合得来的还经常在一起吃饭。

这两个个案向我们很好地展现了邻里关系是如何在城镇中形成和发展的。其一，邻里互动在日常生活中十分频繁，比如相互借一些小东西、帮助照看孩子、装修和搬家时搭把手等；其二，邻里间在务工中合作的机会较多，这与体力活儿和所需劳动力多是相关的；其三，在日常生活和务工中合作的增多可能

促成亲密关系的形成，比如"好朋友"与"合得来"的朋友等。一旦这些关系
建立起来，又会通过生活、工作中的持续互动而得到强化，并为牧民在城镇中
的生活提供有力的支撑。受访者 SNT 说：

> 我在刺绣合作社上班，刺绣合作社加上我总共五个人。我们之前就
> 会刺绣，来了这边以后就加入了合作社。合作社的场地和机器是政府提
> 供的，平常我们主要做两件事情：一是给这边的牧民提供一些简单的刺
> 绣培训，政府组织刺绣培训时，我们就去做培训；二是在刺绣合作社制
> 作商品出售，主要卖给牧民和游客。我们五个人没有确定谁是管事的，
> 如果其中一个人有一天因为有事没有来上班，有人需要订做东西肯定就
> 接不到这个订单，那就挣不到这个钱。平常做的这些装饰品、窗帘、桌
> 布什么的都知道是谁做的，卖出去的话就算制作产品的那个人没来，也
> 会把钱转交给她。还有这边的人有些需要做窗帘什么的，我们去做。大
> 家平常都在一起上班，还是要互相信任的。经过这么长时间的接触，我
> 们之间的关系都特别好。店里面的材料是统一进的，进货渠道是政府联
> 系的。我们是分开进货，但谁的材料不够，可以相互借用，产品卖出后
> 把成本钱给过去就行。我们五个人的关系不是其他人能比的，有时候甚
> 至感觉比自己的亲戚还亲。这几天我们店里的 AYSE 去学习，有时候她
> 丈夫在务工，中午就我们给她看孩子，其实就吃顿午饭的事情。

SNT 个案提供了合作社中五姊妹的密切关系——一种在经济上的合作关
系。在经济关系中，受访者强调了合作与信任的重要性。合作也许在初期是政
府促成的，即将牧民中有刺绣手艺的牧民集中在一起，以合作社的名义，带动
牧民挣钱。随着时间的推移，合作关系便超越了经济层面，而是深入日常生活
的互助（比如照顾孩子），甚至在合作中催生了彼此间的"信任"。从关系的类
型来说，这五姊妹应算是同事关系。我们事实上也对准噶尔社区和青河新城中
企业、车间内的牧民关系进行了考察，发现逻辑与该个案中是一致的，即因生
产中合作的需要而密切了同事间的关系。同时，又因为入城初期生活中面临的
困难是相似的，所以能够催生出"同病相怜"似的情感认同。比如，女性受访
者中通常将帮助"照顾孩子"作为彼此关系亲密的例证，因为要在时间上协调
好工作与照顾孩子并不容易。我们访谈的一些未就业的女性，在谈到困难时首

先就是"没有人照顾孩子"。

在前文提供的多个个案中，受访者反复提到了政府的帮助，比如介绍工作、提供培训、帮助申请贷款、提供岗位或补助以及用扶贫项目资金帮助成立合作社等。显然，与政府的纵向关系对牧民在城镇中获得就业、解决生活中的困难都是十分重要的。纵向关系有两个层次，一是与管委会的关系，二是与访惠聚工作组的关系。由于访惠聚工作组就住在牧民所在社区，因此与牧民的关系更为直接。在此，我们通过 JYNGL 与 HB 的访谈来呈现两种纵向关系的重要性：

> 我是搬过来 3 个月之后开的这个服装店。政府鼓励我们自主创业，提供了 5 万元无息贷款用于创业。我想，有这种好机会为什么不去试试。我不知道怎么申请去创业，就联系了访惠聚工作组的工作人员。他们住在一区，很快就帮我联系了管委会的管理人员，登记好后，我就开了这个店。开的时候 5 万元贷款还没有打到卡上，我就先找亲戚借钱。我在商贸城售楼处打听能不能租房子，因为我只能听懂一点点普通话，看不懂汉字，所以租房子时也是访惠聚工作组的工作人员带着我看房子、签协议，帮我准备好租房子用的材料。店铺租了一年，租金一年一交。进货什么的都是我自己操办的。后来管委会通知要办营业执照，否则不让开店。由于刚搬到这边，我自己也不清楚去哪里办。没想到，管委会的人直接上门帮我们办理。到我们家，告诉我需要准备哪些材料。准备好了以后，就给管委会的人送过去了，剩下的都是管委会的人帮我们办。

> 生活中接触最多的就是访惠聚工作组。他们会不定时入户走访。我们有什么要求，都可以跟访惠聚工作组提。比如，我妻子的工作就是访惠聚工作组帮忙找的。妻子要照顾孩子，但也想工作挣钱，她就跟我们家的结亲户说了，很快就在管委会给找了一个环卫工的工作。这样，妻子一天只需要上午去打扫一次街道，下午再打扫一次，中午和晚上有时间照顾孩子。访惠聚工作组也会在微信群里发布工作信息，告诉我们不同的工作要多少人，有什么要求。我们有什么不懂的都可以直接在微信群里问他们。有什么困难也可以直接找管委会。之前我邻居的孩子要上大学，但是学费太贵，负担不起。然后就去找管委会说了一下情况，管委会替他们家写了个申请，申请一部分助学金。管委会还组织我们给他们家进行了捐款。刚来的时候商贸城那边喝酒打架的特别多，基本上每天晚上都有人在餐馆里喝酒，喝完酒就闹事。派出

所就出了一个规定，晚上 12 点以后所有店铺都要关门，这样商店也不卖酒了，也没有餐馆能喝酒了。对于喝酒闹事的人，派出所管得也特别严。一有闹事的人，派出所的人就过去。他们在路上见到骑摩托车不戴头盔的人就拦下来，不让他们继续走。这些人要么就是推着摩托车回家，戴上头盔再骑，要么就是在商店买一个头盔戴好再骑。我觉得管委会、访惠聚工作组、派出所对我们都挺好的，有困难，只要反映就有人管，治安也特别好。

　　这两个个案提到了访惠聚工作组与管委会提供的各种服务，大体包括三个方面：一是帮助牧民在城镇中就业和创业，二是解决牧民生活中的实际困难，三是维持社区秩序。这三个方面显然都是访惠聚工作组和管委会的职责，但对帮助牧民尽快适应城镇生活，在城镇中扎根和发展是非常重要的。个案中并没有牧民如何与访惠聚工作组和管委会建立联系的信息，这可能是两方面因素造成的。其一，牧民通常不会主动与工作组和管委会直接联系，只是在有困难、有需求时才会联系。事实上，在牧业村、农业村和定居点，除了涉及政策落实、补贴和治安案件外，一般牧民也很少与村委会以外的"官员"打交道。其二，因为是集中安置的牧民，政府对牧民进城可能遇到的问题考虑得较为周全，在解决牧民各种困难方面比较主动。因此，牧民与访惠聚工作组和管委会的纵向关系表现出了不均衡性，即主要是访惠聚工作组、管委会主动与牧民联系。联系的渠道有很多，比如个案中提到的反映困难，工作组队员走访等，还有通过微信群定期搜集牧民的诉求和为牧民提供就业信息等。随着牧民在城镇中安居生活和就业的稳定性逐渐增强，他们与管委会的直接联系呈现出减少的趋势。

　　综上所述，城镇中牧民的社会关系发生了新的变化。社会关系以家庭和个体为中心，以及利益化与情感化并存格局持续发展的趋势得到了强化。牧民虽然已经进城，但其社会关系一头连接着牧区社会，另一头已经深入城镇社会。不同关系在牧民身上汇聚，形成了一张具有内在结构的社会关系网，为牧民尽快适应城镇生活和扎根城镇发展创造了必要条件。

第三节　社会关系网的结构与功能分析

　　初步呈现城镇中牧民社会关系类型后，我们拟对这些关系的网状结构及其在牧民生活中的功能进行分析。前文引用的诸多个案已经揭示关系在求职、解决日常生活中的困难、情感表达等方面的功能。在此，我们需要转换角度，看看牧民如何看待这些关系，或者说在什么情况下牧民会使用这些关系。我们注意到一些牧民比较善于在城镇中积极地构建新的社会关系，并采取各种策略去维系和经营这些关系，最终从关系中获得更多、更好的务工就业的机会。这也告诉我们，应该对牧民如何调动社会关系中的资源以达成特定目标给予关注。简而言之，就是必须关注作为资本的关系以及牧民对关系资本的运用。

一、社会关系网的结构

大体来说，牧民在城镇中的关系有近亲关系、同村关系、朋友关系、邻里关系、同事关系、部落关系以及纵向与访惠聚工作组和管委会的关系。如前所述，牧区社会关系呈现工具理性与情感性并存格局持续发展的趋势。下面，我们从工具理性与情感性两个维度对牧民的社会关系网及其结构性特征进行分析。事实上，所有类型的关系都兼具工具理性与情感性，但有的偏重工具理性，有的偏重情感性。这些关系联结在一起构筑了牧民在城镇中的社会关系网。

如图 6-2 所示，近亲关系处于牧民社会关系网的中心，对牧民最为重要。从前文的个案中，我们已经知道近亲提供的物质、经济和就业等方面的支持是最直接、最有效的，同时也是情感认同最强的。这意味着，20 世纪 80 年代以来家庭自主性增强和家庭为中心社会关系在牧民生活中的重要性增强之趋势仍在持续发展。不管在经济层面，还是在情感认同层面，家庭都是牧民生活的中心和最可靠的"港湾"。

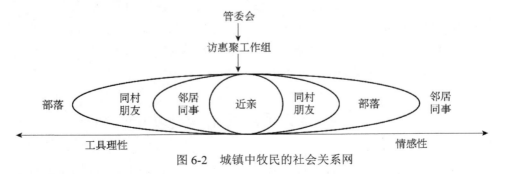

图 6-2　城镇中牧民的社会关系网

城镇中邻居关系和同事关系十分重要，在介绍工作、合作劳动/工作、信息传递、生活中互助（比如相互照顾孩子）等方面发挥着突出作用，是典型的以利益为导向的社会关系。同时，邻居和同事由于长期共处和合作，彼此间容易产生信任，进而促进情感认同。因此，从情感性角度看，它们也是重要的，很多时候缓解了近亲、同村和朋友关系缺失给牧民带来的心理、社会和经济等方面的不适应。

同村关系和朋友关系对牧民的情感认同是十分重要的，即便他们不再生活在一起，但基于过去亲密的接触，这些关系仍然被牧民视为值得信赖的关系。上一节的个案显示，这两种关系在牧民入城初期的作用十分突出，其作用不仅体现在情感认同上，还包括介绍工作、传递信息和帮助搬迁等。简言之，同村关系和朋友关系仍兼具较强的工具理性，不过，随着牧民在城镇中扎根，他们在就业、经济和生活等层面对这些关系的依赖程度降低，并可能继续降低。需要指出的是，这里的"朋友关系"往往与同村关系相互重叠，因为牧民提到的朋友很多是同村的牧民或邻村的牧民。

牧民已经很少再提到部落，这是过去几十年部落体系从人们政治、经济、社会、文化生活中撤离的结果。虽然部落关系已经不太可能继续为牧民提供物质、经济、职业的支持，但是它至少在情感认同层面没有完全退出，在特定情境中仍能激发人们的认同。因为部落认同的存在，同部落成员即便之前并不相识，一旦相遇，也能很快建立联系，并可能在求职中发挥作用。

纵向关系对牧民来说无疑是重要的，因为它们不仅是管理者，还提供具体的、实实在在的帮助。以我们的调查来看，纵向关系在牧民进城初期的重要性十分突出，牧民在就业和生活的各个层面都需要获得支持。但是，它的重要性却随着牧民对城镇生活的适应而逐步降低，有回归到管理者和服务者身份的趋势。同时，并不排除一些牧民可能会与一些工作人员建立起亲密关系，但这并不是一个普遍现象。

如果我们横向地对牧民社会关系进行分层，大体可分为内核、中间与外围三个层面。无论是从工具理性角度来看，还是从情感性的角度来看，近亲关系都居于内核。从工具理性的角度看，邻居关系、同事关系、同村关系和朋友关系居于中间，部落关系居于外围。从情感性角度看，同村关系、朋友关系、部落关系居于中间，而邻居关系与同事关系居于外围。内核、中间与外围划分的基础是不同社会关系在牧民生活中的作用或功能，下面我们对这一问题进行分析。

二、社会关系网的功能

在准噶尔社区和青河新城做问卷调查时，我们针对社会关系的功能设计了9个问题，分别衡量社会关系在就业、解决日常生活中的困难、促进社会交往和表达情感中发挥的作用（表6-1）。

表6-1　衡量社会关系功能的具体指标

作用的领域	具体指标
帮助就业	找工作的途径有哪些？ 最有效的求职方式是什么？
解决生活困难	如果需要借钱，通常会选择谁？
促进社会交往	经常联系的人（家人、男女朋友除外）频率最高的是谁？ 平均多长时间与朋友、同事或同学一起吃饭或聚会？ 在城镇参加恰依（有组织的聚会）的情况如何？ 假如您的亲戚或很要好的朋友家举办"托依"，您的选择是什么？
表达情感	平均多长时间与家人（牧区）联系？ 心情不好的时候，选择向谁倾诉？

下面以问卷调查数据为主，结合前文提到过的个案和我们的观察，对城镇中牧民社会关系的功能进行分析。

我们已经第四章已经对牧民求职路径做过分析（表4-3），除了招工/招聘的途径外，通过家里人和朋友介绍获得工作的比例最高。表4-4关于"职业获得路径的有效性"数据说明，招工/招聘最为有效，其次是朋友介绍、政府介绍和家里人介绍。这些数据已经足以说明近亲关系、朋友关系与纵向关系（与政府管理者和访惠聚工作组）在求职中发挥着极为重要的功能。为了验证数据的真实性，我们对本书引用的个案中，抽取了明确提到"谁介绍工作"的情况进行统计，样本量为42人。如图6-3所示，在牧民求职中社会关系发挥功能的情况依次是亲戚、朋友、政府、招聘、同村（老村）与邻居（城镇中的社区）。以我们的观察来看，这一数据大体是符合实际的。在此，需要对"招聘"的情况略作补充说明。事实上，相当多甚至大部分牧民都有通过招聘获得就业机会的经历，比如他们常说的"QQ群""微信群"，只是在受访时并未加以强调。

如图6-3所示，通过政府协调获得就业占抽样人数的21%，说明政府在帮助牧民就业方面的作用十分突出。调查了解到，政府通常还需要协调解决生活中的困难，定期对一些困难家庭进行慰问，以及通过走访、结亲帮助牧民疏解心理压力等。

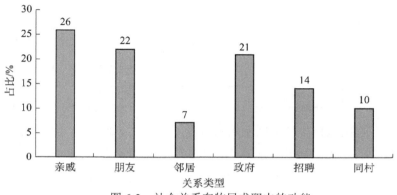

图 6-3　社会关系在牧民求职中的功能

在接受访谈时，牧民还提及亲戚给予的其他帮助，比如在短期内提供住处、饮食等。这说明，亲戚是牧民在城镇中解决生活中难题的主要依托。对进城牧民来说，尤其是在 2016 年和 2017 年搬迁到准噶尔社区和青河新城初期，往往因为支付购房款（尽管很少）、添置家具和其他需求而出现资金短缺的现象。在这种情况下，牧民借钱对象便可看作衡量社会关系在解决生活难题中功能的一个重要标准。如表 6-2 所示，在准噶尔社区，向父母、兄弟姊妹、其他亲戚借钱的累计占比达 60.0%；在青河新城，这三项的累计占比高达 86.5%。在准噶尔社区，向朋友借钱占 23.4%；在青河新城，这一占比为 9.7%。这说明近亲与朋友在帮助牧民渡过生活中各种难关方面的作用突出。两地此项数据的差异是两地牧民城镇生活经验的差异导致的。与青河新城牧民相比，准噶尔社区牧民多在城镇生活多年，在城镇拥有一定的社会关系。个别受访者表示会向同学、雇主或领导借钱，说明其他关系也可能在此方面发挥一定作用，但相对有限。

表 6-2　准噶尔社区与青河新城牧民借钱对象的选择

借钱对象	准噶尔社区		青河新城	
	人数	占比/%	人数	占比/%
父母	28	18.7	29	21.6
兄弟姊妹	44	29.3	56	41.8
其他亲戚	18	12.0	31	23.1

续表

借钱对象	准噶尔社区		青河新城	
	人数	占比/%	人数	占比/%
朋友	31	23.4	13	9.7
同事	4	2.7	3	2.2
同学	2	1.3	0	0
雇主或领导	1	0.7	2	1.6
不借钱	18	12.0	0	0
合计	150	100	134	100

　　我们对牧民保持交往或联系的对象做了调查，在此，特地排除了父母、兄弟姊妹和其他亲戚，因为与家人和亲戚的关系更多涉及情感的表达，而这并不能由交往频率来说明。由表 6-3 看出，以累计占比降序排列，准噶尔社区依次是朋友、同学、老乡、同事、一起干活儿的人和雇主或领导，青河新城依次是朋友、老乡、同事、一起干活儿的人、雇主或领导和同学。这一组数据再一次验证了前文关于牧民社会关系网之结构的分析，即朋友、同学、老乡这些关系的工具理性有强化趋势，同时还有很强的情感性色彩。我们在调查时，对"同事"和"一起干活儿的人"做了区分，前者相对稳定，后者变动性较大。这类关系看来也有效地支撑了牧民的社会交往。表 6-3 中除了雇主或领导关系外，其他关系尽管在求职、化解生活中困难方面的功能并不明显，但对城镇中牧民的交往却是极为重要的。从这些关系的特质来看，基本上是同辈关系，而且以共同生产、务工和生活的经历为基础。①他们与雇主或领导的交往相对少，这应是身份的不对等所致，即在生产生活中缺少交集。

---

① 同辈关系重要性增强反映了牧区社会关系、社会结构正在经历一个新的转向。美国人类学家玛格丽特·米德区分了前喻文化、并喻文化和后喻文化三种不同类型的文化。前喻文化，是指晚辈主要向长辈学习；并喻文化，是指晚辈和长辈的学习都发生在同辈人之间；而后喻文化，则是指长辈反过来向晚辈学习。米德指出，原始社会和那些小的宗教与意识形态飞地都属于最初的前喻文化，其权威来自过去。兹后，伟大的文明为了进行大规模的变化，需要发展工艺，特别需要利用同僚之间、友伴之间、同学之间以及师兄弟之间的并喻型学习。今天则进入了历史上的一个全新时代，年轻一代在对神奇的未来的后喻型理解中获得了新的权威。以米德三种文化类型的分类来看，牧区社会因生计与生活方式、环境和所处外在世界的变化，已经进入了并喻文化时代，人们所需的知识和技能已经不再是从父辈那里习得，而更多来自同辈的实践。人们的选择也不再以父辈为基准，同辈人中的成功者往往成为选择的基准。同时，牧区社会正在快速地向后喻文化转型，特别是随着现代传媒技术的引入，知识权威将会转向年轻的一代。参见［美］玛格丽特·米德：《文化与承诺：一项有关代沟问题的研究》，周晓虹、周怡译，河北人民出版社，1987 年，第 27 页。

表 6-3　准噶尔社区与青河新城牧民的社会交往频率　　　单位：%

交往对象	准噶尔社区				青河新城			
	第一重要	第二重要	第三重要	累计百分比	第一重要	第二重要	第三重要	累计百分比
同事	14.4	4.2	6.7	25.3	21.2	11.2	8.5	40.9
一起干活儿的人	11.2	8.3	0	19.5	14.5	17.6	0	32.1
雇主或领导	1.6	2.1	13.3	17.0	2.1	16.3	0	18.4
老乡	16.8	16.7	13.3	46.8	23.1	19.6	17.5	60.2
朋友	51.6	36.1	12.3	100	59.4	31.7	8.9	100
同学	2.4	29.2	53.3	84.9	1.5	3.6	0	5.1

　　前文的一些个案中，牧民提到了与朋友、同学、同事、同乡维持关系对找工作和生活中找人帮忙都是十分重要的。也就是说，这些关系是需要维系的。在牧区，维系关系的策略有很多，比如微信、电话、QQ 联系等，但都不如在一起吃饭特别是请到家里吃肉（一种带有很强感情色彩的共餐行为）有效。表 6-4 的数据显示，在准噶尔社区，牧民在 1 个月内会与朋友、同事或同学一起吃饭或聚会的占 30.3%，还有 14.5%的牧民选择了 2—3 个月。另外，有近 39.3%的受访者选择了"不好说"。以我们在牧区的调查来看，选择"不好说"的牧民应该是对具体的时间不确定，所以不好作答。在青河新城，牧民在 1 个月内会与朋友、同事或同学一起吃饭或聚会的占比高达 64.2%。两地此项数据差异较大，应与牧民工作性质与生活半径大小相关。青河新城牧民多从事多人协作的工作，生活半径以阿格达拉镇为中心，彼此交集较多。准噶尔社区牧民从事的工作更为多样，"个体化"特征更突出，生活半径事实上是以克拉玛依市为中心的，彼此的交集相对少。总之，这些数据说明同辈群体的交往交流对城镇中的牧民具有重要意义。

表 6-4　准噶尔社区与青河新城牧民与朋友、同事或同学在一起吃饭或聚会的时间

频率	准噶尔社区		青河新城	
	频次	占比/%	频次	占比/%
1 周	10	6.9	19	14.2
2—3 周	6	4.1	29	21.6
1 个月	28	19.3	38	28.4

频率	准噶尔社区		青河新城	
	频次	占比/%	频次	占比/%
2—3 个月	21	14.5	17	12.7
半年	16	11.0	9	6.7
不好说	57	39.3	22	16.4
无聚会	7	4.8	0	0
合计	145	100	134	134

由于朋友、同学、老乡等关系的重要性，而他们并不见得都已进入城镇，加之牧民与牧区家人、亲戚的亲密关系，使得牧民的社会关系并不可能完全从牧区社会中抽离出来。为了分析牧民与牧区社会的交往程度，我们选择了是否参加"托依"作为参照。前文，我们已经反复强调了"托依"对牧民的重要性。简单地讲，参加"托依"被视为亲戚间、同部落成员间和朋友间的义务。表 6-5 表明，准噶尔社区与青河新城仍各有 43.2% 和 68.7% 的牧民认为"必须回去参加"。在无法参加时，青河新城牧民选择了"请亲戚朋友代为随礼"（占 31.3%），准噶尔社区的牧民则选择"有时间回去时拜访"（占 43.2%）、"打电话问候"（占 8.8%）和"请亲戚朋友代为随礼"（占 4.7%）。这些数据说明，一方面牧民仍然重视并嵌入牧区社会关系，另一方面改变正在发生。如本节所分析的，与牧区社会的联系在牧民求职、经济生活和其他方面的作用很明显。同时，也应该意识到与牧区社会的联系同样可能成为牧民更好融入城镇生活的障碍。比如，有牧民反映，因为回去参加"托依"而失去工作。有企业负责人和包地者反映，牧民回去参加"托依"导致牧民不能持续上班（详见后文）。

表 6-5　准噶尔社区与青河新城牧民参加牧区亲戚、朋友的"托依"情况

参加亲戚、朋友的"托依"情况	准噶尔社区		青河新城	
	人数	占比/%	人数	占比/%
必须回去参加	64	43.2	92	68.7
请亲戚朋友代为随礼	7	4.7	42	31.3
有时间回去时拜访	64	43.2	0	0
打电话问候	13	8.8	0	0
合计	148	100	134	100

　　到此，我们还未就城镇中牧民与家人、亲戚的交往进行分析。这是因为，与家人、亲戚的关系并不能简单地以交往频率来审视，它更多地与人们的情感认同相关。我们以"多长时间与牧区亲人联系"和"情感倾诉对象是谁"来分析牧民的情感认同问题。以与牧区亲人联系的频率来看，准噶尔社区 22.1%的受访者每天联系，26.2%的牧民 2—3 天联系一次，12.8%的牧民一周联系一次。青河新城 6.7%的受访者每天联系，19.4%的牧民 2—3 天联系一次，40.3%的牧民一周联系一次（表 6-6）。若按一周计算，准噶尔社区有 61.1%的牧民与牧区亲人联系，青河新城有 66.4%的牧民与牧区亲人联系，两地大体相当。这些数据揭示出，牧民进城后因从牧区社会中"抽离"，在情感上出现了短期难适应的问题，需要与牧区亲人频繁联系来疏解这种不适感，同时也说明，亲人既是牧民的情感依托，也是其情感认同的基础。

表 6-6　准噶尔社区与青河新城牧民与牧区亲人联系情况

频率	准噶尔社区		青河新城	
	人数	占比/%	人数	占比/%
每天	33	22.1	9	6.7
2—3 天	39	26.2	26	19.4
一周	19	12.8	54	40.3
一个月	23	15.4	32	23.9
不固定	35	23.5	13	9.7
合计	149	100	134	100

　　如表 6-7 所示，两地牧民在倾诉对象上的选择存在显著差异。占比的前四位中，准噶尔社区依次是朋友、不倾诉、兄弟姊妹和父母，青河新城的则是父母、兄弟姊妹、其他亲戚和朋友。为什么会存在这些差异呢？这需要回到牧民在城镇务工生活的时间和他们在城镇中的社会关系网两个因素上。准噶尔社区的牧民多有在城镇务工生活的经历，不仅建立起了较为广泛的同辈关系，适应城镇社会的能力也得到了显著提升，因此，多选择向朋友倾诉或不倾诉。青河新城牧民进城时间尚短，对在城镇务工生活表现出了很多不适应，而且在城镇的社会关系网尚未健全，因此，仍倾向于向父母、兄弟姊妹和其他亲戚倾诉。两地的差异说明，牧民要真正适应城镇务工生活，完全扎根城镇，需要时间这一味"良药"。

表 6-7　准噶尔社区与青河新城牧民情感倾诉对象的选择

对象	准噶尔社区		青河新城	
	人数	占比/%	人数	占比/%
父母	20	13.6	47	35.1
兄弟姊妹	24	16.3	43	32.1
其他亲戚	13	8.8	31	23.1
朋友	52	35.4	13	9.7
同事	3	2.0	0	0
不倾诉	35	23.8	—	—
合计	147	100	134	100

上述分析说明，不同社会关系在牧民生活中的重要性和作用各不相同，但大体与图 6-1 社会关系网的结构相符。

三、关系作为资本

对于牧民来说，重要的并不是社会关系本身，而是社会关系所链接的资源，以及通过这些资源解决实际困难的可能性，即应该关注牧民的社会资本。

社会资本在群体内是存在差异的，一些人拥有的社会资本可能明显多于其他人，调动社会关系中的资源之能力明显高于其他人。调查时，我们十分关注善于建构关系和调动关系中资源的个体。我们发现，在青河新城中出现了一些"劳务中介"或"小包工头"，他们善于构建、维系和调动社会关系。我们在调查时经常看到他们带领许多牧民前去工作，并且牧民对他们也是一呼百应。为什么是这些人成为牧民中的"成功者"，而不是别人？他们身上到底具有什么样的特质？接下来笔者将通过个案进行详细分析。个案的主角是 MLTBK（男），搬迁之前他家也是贫困户，当时他在外打工挣钱，妻子在家照顾孩子。搬到青河新城后，为了获得更多的务工信息和更稳定的工作，他不断拓展新的社会关系，最终成为一名新城的劳务介绍人。

搬过来之前，我就一直在外面打工。最初我也是到处找活干，不管离家远近都去。家里有两个孩子，我要挣钱维持家庭开销。工作主要是通过亲戚、村子里的朋友、外面干活儿时认识的朋友介绍。我干了差不多两年，挣的钱特别少，想着不能再这样了。一是工作地点不固定，二是亲戚朋友和自己一样——找不到活儿时，大家都找不到。我就想着怎么改变，虽然我的普通话比较好，但是我没有技术，只能干小工这种卖力气的活儿。

偶然一次机会，一个工地的管理者看上我，我就开始带着同村的和之前干活儿认识的好朋友一起打工。这不能算是"包工头"，因为我们就是雇主固定用的小工。当时我在一个修路的建筑工地上打工，有一个切割路面的机器不工作了，接电的地方坏了，凑巧工地上的电工不在，其他人也不会修，我就跟代班说让我试一下。我以前在外面打工的时候就经常琢磨着修点儿东西，我一会儿就把那个机器修好了。这件事之后，加上我肯卖力气干活儿、比较认真，这个代班就比较赏识我。

干了一年多，村子里的人知道我在外面跟着一个雇主打工，就有五六个人来问我能不能带他们一起去。我很想带他们一起去，但是这种事我得问一下代班。我给代班买了一条代班喜欢抽的烟，这个烟不好买，我就让之前干活儿认识的朋友（此时在开商店）给我留了一条。晚上干完活儿后，我带着烟和酒去他住的地方，他就同意我带人过来了。从这以后，我就一直带着十来个人一起干活儿，也会跟他们强调一定要认真干活儿。毕竟干得不好，可能我也不能跟着代班干了。代班也把工地上其他的一些小工让我管理，我就成了一个包工头。虽然工作地点还是不固定，但是不用自己到处找活干了，收入也稳定了。为了感谢代班让我当个小领导，过节时候叫他去我们家吃肉，或者给代班送一些家里宰的羊肉，偶尔给他买条烟。

这样一直干到搬迁，搬到这边后还跟着干了一段时间。由于不能回家的时间太长了，我就不干。2016 年搬过来时，政府就组织我们种树，要找有组织能力的人当队长，我就报了名。政府的人听我说了之前的经历，就让我干了。我就联系之前一起干活儿并且一起搬到这边的人，让他们再去联系自己在这边认识的人一起过来种树。这件事以后，政府的人就让我当新牧社区的劳务中介人。这个劳务中介人没有工资，主要工作就是政府把需要工人的雇主或代班的联系方式给我，我跟雇主或代班去了解工资、干什么活一类的。之后，再跟牧民说这次的务工是干什么，然后再带着他们一起去干活儿。

干了一年多，我感觉有点儿被动，因为工作的机会还是要政府帮我们联系，如果哪天我忽略了政府发的务工信息，那就没活干了。再说，我们也不能一直靠政府帮找工作。我就在平常务工的过程中跟包地的雇主或大田里的代班联系，有时候干完活儿叫他们去我家吃肉，有时候主动跟他们坐在一起抽烟聊天。吃肉、聊天的时候我就会让他们以后有活干的时候直接联系我，我带着牧民过去干活儿，我还跟他们保证带过去的牧民肯定是能干的。这样慢慢就和一些包地者、大田里的代班认识了。他们也比较愿意直接联系我，因为我普通话好，他们告诉我以后，我再给牧民翻译。

因为包地者不是固定的，政府每年都要招标，让包地者公平竞争，所以我一般都是在过节时请包地者吃肉，家里宰羊时给他们送点儿肉，偶尔请他们吃饭喝酒，或给他们买一两包烟来维持和雇主之间的关系。如果不用这种办法跟雇主或代班搞好关系，可能有活儿的时候他们就不告诉我了，那我这个劳务中介人不就当得太失败了。

我们需要对这个个案进行详细分析。

第一，MLTBK 的成功首先源于个人能力和吃苦耐劳的品质。正如他所说："自己没有技术，只能干小工这种卖力气的活儿。"在众多务工的牧民中，他因为普通话好、务实和抓住了维修机器的机会而被工地的代班赏识，并因此获得持续的务工机会。

第二，抓住机遇拓展社会关系对个人成功起非常重要的作用。在 MLTBK 的个案中，这位代班起关键作用。重要的并不是这位代班，而是代班所占据的结构性位置，即掌握务工资源。搭上代班的关系，并不意味着一劳永逸，而是需要精心维护这种关系，常见的策略就是送礼和请客。调查中，我们注意到牧民在表达彼此关系比较好或比较亲密时，常用"一起吃肉"来表达。现在，MLTBK通过政府搭线与包地者获得了联系。维系关系最常用的策略仍是请用工者到家里"吃肉"，或是给雇主送肉。由于代班、雇主并不是每年都来，因此与他们相处更多采取的是"短线操作"策略。显然，这种关系是以利益为目标的。

第三，与牧区社会的联系是他成为小"包工头"的重要条件。我们在前文已经提到同辈关系对牧民的意义，也在前面的章节对牧区社会涌动的外出务工浪潮做过分析。MLTBK 的"成功"使其很快成为所在牧村及邻村同辈人中的佼佼者，拥有号召力。正因如此，他才有可能根据代班的要求，组织起临时性的队伍，完成相应的工作。我们应该意识到，由于大部分工作所需的是人力，对技术的要求不高，因此关键是要能够组织起一支让人放心的队伍。调查时，我们也对这些代班做了访谈，发现他们因为语言不通、地方不熟等因素，即便找到了务工人员，管理起来也很困难，因此，他们也需要在务工牧民中培养"管理者"，帮助其管理务工的牧民。

第四，政府的扶持对这类牧民在新城获得更好的发展机遇至关重要。对政府来说，如何在牧民脱贫的基础上采取措施帮助他们持续增收、巩固脱贫成效是一项重要使命。在新城，帮助牧民的最有效路径就是帮助其实现就业。他们发现，牧民独自务工不仅稳定性不高，雇主也反映很难对其进行管理，而他们自己又无法分出精力包揽一切，因此在牧民中培养"劳务经纪人"便成为首选。像 MLTBK 这样有务工经验、脑子灵活、有想法的牧民自然是最佳人选。政府不仅出台政策奖励"劳务经纪人"，还给他们介绍包地者和用工单位。假以时日，必将有一些牧民脱颖而出。

如果要对城镇中牧民的社会关系进行总结，我们认为可用"一头扎根牧区社会，一头扎根城镇社会"来概括。"一头扎根牧区社会"是指牧民及其家庭已经呈现从牧区社会中"抽离"的趋势，但牧区的社会关系在他们适应城镇生活中仍是最重要的，通常为其提供经济、生活和情感上的坚强支撑。与牧区社会的联系也可能在短期内困扰这些牧民，主要是与之相关的责任和义务可能与其在城镇的生活相矛盾。"一头扎根城镇社会"是指牧民已经开始在城镇中构建新的社会关系，而且这些关系对他们在城镇立足和发展都是十分重要的。有时候，这些新的关系及其重要性需要牧民对自己的生活做出调整，需要重新构筑与牧区社会的联系，这是在城镇开辟新生活必须付诸的行动。进一步分析，我们会注意到牧民的社会关系网并未摆脱原社会关系和社会结构的束缚，同时在城镇的关系重构并未完成，而是处在过渡阶段。我们现在还无法判断这个过渡阶段需要多长时间，这取决于他们适应城镇生活的进度，即在城镇中重构其生活的进程。

第七章　态度与挑战：牧民对城镇生活的认识

在 21 世纪的第二个十年，牧区城镇化和工业化进程明显加快，牧民向城镇流动和在城镇务工、就业和生活成为当代牧区社会的新景观。从前面的分析可以看出，进城牧民在职业/生计方式、经济生活、社会关系网络等方面发生了快速变化。变化是当下城镇中牧民生活的主题，是他们扎根并融入城镇必须经历的生活再造过程。城镇中的牧民如何评价自己在职业、收入、生活状况、教育医疗和社会保障水平？他们在这些方面面临着哪些挑战？本章拟使用"牧民生活满意度"的调查数据，从牧民的角度呈现他们对城镇生活的评价。我们还将利用访谈材料和田野观察资料，对当前牧民面临的各种挑战进行分析。我们认为，牧民对城镇生活的评价与当下面临的挑战，与牧区经济社会发展、社会稳定和牧民生活改善密切相连，这是我们调查所关注的主题，也是探讨城镇化进程中牧民的再社会化进程必须回答的问题。

第一节　牧民对城镇生活的态度

在社会心理学中，往往用"社会态度"来衡量人们对社会事项的评价。"社会态度"具体指人们对社会事项的认知、情感和行为取向，它在更具体的层面反映了社会成员对所处的社会情境的感知和看法。从心理－行为的视角来看，对社会持何种看法，也就意味着自身的立场和行动倾向。[①]反过来说，可以通过行动者对社会的看法、所持的立场和行动倾向来分析一个群体的"社会态度"。社会态度既是社会变迁的潜在及现实的结果，也是社会变迁潜在及现实的动因。[②]这意味着，群体的社会态度反映了其社会文化的变迁，同时也可能推动社会文化的变迁。进城牧民群体正在经历社会文化再造，这造就了

---

①　李炜：《中等收入群体的价值观与社会政治态度》，《华中科技大学学报（社会科学版）》2018 年第 6 期。

②　李路路、王鹏：《转型中国的社会态度变迁（2005—2015）》，《中国社会科学》2018 年第 3 期。

他们对城镇生活的态度。他们对城镇生活的态度，又会影响其在城镇中再社会化的实现程度，并最终推动牧区社会文化的变迁。在对农民工群体的研究中，"社会态度"是一个十分重要的问题，李培林先生多次对农民、新生代农民工的社会态度进行分析，并提出了五个具有操作性的指标体系。在此，我们将借用这套指标体系，结合牧区实际，对牧民关于城镇生活的评价进行分析。

一、社会态度的指标及其解释

在讨论"社会态度"时，研究者需要将城镇生活整体划分到一些具体的事项当中，比如住房条件、子女教育费用或条件、医疗支出、收入、社会保障水平和享受的公共服务等，进而通过问卷数据对群体的社会态度进行分析。对社会态度的分析多在横向与纵向两个维度的比较中实现，即将受访者当前生活与其过去生活进行比较，以及在受访者群体生活与城镇居民、家乡农民生活之间进行比较。

有研究发现，农民工更容易与家乡的农民、与自己过去的生活进行比较，更容易产生比较积极的社会态度[1]，更显著地遵循历史决定逻辑而非经济决定逻辑[2]。收入地位是影响人们社会态度的关键因子，但它必须通过中介变量——生活压力——才可能对社会态度产生显著影响。[3]也有一些研究以"生活满意度"来衡量农民工的社会态度，发现养育孩子数量、工作收入、是否购买各种保险、是否能及时拿到工资以及城市环境等因素对农民生活满意度有重要影响。[4]与城市人生活的差距导致不满意的心理落差，影响该群体生活满意度的显著因素包括经济收入、社会福利、社会地位及社会关系等，反映出农民工对城市生活的生存权、发展权及平等权的强烈需求。新生代农民工生活满意度感知已经不再是与"老家人相比""与过去相比"，而是与城市人的横向比较。[5]

① 李培林、李炜：《近年来农民工的经济状况和社会态度》，《中国社会科学》2010年第1期。
② 李培林、李炜：《农民工在中国转型中的经济地位和社会态度》，《社会学研究》2007年第3期。
③ 李培林、田丰：《中国新生代农民工：社会态度和行为选择》，《社会》2011年第3期。
④ 李国珍：《武汉市农民工生活满意度调查》，《南京人口管理干部学院学报》2009年第1期。
⑤ 李丹、李玉凤：《新生代农民工市民化问题探析——基于生活满意度视角》，《中国人口·资源与环境》2012年第7期。

李培林、李炜认为影响农民工"社会态度"的因素有五类：①个人因素，包括性别、年龄、受教育年限等变量；②经济因素，以工资收入作为指标；③社会保障因素，包括是否拥有养老、医疗（含"新农合"）、失业、工伤等社会保障；④生活水平变化因素，即对近年来个人生活水平提升与否的感受；⑤社会比较因素，即对本人在当地的社会经济地位等级的认定。[①] 本部分的分析大体沿用了李培林先生归纳出的五类因素，但在个别因素上根据牧区社会的实际做了细微调整。在社会比较因素方面，我们以城镇中牧民家庭收入与农牧区牧民家庭收入的比较为标准，未与城镇居民的家庭收入进行比较。这是因为：其一，这些牧民进城时间不长，与城镇中居民家庭收入的差距较为明显，不具备可比性；其二，在分析经济条件时，纳入"职业因素"，因为牧民的职业在很大程度上决定了他们的经济条件；其三，不单独分析个人因素，只在必要时引入相关变量对牧民的社会态度进行分析。我们将采用"生活满意度"调查时的常用指标"满意度"来分析牧民对自己的经济条件、社会保障（教育和医疗）、生活水平变化等方面的评价，最终归纳、总结和提炼牧民对城镇生活的社会态度，有 11 项具体指标（表 7-1）。

表 7-1 社会态度的衡量指标

领域	具体指标
经济条件	① 对自己职业地位、工作环境与劳动技能的评价 ② 对自己经济条件的评价 ③ 对在城镇中生活压力（主要指经济上的）的评价和对压力来源的认识
社会保障	④ 对医疗条件及医疗保障水平的评价 ⑤ 对教育条件及子女受教育情况的评价 ⑥ 对其他社会保障的评价
生活水平与生活方式	⑦ 自己家庭的收入与农牧区家庭收入的比较情况 ⑧ 对在城镇中住房与居住条件的评价 ⑨ 牧民在城镇中的休闲方式 ⑩ 牧民对电视/电影、歌曲语言的选择及其原因
对生活改善的期待	⑪ 对职业、工作环境、收入、居住条件、技术技能、医疗、子女教育、文化娱乐和其他方面改善的期待

二、牧民对经济条件的评价

我们已经指出，"半工半牧"已经成为当代新疆北部牧区常见的家户经济

[①] 李培林、李炜：《近年来农民工的经济状况和社会态度》，《中国社会科学》2010 年第 1 期。

生产模式。本书第四章的调查数据显示，有近90%的受访牧民家庭有务工收入，务工收入占家庭收入的50%以上。由于牧民的其他收入变化不大，务工收入事实上对牧民家庭经济起着决定性的作用。因此在分析牧民对经济条件的评价时，就有必要首先分析他们对自己劳动技能、从事职业和工作环境的评价。

如表7-2所示，在职业地位、工作环境和劳动技能方面，牧民的评价整体比较积极，青河新城牧民在这三项选择"很满意""比较满意"的累计占比依次为68.9%、55.9%和39.5%，准噶尔社区牧民分别为57.9%、64.0%和58.4%。两地进行比较，准噶尔社区在工作环境和劳动技能两方面的满意度更高，青河新城在职业地位上的满意度更高。如何解释两地这种差异呢？从调查的情况来看，原因应来自三个方面：一是青河新城牧民对工作环境不满意的占比较大，应与其主要在大田、工地中务工相关；二是青河新城牧民对劳动技能满意度不高的原因是在城镇中有务工经历且掌握技能的人较少，表现出对新工作岗位较为明显的不适应；三是准噶尔社区牧民对职业地位的满意度总体低于青河新城，可能的原因是他们生活在克拉玛依市西郊，在衡量职业地位时参照对象包含克拉玛依市的市民。

表7-2　准噶尔社区与青河新城牧民对职业地位、工作环境和劳动技能的评价

单位：%

态度	职业地位		工作环境		劳动技能	
	准噶尔社区	青河新城	准噶尔社区	青河新城	准噶尔社区	青河新城
很不满意	0	0	0	0	0.7	0
不满意	6.1	8.2	5.3	11.2	6.0	17.8
一般	27.2	21.5	21.9	26.6	28.2	29.5
比较满意	51.8	46.5	59.6	40.3	46.3	24.8
很满意	6.1	22.4	4.4	15.6	12.1	14.7
不好说	8.8	1.4	8.8	6.3	6.7	13.2
合计	100	100	100	100	100	100

牧民对自身经济条件的评价总体也比较积极，但也存在地方差异。青河新城牧民对工资收入选择"很满意""比较满意"的累计占比为69.2%，准噶尔社区牧民为43.5%（表7-3）。为什么准噶尔社区牧民对收入的满意度明显低于青河新城？满意与否的关键看来并不是收入绝对值的高低，而是与谁进

行比较。青河新城牧民比较的参照对象往往是仍生活在牧区的牧民，以及与自己未进城时的收入进行比较，因此有了明显提升后，满意度自然就高。在准噶尔社区，相当多的牧民原来就在克拉玛依市务工，迁入后其工作和收入并未发生根本性的变化，因此选择"一般"的人较多。他们在评价自己收入时，参照的对象可能不完全是过去的自己，也不完全是周边的牧民，还包括克拉玛依市的市民，因此存在一定的落差。

表 7-3 准噶尔社区与青河新城牧民对经济条件的评价   单位：%

态度	工资收入		消费	
	准噶尔社区	青河新城	准噶尔社区	青河新城
很不满意	1.7	0	0.7	4.7
不满意	13.0	6.5	23.3	14.8
一般	33.9	24.3	28.7	32.1
比较满意	40.0	51.6	42.0	29.4
很满意	3.5	17.6	3.3	15.3
不好说	7.8	0	2.0	3.7
合计	100	100	100	100

李培林、田丰的研究发现，收入对农民工的社会态度有着显著影响，但它事实上是通过中间变量"生活压力"对社会态度施加影响的。[1]这意味着，我们需要判断牧民在城镇中感受到的"生活压力"。那么，如何衡量"生活压力"？若单从经济上考虑，我们还需要对居民的消费情况进行分析。也就是说，即便收入较过去有了明显提升，如果支出明显增大，人们也仍然会感觉到生活压力。在消费这项数据上，准噶尔社区牧民与青河新城牧民表现出了较强的一致性，选择"不满意""很不满意"的累计占比分别为24.0%和19.5%，分别有 2.0%和 3.7%的牧民选择了"不好说"。这说明决定是否感受到"生活压力"不仅取决于收入，更取决于消费。牧民很直白地说："现在挣钱容易了（指机会多了），收入也有增加，但支出太多。"结合收入的数据可以看出，牧民整体上对自己的经济条件持相对积极的态度，但也确实感受到较为明显的压力。

如表 7-4 所示，准噶尔社区与青河新城牧民认为生活压力"不大""一般"的累计占比分别为54.1%和52.2%，感受生活压力"比较大""很大"的累计占

---

① 李培林、田丰：《中国新生代农民工：社会态度和行为选择》，《社会》2011 年第 3 期。

比分别为 45.9% 和 47.8%。

表 7-4　准噶尔社区与青河新城牧民对在城镇中生活压力的认识

压力程度	准噶尔社区		青河新城	
	频数	占比/%	频数	占比/%
很大	17	11.6	26	19.4
比较大	50	34.3	38	28.4
一般	45	30.8	41	30.6
不大	34	23.3	29	21.6
合计	146	100	134	100

　　牧民在城镇中的生活压力不仅来自经济方面，还可能来自其他方面。如表 7-5 所示，其压力来自收入少、支出多、家人亲戚不在身边、工作压力大、感觉很寂寞、生活不习惯、管理方式不习惯等。按照压力第一重要性的占比由大到小进行排序，准噶尔社区牧民感觉压力分别来自收入少、支出多、工作压力大、家人亲戚不在身边、其他、生活不习惯，青河新城牧民则分别为支出多、收入少、工作压力大、生活不习惯和管理方式不习惯、家人亲戚不在身边。从累计占比来看，两地排在前三位的都是支出多、收入少和家人亲戚不在身边。表 7-3 中的数据表明，经济上的表现（收入与支出）构成了牧民压力的主要方面，而且主要是支出多引起的，反映出牧民仍处于"生存型经济"的阶段。值得注意的是，青河新城分别有 16.7% 与 2.2% 的牧民选择了"生活不习惯"与"管理方式不习惯"（按第一重要性），反映出牧民在生活与工作中都表现出了较为明显的不适应。至于在农民工中普遍出现的感到寂寞的问题，在调查的牧民身上表现得并不突出。主要的原因是牧民尽管离开了牧村/农业村，但仍在牧区且与家人、朋友联系较为频繁，这是牧民就近城镇化的结果。

表 7-5　准噶尔社区与青河新城牧民对压力来源的认识　　　　单位：%

压力来源	准噶尔社区				青河新城			
	第一重要性	第二重要性	第三重要性	累计	第一重要性	第二重要性	第三重要性	累计
收入少	62.7	1.4	5.9	70.0	20.9	42.6	24.5	88
支出多	17.2	77.4	5.4	100	39.7	29.5	30.4	99.6
家人亲戚不在身边	5.5	10.8	23.5	39.8	1.6	14.5	21.7	37.8
工作压力大	9.1	1.4	23.5	34.0	18.9	6.7	2.2	27.8

续表

压力来源	准噶尔社区				青河新城			
	第一重要性	第二重要性	第三重要性	累计	第一重要性	第二重要性	第三重要性	累计
感觉很寂寞	0	1.4	0	1.4	0	0	11.8	13.2
生活不习惯	1.8	1.4	11.8	15.0	16.7	6.7	2.2	25.6
管理方式不习惯	0	1.4	5.9	7.3	2.2	0	7.2	9.4
其他	2.7	4.1	23.5	30.3	0	0	0	0
合计	100	100	100	300	100	100	100	300

三、牧民对社会保障评价：教育与医疗

在农民工和新生代农民工的研究中，社会保障是一个重要议题。社会保障实现的程度或者农民工在城镇享受教育、医疗和其他保障（失业保险、工伤保险等）充分与否，对他们在城镇中生活、扎根和发展会产生明显影响，也会影响到他们的社会态度或在城镇中的生活满意度，还是推动农民工"市民化"必须解决的问题。青河新城在建设时，投入大量资金建设了比较完善的教育、医疗等基础设施，有幼儿园、小学、中学、县人民医院分院。准噶尔社区为解决牧民子女教育问题，主动与克拉玛依市对接，确定了克拉玛依市 10 余所中小学接纳牧民子女入学。2018 年调查时，该社区 197 名适龄孩子全部入学。托里县投资 4000 万元，在准噶尔社区建设一所标准化的小学，拟以从根本上解决牧民子女的就学问题。

调查发现，准噶尔社区与青河新城牧民对医疗条件和教育条件的评价出现了明显差异。准噶尔社区与青河新城牧民对所享受的医疗条件满意度较高，"比较满意""很满意"的累计占比分别达到 45.7% 和 55.7%（表 7-6），其原因应该与近年来新农合参保率和报销率提高有关。需要再次强调，两个社区的牧民大部分是贫困人口。这意味着只要是县域内就诊，其医疗费用报销可达 95% 以上。因为除了基本医疗保险外，剩余部分还可以通过民政救助、大病保险和补充商业保险按比例报销。相较于青河新城，准噶尔社区对医疗条件的满意度相对较低，受医保的地域限制，准噶尔社区的牧民尚无法到克拉玛依市就医——跨地

域就医者医保报销比例较低，只能返回托里县城就医，这给牧民就医带来了不便。准噶尔社区分别有 0.7%和 6.5%的牧民对医疗条件选择了"很不满意"和"不满意"。

表 7-6　准噶尔社区与青河新城牧民对医疗和教育条件的评价　　单位：%

态度	医疗条件		子女教育	
	准噶尔社区	青河新城	准噶尔社区	青河新城
很不满意	0.7	0	1.5	0
不满意	6.5	3	2.3	3.7
一般	22.2	37.6	11.5	41.5
比较满意	41.8	41.5	47.7	32.4
很满意	3.9	14.2	13.8	22.4
不好说	24.8	3.7	23.1	0
合计	100	100	100	100

准噶尔社区与青河新城牧民对"教育条件"的评价整体较为积极，牧民选择了"很满意""比较满意"的累计占比分别为 61.5%和 54.8%，说明在教育设施配套和解决牧民子女就学方面的工作得到了牧民的认可。需要注意的是，青河新城有 41.5%的牧民选择了"一般"，说明他们认为与迁入前的就学条件没有明显改善。这一点在医疗条件上也有体现，即有 37.6%的牧民选择了"一般"。以我们调查了解到和观察到的，牧民不满意的并不是"基础设施"，而是医院与学校的"水平"。他们说："医院和学校建得很漂亮，但老师不行，水平不如老城。"在准噶尔社区的数据中，牧民在医疗条件和子女教育两项选择"不好说"的比例分别是 24.8%和 23.1%，同样反映出他们认为这两项与迁入前相比改善不明显。这意味着，在医疗条件和子女教育方面，如何配备好资源和人才将成为下一步工作重点。

我们也对牧民享受的其他社会保障做了调查，主要调查了失业保险、工伤保险和住房公积金的情况。之所以不考虑医疗保险、养老保险，是因为与两地牧民的"贫困人口"身份相关。2013 年实施精准扶贫以来，国家按照"两不愁三保障"的要求帮扶贫困人口。"三保障"分别是住房、医疗和教育保障。在医疗方面，所有贫困人口 100%享受新型农村合作医疗。此外，牧民还可以通过民政救助、大病保险和补充商业保险减轻就医负担。"养老保险"也是扶贫开发工作考核、评估中的重要指标，且发挥着社会"兜底"的作用。因此，贫困人口全部缴纳了养老保险，其中参保费的一部分由政府承担。我们在牧区 5 个县进行评估时发现，非贫困人口 90% 以上已经购买养老保险。此外，牧民虽然已经进入城镇，但他们的身份还是"农业户籍人口"。一些牧民在牧区仍然拥有牲畜、耕地、草场，可以获得财产性收入和转移性收入。青河新城的牧民还享受"人均耕地不足 10 亩，补足 10 亩"的政策，这实际上是变相地为这些牧民提供了一份"兜底"保障。因此，我们不再对医疗保险与养老保险进行分析。

如表 7-7 所示，牧民享受失业保险、工伤保险与住房公积金的占比很小。这应与牧民多从事临时性务工相关，他们的工作变动性与流动性较强。那些享受失业保险、工伤保险与住房公积金政策的牧民，主要是在企业、社区长期稳定工作和签订了劳务协议的牧民，而这一类牧民在调查牧民中的总体占比偏小。

表 7-7　准噶尔社区与青河新城牧民社会保障情况　　　　单位：%

社会保障	准噶尔社区		青河新城	
	享受	没有享受	享受	没有享受
失业保险	2.4	97.6	1.5	98.5
工伤保险	11.3	88.7	9.7	90.3
住房公积金	3.2	96.8	0	100

四、对生活水平与生活方式变化的评价

从某种角度来讲，牧民如何评价进城后生活水平的变化反映了其对城镇生活的认可度。那么，如何衡量牧民生活水平的变化？我们认为，应该从两个层面出发。一是让他们评价自己进城前后生活水平的变化，以及评价自己与农牧区牧民家庭收入水平的差距。从本节经济条件评价的分析可知，他们对进城后经济条件的"满意度"整体较高，说明他们对历时的变化持较为积极的态度，因此主要通过与农牧区牧民的横向比较来看他们关于生活水平变化的认识。二是对进城前后生活方面变化的认识。调查时，牧民反复提到进城后最大的变化是拥有了自己的"住房"，而原来他们在牧区和城镇可能没有房子。因此，我们主要以他们对"住房条件"的评价来看他们对"生活水平"变化的态度。

在分析表 7-8 数据的意义前，需要对两地牧民进城前的经济情况做一个简略回顾。他们大都是牧区的贫困人口，多是无生产资料或拥有生产资料少的牧民，在牧区甚至没有住房。总之，如果按照经济条件来看，他们处于牧区社会

的底层。准噶尔社区中，分别有 1.4%和 13.0%的牧民认为自己收入比农牧区牧民家庭的收入"明显高出"或"高一些"，有 47.3%的牧民认为"差不多"，说明他们的生活水平改善较明显。青河新城牧民在"明显高出""高一些""差不多"三项上的占比分别为 12.7%、20.1%和 45.5%，反映出生活水平改善情况较为普遍和突出。在准噶尔社区和青河新城，分别有 34.2%和 15.7%的牧民反映与农牧区牧民家庭相比"收入偏低"。这一数据一方面说明尽管牧民生活水平整体改善较明显，但仍有一部分牧民在增收方面遇到困难；另一方面，选择"收入偏低"的牧民较迁入前也有所改善，只是速度相对慢、幅度相对小。以我们调查了解的情况看，主要有两种情况：一是家庭负担相对重，比如有病人、有在读大学生、家庭人口多等；二是进城后生活支出增加，使得牧民对收入增加的感受不明显。

表 7-8　准噶尔社区与青河新城进城牧民家庭收入与农牧区牧民家庭比较

评价	准噶尔社区		青河新城	
	频数	占比/%	频数	占比/%
明显高出	2	1.4	17	12.7
高一些	19	13.0	27	20.1
差不多	69	47.3	61	45.5
收入偏低	50	34.2	21	15.7
不好说	6	4.1	8	6
合计	146	100	134	100

在生活层面，改善最明显的是"居住条件"。我们已经提到，很多牧民原本是没有住房的，在城镇中租房居住。政府通过易地扶贫搬迁、牧民定居、库区生态移民等政策，有效解决了牧民在城镇中的居住问题。如表 7-9 所示，青河新城牧民的满意度相当高，分别有 40.6%和 45.2%的牧民选择了"很满意"和"比较满意"，还有 14.2%的人选择了"一般"。从调查了解的情况来看，易地扶贫搬迁与库区生态移民的牧民只需要支付 1 万元就可入住新房。地方政府为了让易地扶贫搬迁的牧民尽快适应城镇生活，还为其配置了基本的家具、家电，并对住房进行了简单装修，基本实现了"拎包入住"。总体来看，青河新城牧民的满意度明显高于准噶尔社区。如何解释两地牧民对居住条件评价的差异？这可以从两个方面来解释：一方面青河新城给予牧民的配套设施更齐全——牧民基本实现了"拎包入住"；另一方面两地牧民在评价居住条件时

的参照对象不同，即准噶尔社区牧民更多地与克拉玛依市居民而非迁入前自己的居住条件进行对比。

表 7-9　准噶尔社区与青河新城牧民对居住条件的评价　　单位：%

态度	准噶尔社区	青河新城
很不满意	0.7	0
不满意	11.8	0
一般	36.8	14.2
比较满意	35.5	45.2
很满意	5.3	40.6
不好说	9.9	0
合计	100	100

居住条件的改善不完全是在城镇中有了住房，还表现为室内布置、陈设的变化。如果你曾在牧区进行调查，就会看到牧民室内陈设的巨大变化。简单地说，如果不考虑"品牌"，牧民家庭室内陈设与城镇居民家庭陈设并没有明显差异，反映出他们的生活方式上正在向城镇生活方式转变。调查员 ZWC 在准噶尔社区调查时，对一户牧民居室内的陈设布置做了记录（图 7-1），能很好地反映生活方式的变化。

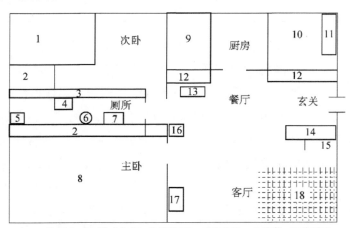

1.床　2.梳妆台　3.壁式衣柜　4.淋浴区　5.洗衣机　6.马桶　7.洗手池　8.床板　9.橱柜　10.灶台　11.油烟机　12.储物柜　13.饭桌　14.鞋柜　15.冰箱　16.小桌　17.壁式电视　18.地毯

图 7-1　准噶尔社区某户牧民家庭内部陈设

这是一户三口之家——一对年轻夫妻和女儿。推开一扇黑色的防盗门，首先映入眼帘的是门口铺的矩形红色花纹地毯，与白色地砖形成了鲜明对比，左手边与腰齐高的鞋柜，柜子装满了各类鞋。由远及近，先是卫生间的绿色花纹的推拉门，其次是白色的矩形饭桌，旁边有三把椅子，其中两把椅子部分藏于桌下。厨房与客厅之间的隔断是隐藏式的推拉门，推拉门合拢藏于柜子背面，柜子有一些格子，格子里面是精美的碗和盛干果的器皿，还有相框和其他的一些杂物。客厅中铺了一块大的地毯，覆盖了较大的面积，与卧室2的面积相近。墙上悬挂着液晶电视，电视上方挂着一张集体的合照，下方是电视柜，电视柜上左右两端各有一盆花，中间是干果的盘子。电视柜的下方有机顶盒和路由器，客厅靠门的墙角有一个单开门两层冰箱。卧室1是女儿的房间，靠床处有一张1.5米的席梦思床，床上有一大一小两个公仔。床的左边有一个蓝色的梳妆柜、一把白色的椅子，椅子有一个白色为底的粉色花朵，镶嵌着白色蕾丝的椅套。柜子的架子上面摆满了没有开封的护肤品和化妆品，桌子上有一些散乱的化妆品，有明显的使用痕迹。女主人做微商，卖化妆品。床头上方有一个矩形相框，照片是男女主人的结婚照。卧室2里面是一张大面积的板床，靠卫生间的墙有一个较大的衣柜，墙上挂着两个相框。

向"城镇生活方式"转变这一点在牧民休闲方式的调查数据中也有反映，牧民主要的休闲方式是"看电视""上网""听歌""看电影"等，这应该与调查群体相对年轻相关。如表7-10所示，准噶尔社区牧民休闲方式中，排在前五位的分别是看电视、上网、其他、听歌和看电影，青河新城牧民休闲方式排在前五位的分别是看电视、上网、文体活动、听歌和打游戏。另外，购物、看书读报、聚会、旅游等也有相当多的牧民参与。这些数据表明，城镇中牧民的休闲方式倾向于多元化和年轻化。这自然与该群体相对年轻是相关的，但更多反映出牧民对区别于农牧区的休闲方式的追求。

表7-10 牧民的主要休闲方式

休闲方式	准噶尔社区（N=152）		青河新城（N=134）	
	频数	占比/%	频数	占比/%
看书读报	9	5.9	17	12.7

续表

休闲方式	准噶尔社区（N=152）		青河新城（N=134）	
	频数	占比/%	频数	占比/%
上网	56	36.8	68	50.7
打游戏	14	9.2	32	23.9
看电视	66	43.4	76	56.7
文体活动	1	0.7	36	26.9
旅游	1	0.7	6	4.5
聚会	4	2.6	5	3.7
购物	12	7.9	22	16.4
看电影	16	10.5	21	15.7
听歌	25	16.4	36	26.7
其他	49	32.2	16	11.9

五、对生活改善的期待

从牧民对经济条件、社会保障条件和生活水平（包括生活方式变化）的评价中可以看出，牧民对城镇生活总体上持相对积极的态度。这种积极态度与政府的引导和支持是分不开的，包括帮助介绍工作、开展技能培训，以及在住房、医疗和教育等方面实施补贴等。同时，牧民对职业、收入、经济条件、医疗、教育、文化娱乐等方面表达出一些不满意，说明他们对城镇生活有更高的期待。

如表 7-11 所示，只选择一项（按重要性），牧民最希望改善的是家庭收入和职业。这是两个相关但不相同的问题，职业对收入会产生影响，但并不与收入等同。对职业改善的期待既包括薪资，也包括职业的类型（比如牧民希望获得更稳定、更有保障的工作）和职业地位。牧民对收入改善期望最大，主要是因为在城镇中生活支出的增加导致经济压力增大。如果按照累计占比计算，准噶尔社区与青河新城后续排序略有不同：准噶尔社区是子女教育、医疗、居住条件、职业等。这说明尽管牧民对当前教育、医疗和居住条件的满意度较高，但他们仍希望在这些方面得到进一步改善；青河新城为职业、技术技能、医疗、子女教育、工作环境等。这说明，牧民更希望改善就业状态，并期待在医疗和

教育方面有更多改善。大体来说，这些数据反映出来的问题与牧民访谈获得的
资料（参见后文）相吻合。

表 7-11　牧民对生活改善的期待　　　　　　　　　　单位：%

选项	准噶尔社区				青河新城			
	第一重要性	第二重要性	第三重要性	累计占比	第一重要性	第二重要性	第三重要性	累计占比
职业	20.8	4.3	3.0	28.1	24.4	11.2	20.1	55.7
工作环境	9.4	10.1	0	19.5	8.4	1.2	20.9	30.5
收入	33.6	30.4	15.2	79.2	36.2	12.3	9.7	58.2
居住条件	3.4	10.1	18.2	31.7	4.5	9.7	6	20.2
技术技能	2.0	7.2	9.1	18.3	11.2	23.8	11.9	46.9
医疗	7.4	11.6	15.2	34.2	7.2	11.9	17.9	37.0
子女教育	6.0	17.4	33.3	56.7	3.6	19.6	12	35.2
文化娱乐	6.7	4.3	6.1	17.1	4.5	6.8	1.5	12.8
其他	10.7	4.3	0	15.0	0	3.5	0	3.5
合计	100	100	100	300	100	100	100	300

第二节　牧民在城镇中面临的挑战

在有关农民工的研究中，他们如何融入城镇社会已成为学术界、媒体和政
府政策研讨部门的热门问题，也是中国当前改革与发展中的重要议题。相关研
究表明，农民工在城镇中往往处于"半城市化"的状态，即一种介于回归农村
与彻底城市化之间的状态。农民工一只脚已经跨进城市的门槛，另一只脚还在
门外。他们虽然进入了城市，在城市找到了工作，也生活在城市，但是问题在
于，他们往往被视为城市的经济活动者，往往被限制在边缘的经济领域中，而
忽视了将其视为具有市民或公民身份的主体。因此，应从体制上赋予他们更多
权益，让他们在生活和社会行动层面融入城市的主流生活、交往圈和文化活动
中。农民流动人口的"半城市化"就体现在体制、社会生活行动和社会心理三
个层面的不整合。[1]在我们调查的准噶尔社区与青河新城，政府鼓励、引导并
支持牧民进城，并出台和落实了具体措施（比如住房、教育、医疗等），说明体
制上的区隔并不明显。然而，从前面各章的分析和社会融合的角度看，牧民在

---

[1] 王春光：《农村流动人口的"半城市化"问题研究》，《社会学研究》2006 年第 5 期。

城镇中在就业、经济生活、社会结构、行为方式与生活方式等方面还是面临着诸多挑战。牧民能不能有效应对这些挑战，将对他们能否融入城镇生活和在城镇中的表现产生重要影响。在此，主要以牧民访谈中反映的问题进行分析。

一、就业层次与收入水平不高

第四章已经对牧民在城镇中就业情况做了分析，在此对他们面临的问题再做进一步的分析。与进城前相比，牧民的职业变化不大（比如代牧、务工、做小买卖），但因为政府的支持和帮助、迁入城镇及周边就业机会的增多和牧民自身的努力，牧民普遍就业且稳定性也较迁入前更强。牧民的收入有了较为明显的提升，对就业的满意度也相对较高。这些都是积极的变化，主要是在迁入后与迁入前就业情况的比较得出的结论。

如果进行横向比较（即将牧民与城镇中其他群体进行比较）可以发现，牧民能够获得的大部分是一些低技术含量的工作，是季节性的而非常年的就业机会，报酬相对较低。简言之，他们从事的工作往往是城镇中其他群体不愿意从事的、社会评价较低的工作，其就业表现出明显的"低层次"特点。以青河新城为例，牧民获得的务工机会主要有大田管理、建筑工地的小工、季节性采摘（沙棘、油葵、棉花、土豆等）和政府提供的公益性岗位（保洁、门卫和保安等）。从调查的情况来看，从事这四类工作的牧民占受访牧民的近 90%。新城阿格达拉镇工业园和现代畜牧养殖小区入驻了 10 余家现代农牧加工企业，有若干生产车间，但能够进入车间工作的主要是大中专毕业生，牧民的占比很小。事实上，即便是"大田管理"，牧民也往往只能获得浇水、除草、翻地等最简单但做繁重的工作，而像代班、工头等管理性岗位往往由包地者从其他地方带过来。准噶尔社区因为毗邻克拉玛依市，所以在工作类型上与青河新城相比有很大差异，但低层次仍是其首要特征。该社区牧民主要的工作有政府提供的公益性岗位（包括克拉玛依市帮助提供的保安、门卫、保洁等岗位）、批发市场的搬运工、克拉玛依市的家政工，以及各个建筑工地的小工。简言之，他们进入的是城镇的"次级劳动力市场"①，从事的是城里人不愿意从事的"脏、累、险"

---

① 悦中山、李树茁、靳小怡等：《从"先赋"到"后致"：农民工的社会网络与社会融合》，《社会》2011 年第6 期。

和"低报酬"的工作，这在 ALTN、HR 和 NEBS 身上都有体现：

　　我现在主要的收入来自在阿格达拉务工，在大田里拔草、铺滴灌带、采摘葵花和沙棘等。这些工作大部分是政府或访惠聚工作组在微信群里通知的。其实我也想找一个稳定点儿的工作，这样不但收入稳定，别人问起来的时候也觉得比较体面。但是我的普通话不太好，听说都不行，在餐馆当服务员人家都不要。现在政府正在组织我们进行普通话培训，对我来说有效果，但是学习时间短，再加上平常用得少，所以普通话还没有那么熟练。等我能听能说以后，就去找个稳定的工作，像保安、服务员一类的。

　　自从搬过来，我就一直在阿格达拉打工，平常干一些力气活儿挣钱养家。因为我没什么技能，在工地上干活儿也只是干小工，比如搬砖、搅拌水泥、搭架子之类的。那些自主创业开店的人要么以前就干过，要么以前就自学过一些技术。我们这些什么都不会的，只能靠卖力气挣钱。现在政府也组织我们学了一些技术，像摩托车汽车维修、电焊、烹饪，因为学习时间太短，并且多在冬天没活儿的时候，平常也没有时间练习，我现在也只是学了些皮毛。

　　我初中毕业之后就出来打工了，第一份工作是在食堂当服务员。我做服务员做得比较多，也在理发店工作过。刚出来打工时，我的普通话说得不太好。有些地方招工要求会普通话。比如，之前餐厅的负责人就要求会写汉字，因为点菜时需要写菜名。我现在也会写汉字，但是只会一点点。

ZTX 是青河新城的一位包地者，他向我们介绍了牧民能够从事的工作，以及因为"语言"问题而造成的招工困境：

　　我在承包地里种葵花，大量用工在春秋两季。春季要铺设滴灌带，葵花长得高，要提前把滴灌带铺好，不能有漏水或堵塞的地方。葵花长高以后，人就不好进去了。秋季主要是收获，需要工人把葵花头砍下来，然后放进脱皮的机器里。夏季也会用人，主要就是拔草。我需要工人的时候会先跟政府或访惠聚工作组联系，告诉他们大概需要多少人、每天工资是多少、大概干多长时间、工资发放的形式。然后政府的人在通过微信群告诉牧民。大部分牧民听不懂普通话，我直接去招工没办法说清楚工作要求，只能通过政府的人用哈萨克语告诉他们，这样比较方便。这些牧民来干活儿的时候都有一个劳务中介人带着，这个劳务中介人的普通话比较好，我有什么要求会先跟这个劳务中介人说，然后劳务中介人再转达给这些来干活儿的人。

显然，牧民低层次就业与群体本身的特性是相关的，比如受教育程度低、普通话能力不强、缺少专业技能等等。这些问题我们已经在第四章中进行了详尽分析。从他们所处的大环境来看，青河新城能够提供的就业机会主要是这些低层次的工作。准噶尔社区的牧民与克拉玛依市其他群体相比缺少竞争力，因而往往只能获得低报酬的工作。

如前所述，牧民家庭收入来源较多，收入结构呈现出多元化趋势，其中工资性收入在家庭收入中的比重越来越高。由于财产性、生产性收入和转移性收入相对较为稳定，因此真正影响牧民家庭收入的是"工资性收入"。低层次就业对牧民家庭收入会产生直接影响，导致"低水平收入"的问题。如表5-15所示，准噶尔社区仍有64.1%家庭年人均纯收入低于5000元，有90.1%的家庭年人均纯收入低于1万元。青河新城牧民家庭在这两项数据上的占比分别为87.5%和97.0%。两地相比，青河新城牧民的收入更低，主要是由于牧民所处城镇及城镇中提供的工作类型的差异所致。将他们的收入与青河县、克拉玛依市居民收入进行比较，更能说明城镇中牧民的收入水平。以2018年《新疆统计年鉴》公布的"新疆维吾尔自治区2017年城镇居民人均可支配收入统计"中的数据来看，"中等收入户"的人均工资性收入为21 545元。2018年《新疆统计年鉴》中的另一组数据可能更能说明问题。在"新疆维吾尔自治区2017年各地、州、市、县（市）城镇非私营单位在岗职工（含劳务派遣工）平均工资统计"一栏中，青河县市为57 353元、克拉玛依市为95 107元。青河新城与准噶尔社区牧民的收入甚至明显低于两地私营单位就业人员的平均工资水平，2017年克拉玛依市为48 808元，而阿勒泰地区为37 198元。

单纯看收入尚不足以看出牧民在经济上面临的挑战，还要对他们进入城镇后的支出（即消费）情况进行分析。在第五章，我们也对他们的支出做过分析，发现牧民的主要支出是"生活性支出"。"生活性支出"的主导地位与两方面因素相关，一是土地流转、牲畜托管后牧民事实上基本不存在生产性支出，二是进入城镇后生活性支出明显增多。一些牧民反映"现在什么都要花钱"，"一些以前不花钱的，现在都要花钱"。在牧区时，即便自己没有耕地、牲畜和草场，牧民也可以"寄居"在一个大家庭中，并不会感到生活压力。由于两地的牧民大多是贫困牧民，他们进入城镇后政府为让其安心扎根，在水、电、气、物业等方面给予了补贴和减免。补贴和减免设定了期限，采用了逐年降低的措施，在减少牧民生活支出的同时，激发该群体的内生动力。青河新城的JYN讲到了对补贴减少后的担忧：

> 今年是我在这边生活的第三年，政府提供的水电气的补贴还是有采暖费的补贴已经在慢慢减少了，因为政府是采取的阶梯式补贴的办法，第一年补贴得多，后面慢慢减少。平常我和丈夫就只能通过务工来获取收入，基本没有其他收入途径。其实每年的收入都差不多，但是生活方面的支出在不断增加。除了水电气方面的支出，平常我们还得买牛奶、买馕什么的，这些吃的东西在以前都不用买，自己做就行了。

调查中，我们还注意到有一些牧民因为各种原因而无法务工就业，使得家庭经济条件的改善变得更加困难，个别家庭的经济水平甚至有降低的可能。无法就业的主要是女性，主要原因包括生病、有孩子或老人需要照顾。与那些夫妻双方都可以务工的家庭相比，这些家庭在经济上的要差一些，生活更"紧"，处于牧民群体的底层。在精准扶贫的政策体系中，这部分因病丧失劳动力的牧民属于社会保障"兜底"的范畴，即常说的"兜底户"。为巩固脱贫成果，这类"兜底户"的社会保障仍将持续，以保障其生活，然而，这改变不了他们在牧民群体中处于底层的境况，他们在城镇中生活相对困难一些。受访者BHGL、NEQEBT、NEGL和WLZGI分别讲述了他们在生活中遇到的困难：

> 我因为高血压和心脏病丧失了劳动能力，只有丈夫一个人在外面打工挣钱。丈夫基本上就在镇上打工，因为要照顾我，他也不敢到远的地方打工。打工挣的钱不仅要缴水电气、物业费等这些费用，还得用来给我买药，用来支付家庭的开销。所以平常的压力还是挺大的。刚搬过来的时候生活压力小，那时候水电气、物业费、垃圾清运费、采暖费这些都有补贴，所以缴得少。现在补贴逐渐减少了，自己交得就多了。在这边生活什么东西

都要买，牛奶和馕都要买，所以在生活方面的支出也增加了，日子过得也挺紧张的。

我去年学保安的时候，妻子身体不好，生病了。我们去乌鲁木齐看病，那里的医院态度也好，看得也好。我们得算好来回的费用，尽量节省开支。今天晚上，我们又要去乌鲁木齐检查，买了今晚12点的票。到乌鲁木齐，大概明天早上六点半。我们到了后收拾一下，医生们就该上班了，这样就不用住酒店了。

我想学普通话，以前什么都不知道，现在想找一个稳定的工作，像开车的工作。我也在准噶尔社区的群里，妻子在群里发过消息，说可以帮人家看孩子、收费，因为她要照顾我们的孩子，没办法出去工作。

我一直都没有工作，身体不好，小时候被开水烫过，手干不了重活。我去找过工作，但人家都不要，说是怕有什么意外发生。其实我是想工作的，家里人多，用钱的地方也多，光靠丈夫一人实在不行。我一直在家带孩子，家里开销就全靠丈夫一人。我看着他也累，也心疼他，就是帮不了什么忙。

综上所述，牧民在进入城镇后面临着如何改善职业与经济地位的挑战。以他们的条件来看，改善的难度很大。更应引起重视的是，城镇中的牧民在职业和经济上出现了"分层"趋势。仅从经济层面看，牧民在进城前与进城后表现出很强的同质性，比如相似的职业类型、大部分人的收入集中在1—2个区间。因此，"分层"并不完全是一部分人家庭经济条件改善或提高较快而其他人增长较慢引发的，也可能是一部分人家庭经济条件因各种现实原因而"恶化"引发的。我们认为，因"恶化"而引发的分层应引起政府的高度重视，因为它意味着这些牧民将很难扎根在城镇中，他们甚至可能卖掉获得的住房而退回牧区，这对持续推进牧民的城镇化相当不利。

二、"后致"社会关系的建构困难较多

在农民工城镇化研究中，"社会关系"是一个重要的研究主题，因为不同关系对其社会融合（文化融合、社会经济融合和心理融合）等会产生明显影响。有学者将农民工的社会关系区分为"先赋"的关系与"后致"的关系，前者指

其亲属关系、老乡关系、朋友（迁出地的）关系等，后者指在城镇中新构建的社会关系。①多项研究发现，农民工多倾向于通过强关系获得支持，比如就业/务工信息的传递、经济上的支持等，并倾向于在群体内进行社会交往，进而强化了"内群体"感。一些学者指出，城市里农民工的社会交往和社会支持都是强关系，认为在进城后会逐渐使用如关系来获得信息和资源。然而，更多的研究揭示了强关系对农民工在城镇扎根、生活和交往的作用明显。翟学伟指出，对强关系的依赖关键是农民工外出打工的信息主要建立在关系信任基础上。②

　　准噶尔社区与青河新城牧民的社会关系有多种类型，有的是原生的（比如亲属关系、同乡关系），有的是在牧业村/农业村建构的（比如朋友关系），也有的是在进城后建构的［比如同事关系，与代班（领导）和雇主的关系等］。从对人们生活重要性的角度来说，亲属关系、朋友关系、同乡关系更为重要，并在工具理性与情感化两个维度都体现得相当充分。有意思的是，这些关系都是随着他们进入准噶尔社区和青河新城而带入的，是"先赋"关系。前文的分析已经揭示出，因为牧民多在"次级劳动力市场"获得就业，往往需要牧民间的合作。或是说，这些工作需要大量劳动力，而对劳动技能的要求较低，牧民间并不构成竞争关系，反而可以通过彼此间的合作完成相关工作。从这个层面上讲，与农民工更多依靠弱关系而非强关系是一样的。我们已经看到，牧民正是通过这些"先赋"的关系获得了就业，解决了生活中面临的困难，消解进城初期情感上的"不安"与"苦闷"。但是，当牧民希望获得更好的职业和更高的收入时，这些关系就很难发挥支持功能了。在对多位受访者的访谈中，这一点都得到了体现。BHBL 和 JESGL 说：

　　　　我搬来这边一年多了，平常务工的信息是通过政府或访惠聚工作组在微信群里通知的。这边和我一起搬来的人，还有我认识的朋友，都跟我一样，在大田里务工或者自己开了个店。大家生活状况都一样，平常帮忙也就是生活方面能帮上一些，在找工作什么方面也帮不上什么忙。我们不像这边的有些人，他们认识的人多，路子也宽，能找到比打工更好的工作。

---

① 悦中山、李树茁、靳小怡等：《从"先赋"到"后致"：农民工的社会网络与社会融合》，《社会》2011 年第 6 期。

② 翟学伟：《社会流动与关系信任——也论关系强度与农民工的求职策略》，《社会学研究》2003 年第 1 期。

我的邻居就是，她丈夫在青河县当保安，她在青河县的宾馆当服务员。她搬迁之前就在那个宾馆干，和宾馆负责人关系特别好，那个宾馆负责人就给她丈夫介绍了一个保安的工作。我们谁都不认识，所以也没人能帮我们介绍个好点的工作。我现在也没有干别的工作的想法，一方面是自己学历不高、没有技术，另一方面是没有人能给我介绍好一点儿的工作。家里还有两个孩子，平常开销也比较大，只能先干着，至少还能挣钱。

我当时来找工作的时候，因为普通话不好，而且这里没有认识的人，找工作很困难，找了好长时间才找到，看到有招聘的信息就打电话问。找不到工作的时候，我就跟朋友说，看看他们能不能帮我，但很多时候没有帮到，因为他们也很难找工作。

从类型上说，上述关系可以分成三组，每组的功能并不一样。邻里关系与同事关系具有平等性与互惠性，更多涉及工作与生活中的相互帮助。正如我们所分析的，这些关系的重要性已经显现，在新社区共同体意识培育和社区内部整合中的作用会在今后一段时期将进一步凸显。与访惠聚工作组和管委会工作人员的关系，主要是管理者与被管理者、服务者与被服务者的关系。在牧民进城初期，这两种关系对牧民求职、解决生活中的困难和在城镇扎根已经发挥了非常明显的作用。随着牧民逐渐适应城镇生活，访惠聚工作组和管委会承担的一些职责会削减。这意味着，这两对关系在牧民后续生活中的功能会弱化，大部分牧民不太可能与访惠聚工作组和管委会发生直接关系。从发展角度来看，与代班（领导）和雇主的关系可能对牧民的重要性会明显提升。这是因为，代班（领导）和雇主掌握着就业资源。正如前文 MLTBK 的个案所揭示的，与代班建立关系。以送礼、请客等方式维系与代班的关系，使得他获得了比其他牧民更多的资源，并依靠这种资源成为一名政府扶持的劳务中介人。也就是说，大部分牧民已经意识到这类"后致"社会关系的重要性，但只有少数牧民才可能建立、经营和巩固这类关系。政府也意识到劳务中介人的价值，因为如果不能够培养一批劳务中介人，政府就很难从帮助牧民安排就业的事务中抽身，牧民也很难真正融入城镇社会。

这些通过与代班、雇主的关系发展起来的牧民，将更有可能在城镇中获得成功。从当前发展的趋势来看，他们有可能向"包工头""代班"的方向发展。

这既是因为他们与代班、雇主的关系，也是因为他们已经在牧民群体中建立了威望，并能够调动劳动力来承担这些工作。在城镇中进行各种经营（开商店、开餐厅、刺绣店等）的牧民也较多，但由于这些行业中有来自城镇中经营者的竞争，能取得成功的牧民不会很多。以我们调查了解到的情况来看，因为缺少资金、社会关系和经验，除了经营餐厅、刺绣等传统食品、手工艺品的牧民外，大部分从事经营活动的牧民只是其他城镇商人在准噶尔社区或青河新城的代理，获益不多。他们成功与否还有待后续研究给予持续关注。

以上分析表明，从"后致"社会关系来看，牧民社会内部出现了分化。大部分牧民尽管有建构新的社会关系（特别是与资源掌控者的关系）的愿望，但在短期内恐难实现。以往对农民工的研究预示着，只有很少一部分牧民可能建立起这类关系，并依托这类关系在城镇中获得成功。显然，这将进一步加剧牧民家庭在经济层面上的分化。另外，邻里关系和同事关系重要性的提升将有助于新社区的整合和社区共同体意识的增强。也就是说，对牧民来说，如何构建、经营和巩固"后致"社会关系是一个挑战。对当地政府来说，如何解决与"后致"社会关系绑在一起的经济分层加剧现象也是一个挑战。

三、牧民行为方式不适应

调查时，我们也对管委会与访惠聚的工作人员、用工领导、代班（领导）和与牧民一道务工的工人（比如汉族、回族工人）进行了访谈，让他们评价牧民在工作中的表现。令人惊奇的是，他们的评价出奇一致，比如习惯"当日结账""缺少时间观念""干一天歇一天""不能持续""不好交流"等。以我们的观察来看，这些评价可能还不能简单地用"污名化"概括，因为它们确实在一定程度上反映了牧民在工作中的状态。牧民并不否认工作中的这些表现，但对表现背后的原因进行了表述。比如，他们并不是不能接受或不愿意按月结工资，而是因为家中急需用钱而需要每日结账。这表明，可能用"不适应"来概括其行为方式上的表现更为合适。

在 2017 年夏天和 2019 年夏天在青河新城的两次调查中，我们分别对不同的雇主进行了访谈。在此，我们选择了一位包地者和一位代班的访谈资料。包地者 ZTX 给我讲述了牧民在务工过程中的一些表现：

　　我记得有一次我雇了 20 个哈萨克族牧民来葵花地拔草。我就感觉他们干活儿跟我们平常干农活儿不一样。他们来干活儿倒也比较准时，拔草的时候好多人只拔大的野草，小的就在大的旁边也不管。我们平常干活儿看见野草就全拔掉，不管大的还是小的。然后我就在旁边教他们，告诉他们野草不管大的还是小的都要拔掉。还有就是他们差不多干 1 个小时左右就要坐在一起聊天。每个人都拿着一个装水的暖瓶，里面装的是奶茶，边聊天边喝奶茶，有时候能喝半个小时。不是说不让他们休息，如果不提醒他们赶快干活儿，他们就一直坐在那里不动。每隔两三天就来要工钱的人也特别多，他们往往会跟我说家里要买米、买面或者买油，有的就说家里要用钱，问我能不能先把这几天的钱给他们。一般我都会给，但是很麻烦，因为我要专门找个本子记着谁提前预支了多少工钱，不然到最后结工钱的时候就非常混乱。其实这样给我们的工作带来很大麻烦，并且还严重影响了我们的工作进度。

LJ 是阿格达拉镇工地的一位包工头，他的工地上有 6 位当地牧民在干小工，他讲述了他认为牧民跟其他工人不一样的地方：

　　这些牧民干活儿比较勤快，让他们搬砖、搅拌水泥、搭脚手架什么的干得都挺不错。就是有的牧民在干活儿期间会突然问我要工钱。要工钱的理由多是家里要买清油、买面什么的，我也不能说不给，家里都没油吃了也不行。然后我把工钱结了，第二天他就不来上班了。他们在这打工都留了联系方式。我们也不会哈萨克语，没办法打电话问是什么情况，和工地上其他牧民交流也比较困难。一般遇到这种情况我们也不管，想着不来就不来了吧，反正工地上的工人也够。没想到过了两天他又来了，说钱花光了，想继续干活儿，我们也没办法，就只能让他继续干。对这种行为，我们感到非常奇怪，因为语言不通，也不知道他去干什么了。基本上每名牧民干两三天就来要工钱，我们也习惯了。

2019 年夏天的一个晚上，我们在商店与相识的雇主聊天时，偶然碰到一位包地者 MYB 前来买生活用品，借此机会，我对牧民务工的情况及表现又进行了一次简短的访谈，MYB 谈道：

我在这边包了 1000 多亩地种小麦，用的工人大多是我自己带过来的，其实我不是很想用这边的牧民，可能是因为他们不太会干农活，干活儿的时候不仔细，尤其是在给小麦除草的时候，他们除得不干净。还有最麻烦的一点就是有些牧民干了两三天就来要工钱，说家里要买东西，我是真的不想给，但是不给又不行，万一家里真的缺生活必需品怎么办。我把钱给他们之后就跟他们说，明天一定要来，不能拿了钱就不来了，因为我们以前经常遇到这种情况。没想到这些牧民拿了钱第二天就不来了，我又不能因为他一个人不来再去找政府或者社区的人帮我找工人。实在没办法，今年我带了自己的亲戚朋友过来干活儿，平常找五六名牧民过来帮忙就行了，哪怕有人突然不来了，我自己带的亲戚朋友也能把活儿正常干完。不光我一个人害怕会出现工人突然不来了这种情况，我们一起包地的人都担心，因为实在太影响工作进度了，所以今年好多人都自己带了工人过来。

三位包地者的叙述已经把牧民工作中的种种不适应表述出来了，大致有四点：一是不会干农活儿，或说干活儿不仔细；二是不时要工钱，给雇主的管理带来不便；三是不时旷工数日，后又要求复工；四是工作连续性不强，即"干一阵子，歇一阵子"。如果站在雇主和管理者的立场上看，牧民的这些行为与工地的要求是不相适应的。由于农作物有很强的季节性，不能耽误农时，因此牧民的行为不仅会带来管理上的混乱，还可能使雇主蒙受损失。事实上，以我们在建筑工地、生产车间的观察和与包工头、企业负责人的访谈来看，牧民上述三方面的表现是普遍的。值得注意的是，包地者并不是用贬损和污名化的方式对他们进行表述，也对他们"勤劳""肯干""老实"的品质给予了积极评价。

对于雇主的评价，牧民如何看待呢？以我们的观察来看，牧民并不否认这些表现，但会对这些表现的原因进行分析。实际上，雇主的表述中就已经隐含了一些原因，比如要买面粉、买清油等。下面，我们来看看两位受访牧民（BLT 和 ASHTBK）的解释：

我平常提前问雇主要工资一般是家里有需要用钱的地方，比如说之前打工挣的钱花完了，家里没有清油了、没有面了，或者来了客人要买肉什么的钱不够，然后就要向雇主提前预支。我们现在刚搬到这边没多长时间，用钱的地方多着呢。还有就是亲戚朋友家要举行"托依"（仪式性聚会，比如婚礼、割礼等），肯定要随礼嘛，并且第二天的工作肯定参加不了，所以就问雇主要钱去参加"托依"，参加完"托依"再回来打工。

有些工作我们也确实不会干，像在大田里拔草、清理挖出来的土豆、铺滴灌带，这些我们以前都没有干过。再加上我们雇主之间的沟通问题，有时候他说的我们听不懂，我们说的他听不懂，然后雇主就觉得我们干活儿不仔细什么的。以前我们放牛放羊，不像现在在大田里干活儿这么辛苦，所以干活儿的时候会休息的时间长一些。

牧民的解释集中在三个方面：因生活需要而需要预支工资，因为参加"托依"而需要请假，因为没干过而不会。客观地讲，牧民的解释是合理的，而且雇主是能够接受的，否则他们也不会答应预支工资和旷工后又复工。要理解牧民的解释，需要回到牧民当前生存状态、牧区社会结构和牧业生产习性中。如本节所分析的，牧民从事着低层次的就业，获得相对较低的收入，但在城镇中的支出却很多。不仅如此，由于大部分牧民原本就是贫困户，缺少生产资料，几乎不可能有积蓄，如果要用一个词来描述他们的经济处境，可能用"生存型经济"是合适的。显然，牧民预支工资主要是处于"生存型经济"境遇所致。因为参加"托依"而请假，后又要求复工。这是因为牧民尽管已经进入城镇，但在社会结构上仍然嵌入到牧区社会之中。在哈萨克族社会中，参加亲戚朋友家中因各种事务而举办的"托依"是一项重要的义务。我们已经在前文详细分析过这个问题，不再赘述。与 2016 年调查时进行比较，2018 年的调查发现，牧民开始接受了请人随礼或是"当日去，当日还"的新规则。事实上，请假、旷工还有其他原因，比如回到牧区帮助大家庭完成农牧业生产。至于"不会干"的问题，这也是实情，源于农业生产与牧业生产的差异。实际上，不管是农业生产、建筑工地的工作，还是车间中的工作，相对于牧业生产来说，劳动强度都更大，对劳动的持续性要求都更高。

以上个案中出现的问题并非青河新城牧民独有，准噶尔社区的牧民中也出现了，只是表现形式有略微的差异而已。比如，WMT 受访时说：

我刚来的时候是打零工的，什么都干。做过保洁员，做过餐厅的服务员，现在我在克拉玛依市里的超市当摆货员。这些工作有自己找的，也有别人介绍的。招工的地方有打广告，广告上有电话，我就自己打电话联系。

我换了很多工作，因为老家那边的人老叫我们回去，家里有很多事情，经常请假回去，用工方就不让我上班了。因为请假，我没有长时间做过一份工作，大多数干了两三个月就不得不换工作。

调查也发现，牧民也在积极调整自己的行为方式，逐渐适应了岗位的要求。还有一些牧民通过诉苦、提辞职、罢工等方式为自己争取了一些有利条件，或积极与用工方协商来化解工作中出现的问题。MYD、DN 和 NEBS 的经历颇有代表性，她们在受访时说：

我在炼油厂上班，一个月 3500 元。每天 8 小时，早上九点半上班，中午一点一刻下班，下午三点上班，下午六点半下班。现在早走不了了，早上来按手指打卡，晚一点儿过去按就算迟到；下班按一下，早点儿过去按就算早退。以前就是十点过去上班，没办法还是得干完活儿，迟到按照旷工半天算。我现在每天都提前半个小时出门，骑电动车过去，每天去的第一件事就是打卡，不敢迟到和早退，害怕被扣工资。

我在食堂干的时间太长了，经常用冷水洗菜，我的身上长了一些疙瘩，去医院检查，医生说我碰太多冷水了，然后我就不想干了。我本来就有鼻炎，炒菜的时候，鼻子很难受，头疼得很，鼻炎也更严重了。保安和厨师的工资是一样的，都是 2000 元。但是我觉得保安更好，保安很轻松，一天就坐在那里就行了。我就和领导说了，不干厨师，想干保安。他们就说不行，保安不缺人，没有多余的岗位，让我继续干厨师，也不许我辞职，我已经三天没去上班了。领导说："你这个待遇多好呀，还有五险一金，你以后买房子多好，以后还有养老金。你这个工资其实不止 2000 元呢，它是把你的五险一金扣掉了呀，你以后孩子买房子也好呀。你就算不买房，以后退休了，每个月你都有几千元钱，多好的工作，怎么能说辞职呢？你要是身体不舒服，你可以提前请假呀，又不是不给你请假。以后，我们搬到新的工作楼，你要是忙不过来，我们肯定还会再安排人的。"我家里还有一个五岁的女儿要照顾，又没有新的工作，只能先继续干厨师了。其间我找了领导很多次，我在厨师上干了两年后，领导把我换成保安了。

我在供电所上班，长时间都是坐着的，腰椎间盘突出比较严重。去托里的医院看完病以后，我就在家休息一个多月。我现在好多了，才来上班的。我在小区找了一个女的，她帮我上班，我的工资全给她，她干了一个半月，我一个月的工资是2000元，我给了她3000元。我回来上班，她就走了。

综上所述，尽管我们主要分析的是牧民在工作中的种种不适应行为，但所反映的实际上是由过去游牧的生活向城镇生活、由牧区社会关系向城镇社会关系转变过程中出现的不适应问题。从适应的角度来讲，这些问题是转变过程中必然出现的问题。通过我们三年的调查发现，牧民在积极适应这些变化，并已经开始调整自己的行为方式。因此，我们需要包容、积极地看待牧民在行为方式上出现的这些不适应现象。

四、失序现象逐渐出现

青河新城与托里县准噶尔社区各有几名牧民常去喝酒的商店，2017年和2018年我们在两地调查时，不时见到一些牧民进去喝酒，数小时后摇摇晃晃地从商店中出来；不时听到女人们对丈夫酗酒的抱怨。一些女性到管委会找工作人员，希望他们出面教育自己的丈夫，否则就要求离婚。我们在与两地民警的交流中得知，部分男性牧民酗酒、不好好工作的情况在迁入初期表现突出。他们一到晚上就需要到这些商店巡查，劝诫酗酒者，以至于在2018年不得不出台夜里12点后商店不能销售酒类的禁令。概言之，在青河新城和准噶尔社区都出现了失序现象，且在一段时间中表现得较为突出。进一步调查发现，这些失序现象与一些牧民无法适应城镇生活、家庭结构小型化、家庭内夫妻分工模式的变化等相关，很值得关注。

在青河新城，牧民喝酒之处位于商贸城、创业孵化基地三四家商店内或在店外台阶处。2018年夏季的某一天，我们去商店购物，在店门口便看到了一位60来岁的牧民拿了一小瓶白酒，一边喝一边与来购物的牧民聊天，喝了两小瓶酒才离开商店。其间，他与一位年轻男性聊得十分开心。年轻的男性牧民（KDR）购物后准备离开时，我们跟他一起出门，顺便询问是否认识那位喝酒的牧民。他确认认识后，我们留下了他的联系方式，并在第二天对他进行了访谈。

你说的那个大哥叫 KNB，今年 60 多岁了，是个光棍儿，我们俩住在一个小区。我每天干完活儿来商贸城买东西都能看到他在这里喝酒。他每天什么都不干，靠 10 亩地的流转收益生活。之前我也问过他为什么不去工作，他说这边的工作太累了，适应不了，天这么热，还要在大田里干活儿；还说年龄大了，身体因为喝酒也不行了，干不了太重的活。他还告诉我，每天去喝酒是因为这边生活太无聊，没人跟他聊天。他喝酒是为了打发时间，还能跟来买东西的人随便聊几句。我跟他说说话，只是因为他比我大一些，尊重他而已，平常也不走动、不互相帮忙。我们有时候也一起吃饭喝酒，但是不像他每天都喝酒，我们就是干完活闲下来的时候一起吃饭喝酒什么的。

我们也对出售酒的商店经营者（WKL）进行了访谈，他谈到了"喝酒"的变化：

现在这边喝酒的人少多了，刚搬过来时，晚上喝酒闹事的挺多，从下午就开始喝，饭馆里都没有酒了，再来我店里拿酒。刚搬过来时就快冬天了，也没什么活干，那些互相认识的就在一起喝酒。自从政府规定了所有商铺晚上 12 点以后不能营业，聚到一起喝酒的人就明显少了。还有就是经常有一两名牧民从我这买了酒，坐在店里就开始喝。他们也不管影不影响做生意。他们平常什么都不干，经常喝酒打发时间。问他们为什么不干活儿，他们就说不想干这边的活儿。

喝酒的情况在准噶尔社区也是常见的，地点不在社区内，而在社区外的几家餐馆和商店。AYCP（女）在访谈中也谈到了丈夫酗酒的问题，而且反映出酗酒严重影响了家庭关系的和谐：

我丈夫喝酒特别厉害。婚前，我知道他喜欢喝酒，但那时好多人喝，也就没有管他。他现在是搬运工，主要是在九鼎农贸市场、冷库这些地方找活儿干。好好干的话，一天能挣 300—400 元。主要是在夏天，冬天没有什么活，就是"干半年，歇半年"。现在干搬运工的人多了，一个月就能挣 3000 元左右。他的工作和我的不一样（服装厂），想干就干，想歇就歇，一天可能就一次活儿，干完就歇着。没喝酒的时候，他还会给我发二三百元（用微信），喝酒后就不好说了。我现在也不管他（有离婚的想法）。夏天，天也热，自己吃饭、买水。我也不问他挣了多少钱，给的话就收着。

我们注意到，在迁入城镇两三年后，女性表达"想要离婚"或已经向访惠聚工作组、管委会工作人员表达离婚诉求的现象逐渐增多。如果我们熟悉牧区社会，特别是哈萨克族社会，就知道其离婚率向来较低。2001 年，一项新疆少数民族（维吾尔族、哈萨克族、回族、蒙古族、柯尔克孜族）婚姻状况的调查中，哈萨克族的离婚率为 0.62%，是 5 个民族中最低的，也远低于 5 个民族的均值 2.55%。调查显示，较低离婚率与哈萨克族较高的彩礼相关，在 5 个民族中，结婚成本最高。[1]1996 年的一项数据更值得关注，哈萨克族离婚率为 0.57%，比全国水平低 0.1 个百分点。分性别来看，男性离婚比重为 0.8%，女性为 0.34%。[2]也就是说，离婚主要是男性提出。这项数据之所以值得关注，是因为我们在准噶尔社区和青河新城的调查发现，有离婚想法或诉求的主要是女性。HLML（女）在访谈中谈到了对丈夫的不满以及促使她想要离婚的各种原因：

> 我们俩分开住，他一个房间，我一个房间。我想离婚，他也想离婚。他要把孩子带走，我不同意。要是离婚，我要把孩子带走。孩子根本不认识他，是我带大的，不会给他。平常在家的时候，丈夫不看孩子，就玩手机。他很喜欢说那些不好听的话、脏话，我很生气，不让他在孩子面前说。我也找过社区的李主任，跟他说过，这个怎么办？李主任会教育我丈夫，他一阵儿好，一阵儿不好。他现在回托里了，在托里考驾照。他给我的钱很少，100 元、200 元的。这次给了 500 元，说是给儿子的生活费，这个怎么够。我现在带孩子，不能工作，没有钱。儿子生日的时候，我的妈妈、妹妹给我钱，两三百的。其他亲戚也给，都知道我困难，但是都不说。我也不问她们要钱，她们给，我就拿着。我们厨房和客厅还没有隔断，厨房还没有安装水管。橱柜有几扇柜门坏了，我担心砸到儿子。家里的沙发和厨房都是丈夫自己弄的，没有告诉我，没和我商量，他不听我的意见。我也不想跟他过日子，这样子过日子累得很。过年去亲戚家，应该是我们一起去，可他却自己一个人悄悄去。结婚三年了，他朋友结婚什么的，都不带上我。

---

① 艾尼瓦尔·聂机木：《新疆少数民族人口婚姻状况调查》，《中国人口科学》2002 年第 5 期。
② 侯菊凤：《新疆少数民族妇女婚姻家庭生育情况研究》，《新疆大学学报（哲学社会科学版）》1996 年第 3 期。

　　HLML 提出离婚的原因很多，比如丈夫不带孩子、挣钱不往家里拿、做决定不商量等。然而，在实现经济独立之前，她很难离婚。据我们了解，她已多次向保护干部（李主任）反映，需要找一份工作。两个月后，李主任给她安排了社区的保洁工作（考虑她要照顾孩子）。在下面这个个案中，女性"想要离婚"主要是因为"男人不务工挣钱"。2018 年 8 月的一天，我们和翻译在青河新城调查结束后去台球室玩，这是了解牧民娱乐生活的一部分。一位女性牧民突然把门推开，冲进来对着一位男性牧民大吼大叫，然后把男性牧民拉出了台球室。因为语言关系，我当时没有听懂他们说的什么，事后翻译（AGZAM）说出了事情的原委：

　　　　那一男一女是一家子，女的每天在外面干活儿挣钱，男的经常来台球室跟别人打台球。他们打台球跟赌钱一样，比如说 10 元一局，一方赢了以后不仅能拿回自己的 10 元，还能拿走对方的 10 元。当时那个女的说她每天在外面挣钱，丈夫每天在家也不做饭、不打扫屋子、不照顾孩子，就知道来这种地方赌博。

　　在上述个案中，有"离婚"想法或提出"离婚"的主要是女性，原因大体来自三个方面。一是女性普遍务工，开始摆脱以往农牧业生产中的"从属地位"，在经济上具备了摆脱男性的能力，自主性明显增强。二是家庭结构有向小型化发展的趋势，核心家庭成为城镇中牧民家庭的主要类型，这意味着小家庭丧失了从大家庭中获得支持的渠道，必须独立地应对各种风险和挑战。要想过"好日子"，夫妻双方都得参加工作，导致家庭内部性别分工的重新布局。显然，布局尚未完成，还处在转变的过程中。在这个转变的过程中，女性适应较快，而一些男性适应较慢，导致夫妻双方围绕家务、照顾孩子和挣钱养家等方面产生了较多的矛盾。从结构来看，核心家庭中夫妻关系轴的重要性必然会增强，而女性需要在家庭内外事务中拥有更多的话语权，要求丈夫更多地与自己沟通，更多地征求自己的意见。三是部分男性进城后在经济上和行为上表现出较为突出的不适应问题，比如酗酒、不愿工作、不愿分担家务等，还未从传统"男主外，女主内"的性别模式中走出来。

　　这些个案揭示出，城镇化进程中的失序现象正在逐步凸显，反映出牧民的社会结构正在发生一些重要变化。遗憾的是，我们对社会结构变化的观察和调查还不够深入，在此尚不能提供婚姻、家庭、亲属制度等方面变迁的描述。另一个原因是牧民尚处于城镇化的初期，他们进入城镇也就 2—3 年，而社会结构的变化往往滞后于职业、经济活动的变化。从某种角度上讲，很多变化还未很好显现出来。尽管如此，一些迹象已经显现，比如家庭结构的小型化、女性地位的提升、性别分工的调整等等，这些变化也将影响小家庭与大家庭的关系，并推动牧区社会整体社会结构的转型。这些问题，有待进一步的调查和研究，将成为我们今后一段时期重点关注的问题。

五、教育、医疗与社会保障方面的挑战

从上一节牧民关于"教育、医疗和社会保障"等方面的评价来看，总体满意度较高，说明政府在这些方面的工作是值得肯定的。在分析挑战前，需要对相关政策做一个简略的回顾。新疆全面实行了 15 年免费教育，即从幼儿园到高中（高职），牧民家庭教育负担并不重。青河新城建成了幼儿园到高中的教育体系，托里县准噶尔社区牧民子女可以到克拉玛依市的中小学就学。所有牧民都参加了新型农村合作医疗，还享受民政救助、大病保险、补充商业保险，由于大部分是贫困户，县域内就诊的费用报销率可达95%。大部分牧民购买了养老保险，一些牧民在牧区仍有生产资料。青河新城还为没有耕地或耕地少的牧民补足了 10 亩耕地，流转后获得财产性收入。可以说，教育、医疗和社会保障等方面是全方位的，起到了政策性兜底的作用。因此，我们在此所指的挑战，主要是牧民基于改善生活提出的。

按照易地扶贫搬迁、牧民定居和库区生态移民的政策，政府为牧民配套了面积为 70—80 平方米（青河新城的住房有些面积稍大一些）的住房。但是，并不是所有的家庭都是核心家庭，有些家庭是主干家庭——父母+夫妻+孩子。一些牧民反映，房子不够住。另外，生活在城镇中的牧民家庭与牧区大家庭间仍保持着十分密切的关系，经常有亲戚到准噶尔社区或青河新城拜访或借住，造成居住空间不足。比较常见的情形有三种：一是为城镇中的牧民定期送肉、送奶和其他生活物资；二是牧区的孩子需要到城镇就学或成年后到城镇务工（在准噶尔社区比较普遍），长期借住；三是节日期间，牧民可能会接待大量来自农牧区的牧民亲戚。QMBK 与 AGZM 都遇到了住房太小的问题，他们说：

　　我搬到这边以后，我把父母也接过来一起住了。因为我哥哥一直在青河县上班，父母身体不好，不能从事高强度的体力劳动，在村子里生活没人照顾。我们家房子是 83 平方米的，再加上家里还有两个孩子，房子还是小了。我父母住主卧，我和妻子睡在里面的次卧，女儿睡在进门处旁边的次卧。还有一个小儿子有时跟着我们睡，有时跟着爷爷奶奶睡。等到孩子长大了，就没有他睡觉的地方了，一个男孩和一个女孩，也不能让他们在一个卧室睡觉。我只能现在好好挣钱，等到以后买一个大点的房子就能住下了。

　　今年过古尔邦节的时候，我父母和我哥哥说要到阿格达拉这边过。因为我们刚搬过来，他们正好趁着过节一起过来看看我们在这边生活得怎么样。我当时也没考虑房子能不能招待那么多人，就让他们来了。来了 9 个人，包括我的父母、我的两个哥哥和他们的家人。到这边以后，我才发现虽然屋子里能坐下，但是特别挤，再加上我们家 4 口人就相当于一个房子里有 13 个人。最后大家一看，在这边过节实在不行，就在这边逛了逛，然后就去回以前村子过节了。

　　扩大住房面积对一些家庭来说确实是"刚需"，但此种需求不应也不能由政府来承担，只有通过牧民自身努力来实现。QMBK 说："只能现在好好挣钱。"

　　调查时，牧民提到问题较多的是孩子的教育问题。哈萨克族特别重视教育，让孩子到城镇接受更好的教育是很多牧民选择进入城镇务工，并愿意到准噶尔社区和青河新城很重要的一个原因。换言之，他们对进入城镇后教育条件的改善期望颇高。在教育问题上，青河新城与准噶尔社区面临的问题并不一样。青河新城牧民发愁的是新城教师的水平，准噶尔社区牧民担忧的是孩子们跟不上克拉玛依市中小学的教学进度和孩子在学校遭遇的歧视。青河新城的 ADL 说：

　　我的两个孩子都在这边上学，现在上学非常方便，学校和我住的社区就隔一条路。孩子上学放学也不用家里人接送，跟着同学一起去就行了。我去给孩子开家长会时发现，这边学校的老师都比较年轻，也不知道他们有没有教学经验，还是比较担心孩子在学校的学习效果。孩子基本上全部都是哈萨克族，但是平常孩子们聊天什么的还是用哈萨克语。因为我们普通话不好，所以孩子们在家跟我们聊天交流也是用哈萨克语，比较担心他们的普通话学习。还有就是在孩子课后作业的辅导上，我和丈夫的学历都不高，有些简单的数学问题可以教他们，但是有些复杂的，特别是语文方面的我们就辅导不了。有的时候我们在外面务工，也没时间监督孩子的学习。我们做父母的都想让孩子好好学习，不能像我们一样。

我们在准噶尔社区的调查，有社会工作专业的研究生 L 参加。L 对学生在克拉玛依市中小学上学的表现很敏感，发现了学生在校中面临的诸多问题。下面几个个案是他的观察和与学生交流后记录下来的内容，前三个来自克拉玛依市一所小学、最后一个来自克拉玛依市一所中学。

YRZRK（男，13 岁）的爸爸 38 岁，小学学历，是克拉玛依市电厂工人。妈妈 39 岁，初中学历，在餐厅当清洁员。家里还有一个哥哥，16 岁，因为学籍没转过来，在托里县铁厂沟学校上高中。YRZRK 从托里县转到克拉玛依后，学习成绩一般。以前的学校老师上课照顾每名学生的基础，授课进度很慢。来到雅典娜小学后，老师授课要按照大纲执行，不能确保每一名学生都能跟上进度。YRZRK 在数学学科学习起来非常吃力，有好几次考试不及格。班里其他同学有的数学成绩不好，但是家境还不错，会通过校外辅导班的形式辅导功课。YRZRK 也想去，但无法实现，因为父母每天工作很辛苦，收入也不高，加上爸爸腰部受过伤打了钢钉，生活开销和看病开销已让家庭经济十分窘迫。

BLJR（男，12 岁）的爸爸今年 33 岁，小学学历，是一名搬运工人。妈妈今年 33 岁，高中学历，打零工为生，家里还有 2 个弟弟。BLJR 在社区和学校有固定的玩伴，下课后一起踢球、聊天，每天相约时间乘坐通行车上下学。在学校，BLJR 的新朋友不多，转到现在的班级后，似乎其他同学并没有完全接纳他，有的同学很友好，有的同学不太友善。

DSTK（男，11 岁）的爸爸今年 40 岁，初中学历，是一名家居装修小工。妈妈今年 31 岁，初中学历，主要在家带孩子。DSTK 还有一个哥哥和妹妹，哥哥今年 15 岁在读初中，妹妹 3 岁一直在家。DSTK 普通话说得不太好，捎带一点少数民族口音。转学后，学习有点儿吃力，成绩一般，老师经常批评和责备他。他感到非常沮丧。与班里其他同学相比，DSTK 表示自己怎么努力也赶不上他们，感觉学习上没有一点进步，还是和以前一样，只要站起来回答问题就脸红。班里的同学不愿意和他交往，一放学就乘坐通行车回家，不愿意待在学校。

BHTNR（男，14 岁）的爸爸 43 岁，初中学历，之前是一名司机。妈妈 39 岁，初中学历，在准噶尔社区内开了一家商店。哥哥 18 岁在派出所工作当协警，弟弟 7 岁在克拉玛依市一所中学读二年级。BHTNR 的母亲依托政府扶持，在小区内开了一家商店，售卖生活日用品。商店从早到晚每时每刻都需要有人看着，只有哥哥调休或者 BHTNR 放学后帮忙看店，妈妈才有时间打理家庭。BHTNR 平时在家需要照顾弟弟，与母亲之间交流很少。即使聊天，也只是询问弟弟和 BHTNR 的学习情况，母亲基本上没有时间和精力关注子女的情感需求。

对 L 提供的 4 个个案进行分析，发现孩子们面临的问题有以下 3 个方面：一是原来在托里县的牧区或城镇中上学，在学业上感受到较大压力，跟不上老师的进度；二是同班同学对这些孩子有排斥现象，孩子在学校交朋友困难。导致排斥的原因有很多，比如普通话不好、学业跟不上，但在和这些学校老师沟通后发现，主要原因是他们"托里县""牧民子女"的身份；三是父母忙于务工、受教育程度较低，陪伴时间较少，而且无法在学业上提供帮助。我们认为，L 发现的这些问题是值得重视的。L 后在准噶尔社区开展儿童社会工作，假期通过小组活动组织孩子们学习和娱乐，帮助他们树立信心，取得了不错成效。以我们的观察来看，父母陪伴少和无法在学业上提供帮助也是青河新城牧民子女面临的问题，说明在牧民城镇化进程中如何从家庭、学校和社会三个层面为孩子创造更好的教育环境十分重要，将对牧民子女融入城镇生活产生重要影响。

牧民在医疗方面提出的问题主要与两地医生的水平相关。以青河新城为例，新城医院的硬件条件相比老城更好，有医护人员 19 名，有门诊、中医民族医门诊、妇幼、检查、公卫、心电、药剂等科室。然而，牧民在访谈中表达出了对医院的不信任，DS 说：

> 刚搬到这边有一段时间我感冒了，就去这边的医院拿药。我进医院发

现里面的医生特别少，平常的门诊、心电图的检查都能做，还有就是专门针对慢性病的一些检查。虽然楼修得挺好，但医院里的设施设备有点儿简单，并且院子里停的救护车感觉比较小，有点儿破。平常感冒发烧拿药在这边拿，要是做检查、做手术一类的，我肯定不在这边的医院做，我会选择去县上的医院。

这种不信任在准噶尔社区也是存在的，该社区目前仅有 2 个卫生室，尚无法提供最基本的医疗服务。然而，这还不是困扰他们的核心问题。核心问题是距离和报销的问题。如前所述，准噶尔社区距离克拉玛依市近而距离托里县城远，牧民又无法到克拉玛依市跨区就诊（报销比例下降），他们不得不舍近求远回到托里县城就诊和报销。

综上，牧民对城镇生活的满意度整体较高，表现出了较为积极的社会态度，大部分牧民在进入城镇后都能积极适应新的环境，并尝试在城镇中创造属于他们的美好生活。同时，牧民在就业与经济、社会关系网络拓展、行为方式、家庭关系（失序现象）和医疗、教育和社会保障等方面还面临着一系列的挑战。客观地讲，这些挑战是社会转型过程中必然会出现的问题。由牧区到城镇绝非空间和社会环境变化那么简单，它会引发社会各个层面和各个层面之间关系的系统性变化，不仅需要政府的鼓励、引导和支持，还需要牧民积极地进行调整以逐步适应并融入城镇生活。从内容上讲，这一章相对繁杂，涉及面较广，对一些具体内容（比如"失序"现象及其背后的原因等）的分析还不够深入。这一方面与牧民进城时间尚短、文化与社会结构的诸多问题并不会很快显现有关，但我们已经发现了一些苗头；另一方面与我们调查还不够充分有关，我们只能就目前获得的材料对牧民面临的挑战做一个概略式的呈现。随着城镇化进程的深入，牧民对城镇生活的社会态度和他们在城镇中面临的挑战还将发生持续的变化，这将成为我们今后的研究方向。

第八章 结 论

  大约 20 年前，崔延虎教授曾指出，由游牧向定居的转变并不仅仅是居住方式的变化，而是由一种生活方式向另一种生活方式的转变。这种转变还将推动牧区社会结构、文化观念的变化，而牧民必须经历一个痛苦但却十分必要的再社会化过程，发展出与定居相适应的生活形态。[①]20 多年前，游牧人类学与内亚游牧社会研究的大家汉弗瑞和史尼斯宣称牧民同样"渴望城镇生活"。[②]10 多年前，游牧人类学大家哈扎诺夫指出，全球化时代中的游牧民不仅面临定居带来的冲击，还面临着工业化、城市化和全球化带来的新的不确定性。对游牧社会来说，这是一个"老问题"与"新挑战"并存的时代。[③]

  在 21 世纪第二个十年开启之时，我们有理由宣称"牧区城镇化时代已经到来"。在这样一个"新时代"，我们也许是时候将游牧人类学的研究焦点转向"城镇"了，并从"游牧—定居—城镇化"连续统的视角进行观察、思考和分析，以更精准地把握和理解牧区社会的过去、现在和未来。在结论部分，我们进一步探讨三个方面的问题：一是当前新疆北部草原地区城镇化所处之阶段，以及游牧民城镇化的一些典型特征；二是针对牧民在城镇中遭遇的挑战或面临的问题，提出相对的意见和建议；三是探讨新疆北部牧区城镇化进程对牧区社会的意义。毋庸讳言，每一个方面的问题都是一个宏大议题，而且不同学科的认识和理解可能存在较大差异。在此，我们主要是立足于调查发现，从人类学、社会学的立场出发，聚焦牧民的"生活转型"过程及其意义，对本书研究做一个总结。

---

① 崔延虎：《定居游牧民的再社会化问题》，《新疆师范大学学报（哲学社会科学版）》，2002 年第 4 期。

② Caroline Humphery and David Sneath, The End of Nomadism? Society, State and Environment in Inner Asia, Duke University Press, Dyurham, 1999.

③ Anatoly M. Khazanov, Contemporary pastoralism: Old problems, new changes，载［英］当·查提、［美］绰伊·斯特恩伯格主编：《现代游牧民及其保留地：老问题，新挑战》，知识产权出版社，2012 年。

一、游牧民城镇化的阶段与特征

数据显示，2019 年新疆常住人口城镇化率为 51.87%，比 2018 年末提高了 0.96 个百分点。2018 年的常住人口城镇化率较 2017 年提高了 1.53 个百分点，2017 年比 2016 年常住人口城镇化率提高了 1.03 个百分点。[①]简言之，新疆常住人口城镇化率大约以年均 1 个百分点及以上的水平增长，城镇化进程明显加快。如果考虑到南北疆区域差异，新疆北部地区常住人口城镇化率可能高于全疆平均水平。已有研究表明，新疆不同民族人口城镇化水平差异较大，其中哈萨克族、柯尔克孜族、塔吉克族等游牧民族人口城镇化水平相对较低。以 2010 年以来我们在新疆北部草原地区的调查来看，确实如此。但是，随着近年来在城镇周边兴建牧民定居点、在城镇中修建易地扶贫搬迁点和各种鼓励和支持牧民到城镇务工生活政策的落地，以及牧民向城镇流动意愿的增强，游牧民人口城镇化率得到了明显提高。尽管没有相关统计数据，但可以确定近年来牧区城镇中新增人口很大一部分来自牧民。这些事实都说明，新疆北部牧区已经进入了快速城镇化阶段，而牧民是城镇化的"主力军"，并将在今后一段时间继续扮演着主力军的角色。

从人的城镇化角度看，牧民仍处于"半城镇化"阶段，这并不单纯地指户籍变动及与之相关的政策配套问题，而更多地指向他们在城镇中的生活状态。

对进城的牧民而言，现阶段很难变农业户籍为城镇户籍——准噶尔社区与青河新城的牧民仍是农业户籍，事实上牧民也没有太多意愿变动户籍。这是因为，与农业户籍绑定了诸多身份和利益，比如贫困人口的身份使他们可以获得各种社会保障，并降低其在城镇中的生活成本。我们已经看到，如果没有国家的精准扶贫、牧民定居的政策，如果牧民不能获得教育、医疗、住房和低保等方面的政策支持，他们是不可能真正扎根城镇，实现其城镇梦想的。不仅如此，对那些在牧区还拥有耕地、牲畜、草场等生产资料的牧民，户籍变动造成的损失会更大。贺雪峰指出，当前体制性的城乡二元结构正在发生历史性的变化，

[①] 《新疆维吾尔自治区 2019 年国民经济和社会发展统计公报》，新疆维吾尔自治区人民政府网（www.xinjiang.gov.cn），2020 年 4 月 1 日。《新疆维吾尔自治区 2018 年国民经济和社会发展统计公报》，www.Tjcn.org，2019 年 3 月 29 日。《新疆维吾尔自治区 2017 年国民经济和社会发展统计公报》，www.Tjcn.org，2018 年 4 月 25 日。

即正在由过去剥削性的城乡二元结构变成保护性的城乡二元结构，变成保护进城失败农民仍然可以返回农村权利的结构。①如我们所分析的，"农业户籍"的身份非但没有让进城牧民丧失权利，反而获得了诸多保障性权益，并在已经进入城镇的情况下仍能获得来自牧区的支持。不仅如此，那些在城镇中失败的或适应不了城镇生活的牧民，还因此有返回牧区并以牧业为生计的资本。世界各地的经验表明，城镇化将再造整个社会，是"老问题"与"新挑战"并存的过程，伴随着各种矛盾、冲突和失序现象。为那些无法适应并融入城镇生活的牧民提供返回牧区的路径，有助于消解这些矛盾和冲突。从这两个方面来看，城乡二元结构确实发挥了保障进城牧民权益的功能，一定程度上为快速城镇化及其对社会的再造提供一个"稳定阀"，有助于牧区社会稳定和长治久安。

从生活状态的角度看，牧民的生活表现出明显的二元性，即"一头扎根牧区社会，一头扎根城镇社会"。不管是在职业、生计、经济生活层面，还是在社会关系、行为方式层面，城镇中的牧民都未能从牧区社会中完全"抽离"出来，仍是牧区社会的一部分。同时，他们又已经进入城镇，在城镇务工、就业和生活，在城镇中重构其社会关系和行为方式，与仍在牧区的牧民已经形成区分，是城镇社会的一部分。这种二元性意味着城镇中的牧民将长期维持"半城镇化"状态。从发展的角度看，这种二元性既可能助力他们适应城镇生活，也可能成为适应城镇生活的阻碍。所谓"助力"，是指从牧区和城镇同时获得经济、社会和情感的支持，减少城镇化过程的阻力，甚至为不能适应城镇生活的牧民提供"返回牧区"的路径。所谓"阻碍"，是指一些源自过往生活经历中结构的、行为的与观念的东西对牧民融入城镇生活产生了消极影响，牧民在城镇化进程中需要调整或改变，比如参加"托依"的义务、间歇性的时间观念、非连续性的劳动习惯等。从再社会化的角度来看，牧民在城镇化过程中必然经历从一种生活状态向另一种生活状态的转变，不仅要充分调动牧区与城镇两方面的积极因素，要对一些嵌入于牧区社会文化体系的结构、行为和观念进行调整，还要通过在经济生活、社会生活和其他层面的积极"再造"融入城镇体系之中，并必将在较长一个时期内处于"半城镇化"阶段。

当前牧民的城镇化是"政府引导型"的城镇化。一是政府通过新城建设、

① 贺雪峰：《城市化的中国道路》，东方出版社，2014年，第12页。

产业园建设和第二产业、第三产业的发展创造了牧民城镇化的条件。与内地农村一样，改革开放以来农村经济在经历快速发展后遭遇了增长或发展的瓶颈，农牧民对美好生活的向往与农牧业低效之间的矛盾长时间没有得到破除，使得农村社会中涌动着向非农产业和城镇转移的动力。在东部沿海地区，小城镇的快速崛起提供了农村劳动力转移的渠道。在中西部地区，农村劳动力异地转移及近年来的返乡创业提供了渠道。与内地农村不一样之处在于，牧区城镇长期以来未摆脱"行政化"城镇的困境，牧民又因为语言、行为方式、观念等的差异很难实现跨地区的流动。因此，就地就近城镇化成为推进牧区新型城镇化的主要路径。牧民入城，要想扎下根来，必须能够获得就业机会。如本书所展现的，在21世纪的第二个十年，"行政化"城镇开始发生了改变，第二产业和第三产业的崛起为牧民在城镇务工就业创造了条件。二是进城牧民还需要政府提供各种帮扶才可能在城镇扎根和发展。这些帮扶有两个方面，一方面是解决其实际困难的或帮助其扎根的，另一方面是帮助其能力提升的。前者包括住房、教育、医疗等方面的补贴和扶持，提供就业岗位和社会保障兜底，大多以政策形式出现。因此，政府和牧民通常用"享受政策"来描述，比如享受了牧民定居房、易地扶贫搬迁政策、低保等。后者包括普通话和各种职业技能的培训，以及引导牧民行为方式调整与观念的改变等。简言之，一方面是要解决牧民在城镇生存的短期问题，另一方面要解决在城镇中生活和发展的长期问题。三是在城镇中构建新的社会组织架构。进城牧民并不是打乱后嵌入到城镇中的若干"小区"，而是有组织地安排到一个"新区"中。新区管委会、访惠聚工作组在相当长的时间内承担了组织牧民的职责，包括组织牧民务工、组织牧民学习、协调解决牧民就业、生活中的各种问题。通常情况下，政府还要从牧民原居村中抽调村干部，管理城镇中本村的牧民，组建一个"临时村委会"——牧民的很多问题（比如土地流转、牲畜托养、低保享受等）仍被纳入迁出村的村委会事务之中。如本书所展现的，政府构建的这套新的组织架构在牧民适应城镇新环境、务工就业和解决生活中各种问题中发挥了不可替代的作用。

"政府引导型"的城镇化并不意味着牧民是被动的，事实上，牧民是城镇化进程的积极参与者并在积极地适应城镇生活。21世纪的第一个十年，新疆北部已经涌动着"走出牧区"的浪潮，一些先行者勇敢地迈出了"到城镇中去"的步伐，到城镇中务工、就业和生活。21世纪的第二个十年，随着牧区经济社会条件的变化和国家一系列支持牧民进城政策的落地，牧民终于开始在城镇扎下根来。进城受到了牧户生产资料少、牧业生产效益不高等推力的影响，但不可否认的是他们有对城镇中更好的住房、医疗和教育条件的期待，即对城镇生活的"美好愿景"。那种认为牧民无法离开牧区或对牧区有着天然的执着，本质上建立在"高贵的野蛮人"的想象之上，并未真切地反映当前牧区的实际。尽管牧民在城镇中面临着重新选择职业、经济生活压力和重构社会关系困难等各种挑战，但他们在积极地调整以应对这些挑战。三年调查给我们认识上带来的冲击是一些方面调整之快超出了调查者的预期，甚至出乎牧民自身的想象。这些调整包括主动通过招聘会、微信群和其他渠道获得就业信息，女性普遍务工就业，邻里关系的建立，协调工作与参加"托依"间的矛盾，积极地学习普通话，等等。牧民群体中也出现了新的经济分层现象和一些失序现象。它们也是城镇化进程中游牧民再社会化的一部分，不完全是消极的，更多地反映了城镇化给牧区社会带来的冲击。这些冲击将成为推动牧区社会转型的新动力，将促使牧区社会做出更多调整，以适应这个不断变化的时代。

二、促进游牧民在城镇中再社会化的建议

我们已对牧民在城镇生活中面临的挑战进行了分析，涉及就业、经济、社会关系、行为方式、失序现象和社会保障等方面。要想对如何解决这些问题提出具体的建议是很困难的，我们只能提出一些解决问题的思路，以期对促进牧民在城镇中再社会化有所助益。

在就业方面，关键仍是要做好稳定就业的工作。由于受教育程度不高、普通话能力较弱、缺少非农牧业之外的专业技能、一些牧民年龄偏大、行为方式不适应等原因，大部分牧民在就业层次上短期内很难提高。由于政府在就业和经济等方面的帮扶会按照年度递减，在低保动态调整、各种补贴和就业奖励撤销后，一些牧民已经感受到明显的经济压力。因此，牧民能否获得稳定的就业机会（每年有活干，而非固定的工作岗位）将对其家庭经济产生直接影响，也会从根本上影响到他们在城镇中的生活状态。稳定就业涉及三个层面。从政府的角度来说，需要通过招商引资、激活本地第三产业和与周边县市企业协商，创造和提供更多的就业岗位，为牧民进城务工创造条件。牧民群体中还有相当

大的潜在就业人群。一部分是已经进入城镇但尚未就业的牧民，还有一部分是准备进入城镇的牧民。对于准噶尔社区中依托"大城市"而就业的牧民来说，低层次就业机会应是充足的。但是，对于青河新城牧民来说，是否能够获得充足的、哪怕是低层次的就业机会取决于新城本身的就业空间，有更多的不确定性；牧民需要在政府的引导和帮助下，积极地学习国家通用语言文字、学习专业技能、改变种种不适应工作要求的行为方式等，珍惜并抓住各种就业机会，在可能的情况下逐步提高就业层次，进而进一步改善家庭经济条件；对招商引资的企业来说，要落实与地方政府在用工方面的协议，尽可能多地招录当地牧民，同时对牧民在工作中的不适应多些包容和引导。

在经济方面，重点是做好低收入群体社会保障兜底的工作。我们已经指出，进城两三年后，牧民群体内部出现了经济分层现象。经济分层既有积极意义，也有消极影响。从积极的方面看，一些踏实勤劳、有头脑、有想法的牧民在短期内通过政府的支持和引导实现了收入的快速提高，并使自己和家庭成为牧民群体中的"佼佼者"。这是正常的，也是精准扶贫、城镇化和其他政策落地所取得的成效。这些"佼佼者"为牧民树立了榜样，有利于激发牧民发展经济、改善生活的内生动力。从消极的方面看，一些牧民家庭因为疾病、教育、不适应等原因成为牧民中的"低收入"群体，经济状况没有明显的改善，且还有恶化的可能。地方政府要重视这部分"低收入"的牧民家庭，充分调动医疗、低保、教育等政策资源，帮助他们渡过难关，持续巩固脱贫成果。这意味着，在一定时期内需要保持扶贫政策的连续性，防止在城镇中出现新的贫困群体，并尽可能地避免这些家庭因经济原因而退回到牧区。以调查的情况来看，地方政府有资源来解决这些问题的，比如动态调整低保、引导牧民申请民政救助、引导企业和社会人士捐款等等。政府设置的公益性岗位，应该优先向"低收入"家庭倾斜，确保"一户一就业"，保障这些家庭在城镇中的基本生活。

在社会关系网方面，重点应是编织好个人为中心和社区为中心两张网。"个人中心"社会关系网的核心是新的纵向与横向关系的拓展、巩固和发展，关键是引导牧民拓展弱关系。这些弱关系主要指牧民及其家庭与城镇社会中不同身份群体的关系，比如干部、企事业单位工作人员、企业负责人、代班或包工头等等。调查已经发现，一些牧民在拓展弱关系方面已有所成效，并通过这些关系成功地摆脱了"低层次就业"和"低水平收入"状态。对进入城镇的牧民而言，弱关系可能会成为决定他们是否能够在城镇中过上"体面生活"最重要的因素。"社区中心"社会关系实质是能否在城镇形成具有认同感的共同体，这个共同体依赖于在城镇这个场域中生长出来的邻里关系、政府与牧民的关系、企业与牧民的关系等。这些新的关系如果能够在一个社区中生长起来，牧民生活中的诸多问题（比如照顾小孩、老人，相互交流情感等）和经济上的诸多问题（比如提供就业岗位、提供经济帮助等）都能得到解决。简言之，就是要构建城镇社区的社会资本，并依托这些资本帮助牧民适应城镇生活。当前，社区的社会资本构建看来还主要是管委会和访惠聚工作组在推动，但更应该激发牧民群体内的资源（比如培育劳务经济人），要发挥牧民群体中"能人"的作用，要调动牧民社会中的一些先赋关系（比如部落关系、原村落的地缘关系），让牧民参与到城镇新社区的建设中，并培育对新社区的认同。

相对其他几方面的问题来说，行为方式的调整要困难一些、缓慢一些。行为方式调整缓慢事实上与牧民过去生产生活中的劳动节律（比如时间观念）和习惯是息息相关的，它扎根于牧区社会文化体系之中，调整绝非一朝一夕可以完成。当前，应该做的工作主要有以下三个方面。第一，牧民应对这一问题及其重要性要有充分的认识，并在工作和生活中积极地进行调整。在这个过程中，一些牧民能够较快地适应城镇工作和生活的要求。女性似乎相对与男性调整得更快、更好，而牧民家庭中的一些问题主要就是因为"女性调整快，而男性调整慢"。第二，用工方需要为牧民调整行为方式给予一定的空间。一些企业尝试通过树典型、"表现换积分，积分换奖励"等方式来引导牧民适应工作岗位的要求，取得了不错的效果，应该继续坚持。第三，地方政府除了加强国家通用语言文字、劳动生产技能、法律法规的培训外，还要利用周一升国旗、农牧民夜校、广播电视等平台正向宣传和引导牧民积极调整行为方式。在精准扶贫中的一些有益做法（比如树典型、讲故事、星级评定等）应该继续坚持。我们应该对行为方式的调整保持信心，因为一些积极的变化在两三年的时间中已经发生了，而且牧民也已认识到了调整的重要性和必要性。

失序的现象并不一定就是问题，而是反映出城镇化进程中社会的快速变化，对不同的问题应该区别对待。对于进城后"酗酒""赌博""家暴"等不良现象，地方政府应果断地进行干预，发挥好组织和制度的优势，必要时对相关个人进行教育。对于触犯法律法规的，应依法办事。对于因女性就业或家庭中性别关系模式变化而出现的矛盾和冲突，应该意识到这是社会进步的一个副产品，同时加强对矛盾和冲突的调解。在调解过程中，基层政府要发挥作用，但同时应该调动牧区社会的力量（牧民认可的道德和习俗），以牧民易于接受的方式进行。在牧民社会中，一些年长的、成功的、能说会道的牧民享有较高社会威望，可在化解矛盾和冲突中扮演重要角色。在"社区中心"社会资本的构建中，应考虑如何将他们纳入的问题，这有助于在城镇中构建基于社区的认同，增加社区的社会资本。

关于牧民在医疗、教育、住房等方面提出的问题，一些问题比较好解决，还有一些问题可能并不是在短期内可以解决的。以准噶尔社区牧民医疗报销问题来说，它涉及报销的政策问题。由于相当大一部分牧民是贫困人口，按照国家政策，县域内就诊报销比例可达到95%以上，跨区域就诊的报销比例就会小很多。对于这个问题，短期内还只能是通过加强准噶尔社区医疗资源的配置和提高医务人员专业素养来解决。再比如青河新城牧民反映的医疗和教育问题，也只能通过专业队伍的配置和人员素养的提高来解决。还有，牧民对扩大住房面积的需求，并不能指望都有政府来解决，还只能是依靠自己的奋斗来实现，但政府应该为他们学习新技能和获得更多就业机会创造条件。以我们调查所了解的情况来看，牧民实际上对政府提供的支持相当认可，也意识到一些问题的解决需要时间，还有一些问题的解决需要自己的努力。牧民经常说："政府能做的都做了，剩下的就要靠自己了。"我们更倾向于将这些方面的问题视为牧民对"美好生活"的向往，而他们已经在政府的帮助下迈出了第一步。我们相信，牧民反映的问题终将通过他们和政府的努力得到妥善解决。

三、牧民城镇化对牧区社会的意义

我们还可以说城镇中的牧民"一头连着牧区社会，一头连着城镇社会"，即牧民在城镇中再社会化实现程度不仅对他们融入城镇产生影响，也会深刻影响牧区社会。

第一，牧民城镇化将改变牧业分散经营的格局，为牧区牧业的规模化经营和牧业的现代化创造条件。从生产属性来说，牧业并不适宜"小农式"的分散经营，必须要有适度的合作。牧区生产责任制改革以来，牧业生产的内卷化很与"小农式"分散经营是相关的。草场的碎片化和劳动力调度的家庭化，既无法满足牧业生产分工合作的需求，又使得草场被过度利用。因此，牧区小家庭之间的合作在生产责任制落实后很快恢复。另外，过去几十年积压在牧区的大量新增人口无法转移，加剧了资源压力，抵消了牧业增长的效益——增长的部分不是用于扩大再生产，而是用于满足更多人口的"口粮"。21世纪以来，随着牧民向非农产业、城镇的流动，牧区社会内牲畜、草场和耕地流转逐渐增多，使得一些家庭适度扩大了生产规模。大概10年多年前，各种农业合作社、牧业合作社在牧区出现，并在国家政策的支持下缓慢发展。近年来，精准扶贫政策在牧区落地，各地加大了对合作社、种植业大户、养殖业大户和农牧产品加工企业的扶持，通过"新型经营主体+牧户"的方式推动农牧业的规模化发展。要想让"+"见效，关键在于要让牧民愿意将生产资料（草场、牲畜和耕地）流转或托养出去，而且要能够获得稳定的收益。以我们在牧区的调查来看，当牧民进城后，他们的生产资料自然就流转出去了，不仅自己可以获得稳定的财产性收益，还为农牧业生产的规模化创造了条件。随着更多年轻牧民进入城镇，牧区一批年龄偏大的牧民从农牧业中退出，适度规模化的牧业生产将成为主流，最终破解农业发展困境和牧业"内卷化"困境，并为牧业现代化开辟新空间。

第二，牧民的城镇化也会改善仍生活在牧区的牧民之生活，推动城乡一体化发展。近年来，随着精准扶贫战略的实施，牧区交通、通讯、物流、电力、水利等基础设施和住房、教育、医疗、卫生等公共服务体系的完善，牧民"生产困难，生活艰难"的问题已经基本解决，与全国同步建成了小康社会。随着农业发展困局与牧业"内卷化"困局的破除，农牧业生产的适度规模化和农牧产品加工、物流体系的完善，牧户经济收入得到了快速提升，生产生活条件得到了极大改善。牧民城镇化为农牧业生产释放的空间，将在今后一段时间得到充分利用，并为牧区新兴产业（比如乡村旅游、特色种养殖业）的培育和发展创造条件。随着国家乡村振兴战略的推进，牧区社会迎来了新的发展机遇。对牧区来说，"城乡一体化"不仅仅表现为基础设施、巩固服务体系的变化，更多表现为城镇与牧区产业的融合发展和牧民生活的整体改善。在我们调查的县市，一种"生产在草原，加工在城镇，销售在全国"的城乡产业融合发展的态势已经出现，牧民生活方式的"城镇化"与农牧业社区的"现代化"过程也已经开启。这些新的变化最终将深刻地改变牧区城乡、工农二元结构，推动牧区实现

"城乡一体化"。

第三，牧民城镇化将进一步推动牧区社会结构与社会关系的调整。如本书所揭示的，进城牧民的社会结构和社会关系延续了20世纪80年代以来牧区社会结构与社会关系发展的趋势，小家庭的自主性得到了进一步强化，小家庭和个体中心的社会关系在牧民生活中的重要性进一步凸显。不仅如此，牧区社会中的性别关系模式也在发生快速变化。女性普遍就业，经济的独立性因此增强，她们在家庭和社会中追求性别平等的意识已经被激发出来。相对于男性，女性进城后表现出了更强的适应能力，这会在短期内对家庭结构和家庭中的性别关系模式带来冲击，可能会导致离婚率的上升。但是，如果从发展的眼光来看，家庭结构的小型化、小家庭与个体自主性的增强、女性参与劳动并在经济领域的贡献增强等现象是工业化和城镇化的必然结果。这意味着，牧区社会结构和社会关系正朝着"现代社会"的方向发展，牧区社会的文化类型将从前喻文化向并喻文化、再向后喻文化发展。当然，在这个过程中出现的分层现象、少数牧民不适应现象和因社会快速变化而出现的短时期"失序"现象是值得关注的。这提醒我们，在社会转型加速的背景下，如何认识和把握牧区社会中出现的"新问题""新挑战"将成为牧区社会研究的新命题。

第四，牧民的城镇化将促进牧区生态文明建设取得实效。过去几十年，新疆北部牧区在经济、社会和文化等方面都取得了世人瞩目的成就，牧民生活持续改善。近年来，随着精准扶贫战略的实施，一些长期困扰牧区发展和长期制约牧民生活改善的顽疾被攻克，牧民与全国人民一道在2020年迈入小康生活。然而，与辉煌发展成就相伴随的是草原生态环境的严重退化。客观地讲，20世纪90年代以来牧区超载过牧的现象不仅存在，而且还非常严重。一个很重要的原因是，牧民囤积到了牧区和农牧业中，没有转移的渠道。一个很简单的道理，为了生存和发展，这些无法转移的剩余劳动力只有填充到牧区和农牧业中，使得增长的效益被用于供养增长的人口。由于草原生态环境的脆弱性和草场资源的非平衡性，人口填充的结果便是草原退化与牧民贫困的相互强化。如果这些囤积的人口不能向非农产业和城镇转移，困局将无法突破。在这种情况下，草原生态治理与草原生态保护政策的效果也将大打折扣。牧民的城镇化为突破困局提供突破口，将为疏解牧区人口与资源的压力创造条件，为草原生态治理和生态保护政策发挥实效创造空间。

第五，牧民的城镇化将进一步改变牧区城乡人口分布格局，促进各民族相互嵌入的社会结构与社区环境建设，推动各民族广泛交往、全面交流、深度交融。在牧区，不仅存在着城乡人口的二元分布格局，还存在着"城镇少数民族人口少，牧区少数民族人口多"的差异。牧民的城镇化将深刻地改变城乡人口分布格局，越来越多的牧民人口将进入城镇，使得牧区人口城乡分布格局更加合理。这也会推动城镇各民族相互嵌入的居住格局的发展，在城镇中将会出现更多的民族互嵌型社区，为各民族交往交流创造新的场域。在城镇中，牧民将会分散到不同的行业中，一些新的社会关系（比如朋友关系、同事关系等）将会在各民族成员间生长出来，有利于各民族相互嵌入的社会结构的生成，同样将推动各民族广泛交往、全面交流、深度交融。不仅如此，牧民的城镇化还将更有效地促成牧民共享国家和地区经济社会发展的成果，推动牧区各民族共同走向社会主义现代化、增强他们对伟大祖国、中华民族、中华文化、中国共产党和中国特色社会主义的认同，进而在新时代铸牢中华民族共同体意识。

后　　记

　　本书是在我承担的国家社会科学基金项目"新疆北部牧区城镇化进程中游牧民的再社会化问题研究"（项目编号：17BMZ069）结项报告基础上完成的，调查主要是在2017—2019年完成的。正如我在前言中所说，对牧民城镇化议题的关注大体可以追溯到十年前在新疆阿勒泰地区吐尔洪盆地的调查。尽管我当时关注的主题是牧民定居的问题，但已经注意到牧区乡村人口向城镇的转移，并对人口转移对破除盆地农牧业发展困局的重要意义做了分析，相关内容可参阅拙著《消逝的草原：一个草原社区的历史、社会与生态》。因此，本书可算是《消逝的草原：一个草原社区的历史、社会与生态》之续作，试图勾勒出"游牧—定居—城镇化"这个连续统完整的脉络，并通过民族志的手法去呈现新中国成立以来新疆北部牧区社会变迁的整体图景。

　　我给这本书起了一个富有生命力的主书名——"新城新生"，旨在对我所观察到的城镇化进程中牧区社会之巨变和牧民在巨变中积极适应所做出的努力之肯定。如书中说呈现的，牧民从牧村、定居点进入城镇、从农牧业转向非农产业，遇到了很多新的问题和困难——需要积极学习普通话、接受技能培训、调整行为方式等，但他们在勇敢地面对这些问题和困难，并做出调整以适应变化了的生存环境。对牧区社会来说，意味着人们的生计方式、生活形态、社会结构和文化观念的重塑，这同样是一个"新生"的过程。唯有"新生"，才能适应不断变迁的社会，才能更快、更好地融入现代化进程，并共享国家改革与发展的红利。

　　本书选择的两个主要田野点——青河新城与准噶尔社区，都是通过易地扶贫搬迁、牧民定居等形式推动牧民城镇化的典型。我称这种城镇化路径为"政府引导型"，但这并不意味着牧区社会、牧民群体缺少城镇化的动力。在中国西部特别是像新疆北部牧区这类欠发达地区，如果离开了政府的支持和引导，过去几十年发展的遗留问题（比如农牧业发展困局）很难破除，进城农民很难摆脱漂浮在城镇的命运而实现其城镇梦想。因此，即便牧民进城了，还是需要政府的支持和帮助，以减少在城镇实现"新生"过程中的阵痛。在此，我们要感谢配合调查的牧民朋友们，真心希望他们能在"新城"中实现"新生"。

本书的遗憾是未能对进城牧民社会结构和文化观念体系的变迁做深入调查和细致的描述，只是在第七章"态度与挑战：牧民对城镇生活的认识"中部分涉及。大体来说，原因主要来自两个方面。首先，与调查前期设计不够系统有关，缺少对婚姻、家庭、亲属制度、信仰与仪式等方面的关照；其次，社会结构与文化观念体系变迁往往具有滞后性，即滞后于生计与经济生活的变迁。由于进城时间不长，社会结构与文化观念体系的变迁已有一些"苗头"，但尚未充分展现出来，给调查增加了一定难度。这些遗憾将激励我们继续开展深入调查和研究，期待在不远的将来提供这方面的民族志描述。

我们在青河新城与准噶尔社区的调查得到了当地党委政府的大力支持，特别是原青河县扶贫办的曲主任、托里县扶贫办（现乡村振兴局）的周主任，以及阿格达拉镇与准噶尔社区管委会的各位工作人员，在此一并感谢。2016年以来，新疆师范大学文化人类学研究所承担了多项新疆贫困县退出、扶贫开发工作成效、贫困监测的第三方评估工作，相关工作得到了自治区扶贫办考核处、统计监测处多位领导的支持。如果没有与扶贫工作结缘，我们对牧区近年来的巨变和牧民生活的巨大改善的认识将是不全面和不深入的，对城镇化对牧民和牧区社会的意义的理解也可能是不够充分的。在此，说一声感谢。

我所在的新疆师范大学历史与社会学院、文化人类学研究所给予了本书研究以大力支持，在此要感谢历史与社会学院的关丙胜教授、盖金伟教授和其他同事。特别要感谢长期与我合作，一起完成在扶贫开发工作、民族团结进步创建、经济社会发展调查和评估的两位伙伴，他们是王平教授和严学勤副教授。我们三人学科传承、专业方向、性格都有很大不同，但却能很好地互补，相互信任，共同承担并完成了多项看似不可行的工作。在科研这条道路上前行，有两位为伴，实乃一大幸事。希望今后我们还能一如既往地相互支持，空闲时一起品酒品茶。

我很幸运地招收了多位优秀的硕士研究生。他们不仅参与了我承担的多项研究课题，帮助完成调查，还为本书的完成作出了贡献。王炜完成了在青河新城的调查，以调查为基础完成的研究报告获得了第十六届全国大学生挑战杯二等奖，完成的硕士学位论文获得了新疆师范大学优秀硕士学位论文。张文聪完成了在准噶尔社区的调查，并以调查为基础写出了优秀的硕士学位论文。难能可贵的是，她在准噶尔社区调查期间正值新冠肺炎疫情暴发，在非常困难的情况下坚持做完了调查。本书中青河新城和准噶尔社区的个案材料、问卷调查数据主要由王炜和张文聪完成。另外，李飞和永玉伟承担了数据输入和文稿校订的工作。几位学生都已毕业，在大学工作，期待他们能够坚持科研理想，早出成果。在青河新城和准噶尔社区调查时，抽调了民族学专业 15-1 班的多位本科生参与，感谢他们的付出。

最后，我要感谢我的妻子和女儿。感谢她们对我的包容，可以让我每年花大量时间浸润在天山南北的田野中，专注于学术研究。女儿最近吉他弹唱水平有了很大提高，我很喜欢她弹奏的加拿大民歌《红河谷》，希望她永远快乐。

罗 意

2021 年 8 月 23 日于温泉家中